U0573004

BLUE BOOK

智 库 成 果 出 版 与 传 播 平 台

国际新闻蓝皮书

BLUE BOOK OF INTERNATIONAL JOURNALISM

总 编／权 衡 干春晖

国际新闻传播研究报告

（2023~2024）

ANNUAL REPORT ON INTERNATIONAL JOURNALISM AND
COMMUNICATION STUDIES (2023–2024)

主 编／张雪魁 戴丽娜

社会科学文献出版社
SOCIAL SCIENCES ACADEMIC PRESS (CHINA)

图书在版编目（CIP）数据

国际新闻传播研究报告. 2023~2024 / 张雪魁，戴
丽娜主编. -- 北京：社会科学文献出版社，2025.4.
（国际新闻蓝皮书）. -- ISBN 978-7-5228-4725-2

Ⅰ. G219.26

中国国家版本馆 CIP 数据核字第 2025C133X5 号

国际新闻蓝皮书
国际新闻传播研究报告（2023~2024）

主　　编 / 张雪魁　戴丽娜

出 版 人 / 冀祥德
责任编辑 / 张　媛
责任印制 / 岳　阳

出　　版 / 社会科学文献出版社·皮书分社（010）59367127
　　　　　地址：北京市北三环中路甲 29 号院华龙大厦　邮编：100029
　　　　　网址：www.ssap.com.cn
发　　行 / 社会科学文献出版社（010）59367028
印　　装 / 三河市东方印刷有限公司

规　　格 / 开 本：787mm×1092mm　1/16
　　　　　印 张：22　字 数：328 千字
版　　次 / 2025 年 4 月第 1 版　2025 年 4 月第 1 次印刷
书　　号 / ISBN 978-7-5228-4725-2
定　　价 / 158.00 元

读者服务电话：4008918866

主要编撰者简介

张雪魁 上海社会科学院新闻研究所研究员，社会科学大数据实验室主任，舆情信息研究中心主任，国内外重大舆情研究创新工程团队首席专家，传播政治经济学创新工程团队首席专家，国家哲学社会科学基金重大项目首席专家，区域国别计算传播大数据平台研发项目团队首席专家，"舆论先锋丛书"主编，2019年入选中宣部文化名家暨"四个一批"人才。

戴丽娜 上海社会科学院新闻研究所副所长、副研究员，文学博士。上海社会科学院网络空间国际治理基地负责人、上海社会科学院"网络空间国际治理"创新研究团队首席专家，兼任中国科协联合国咨商信息与通信技术专委会委员、上海市人工智能与社会发展研究会理事等职，曾赴中国台湾淡江大学大众传播系和美国密苏里大学新闻学院交流访学。国家社科基金青年项目"网络环境下突发事件的信息传播与管理研究"和一般项目"社交媒体国际规制体系建构路径研究"负责人，完成省部级课题10余项。主要研究领域为网络空间国际治理、社交媒体国际规制、美欧数字战略与政策、传播政治经济学等。

摘　要

当前，移动互联网、大数据和人工智能等新兴技术的突破性应用，深刻改变了新闻传播的形态、渠道及受众行为，对学科的理论创新和研究方法提出了新的要求。在应对国内复杂需求的过程中，中国新闻传播学也积极寻求在国际学界中的定位，致力于构建具有中国特色的学科体系、学术体系和话语体系，以回应国家战略需求和重大理论与现实问题。与此同时，中国新闻传播学的发展并未排斥对西方研究成果的吸收与借鉴。结合国际经验，创新运用多元理论与方法，探索既具有中国特色又能参与全球学术讨论的研究路径，仍是学界努力的重要方向。《国际新闻传播研究报告（2023~2024）》由上海社会科学院新闻研究所主持编撰，本年度以"新闻传播学与新兴交叉学科研究"为主题，系统梳理了近两年来全球新闻传播学研究领域的重要进展、趋势与挑战。本报告涵盖人工智能技术在新闻传播领域的应用、批判传播与技术政治经济学、媒介理论与系统性分析、数字社会中的断连与主体性、网络空间国际治理、社交媒体与新媒体环境建构、战略传播与跨文化交流等关键研究主题。报告认为，新兴科技应用和跨学科融合已逐步成为推动新闻传播学发展的重要驱动力，随着技术快速迭代和研究边界的扩展，理论和方法的创新已成为当下新闻传播学研究的核心课题。

关键词： 新闻传播学　全球研究　交叉学科　新兴技术

目 录 ▷

Ⅰ 总报告

Ⅱ 理论篇

皮书数据库阅读**使用指南**

总 报 告

B.1

国际新闻传播学发展报告
（2023~2024）

——从大数据到大模型：新闻传播学
与新兴交叉学科的方法转型

王震宇 *

摘　要：　随着生成式人工智能技术的快速发展，大规模语言模型如 ChatGPT 在模拟人类心智和处理多模态数据方面展现出前所未有的能力。本报告探讨了大模型技术如何推动新闻传播学与新兴交叉学科的方法转型。通过分析大模型技术在社会科学研究中的赋能机制，强调其在归纳和演绎方法路径上的革新作用，探讨大模型在描述性推论和因果性推论中的方法革新，以及其在新闻传播学研究中的应用潜力。研究表明，大模型技术不仅能够生成具有代表性的行为体样本，还能理解和处理多模态新闻文本，为内容生产和信息扩散

---

* 王震宇，上海社会科学院新闻研究所助理研究员、青年学术科研交流中心主任，主要研究方向为智能社会科学、国际传播和数字地缘政治。

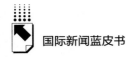

提供新的研究视角。此外，大模型在新闻传播学研究中有四类典型应用，包括高精度文本分析、社交媒体分析、内容生产和信息扩散研究，以及大模型本身的偏差与公平性研究。大模型技术的引入将促进新闻传播学研究方法的创新与发展，推动跨学科研究的融合，为社会科学研究提供新的技术底座。

关键词： 大语言模型　新闻传播学　新兴交叉学科　方法转型

近年来，随着生成式人工智能的快速发展，以 Open AI 公司推出的 ChatGPT 为代表的大规模语言模型，进一步提升了人工智能对人类世界的模拟与仿真能力。以 ChatGPT 为代表的人工智能大模型拥有有史以来最庞大的训练数据集和最强大的多模态数据处理能力，这使其成为近乎汇聚人类全量知识样本和具备类人心智能力的生成式人工智能。受此影响，科技部与国家自然科学基金委员会于 2023 年 3 月启动"人工智能驱动的科学研究"专项部署工作，同年 4 月，中共中央政治局会议提出"要重视通用人工智能发展，营造创新生态，重视防范风险"。

在大模型技术的支撑下，"人工智能驱动的科学研究"（AI for Science）被认为是继大数据科学研究范式后的第五代科学研究范式，如何应用第五代科学研究范式推动知识进步，成为全球学术界共同关注的热点议题。2023年，《自然》与《科学》这两大科学研究领域的顶尖期刊均刊发了关于人工智能技术如何影响科学探索方式的分析文章，两篇文章都强调了大语言模型在科学探索过程中不可或缺的重要作用。《自然》杂志中题为"人工智能时代的科学探索"的文章，明确表示大语言模型可通过高保真的模拟实验识别科学研究中具有研究潜力的理论假设，该文通过蛋白质折叠实验案例展现了人工智能在科学探索中的应用。[①] 而《科学》杂志的讨论则更加聚焦人工

[①] Hanchen Wang, et al. , "Scientific Discovery in the Age of Artificial Intelligence," *Nature*, 2023, 620（7972）：47-60.

智能技术对于社会科学研究的重要意义，强调基于变换器的机器学习模型在大量文本数据上进行预训练，越来越能够模拟类人的反应和行为。①

无论是在自然科学还是在社会科学领域，大模型都显示出通过新兴交叉学科的方法融合来推进知识生产范式转型的重大潜力。为此，本报告立足新闻传播学与新兴交叉学科融合的学术视角，从赋能机制、方法革新以及新闻传播学研究应用三个方面，在回顾经典研究的基础上，总结分析利用大模型推动社会科学方法转型的路径与探索。

一 大模型赋能社会科学方法创新的主要机制

社会科学研究方法的发展与科学研究范式的革命有着密切联系。长期以来，社会科学认知依赖于人类社会对于现实世界发展规律的归纳与演绎，而科学技术发展为人类思考方法提供了诸多助力。在归纳层面，技术发展推动了信息记录载体的变化，进而提升了归纳总结的效率以及成果。造纸术与印刷术推动人类通过纸质方式记载历史，进行搜集，而数据技术的发展与大数据技术的出现则使得人类不仅可以通过数目字的方式理解世界，更可以通过将图像、声音、视频等方式纳入统一的数字底层框架，进而实现归纳工作数字化与智能化。而在演绎的逻辑上，技术的发展则丰富了人类对于社会科学规律逻辑的表达方式，进而为逻辑表达提供了诸多便利，社会科学中的抽象演绎也逐步受到其他学科的影响。现在，数学等形式化符号语言也成为众多社会科学理论假设的表达形式，支撑起理性选择理论、分析性叙事等诸多社会科学研究方法。同样，伴随着计算机科学的演进，社会科学理论演绎逻辑也可在计算机系统内实现有效模拟。模拟最初来源于自然科学，它通过对既有的社会科学理论进行演绎总结，提炼出相应的分析互动模型，进而将行为体互动通过计算机模拟方式呈现出来。科学研究的四大范式：实

---

① Igor Grossmann, et al., "AI and the Transformation of Social Science Research," *Science*, 2023, 380 (6650): 1108-1109.

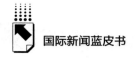

验范式、理论范式、仿真范式和大数据范式，也正是在归纳和演绎两大逻辑路径中产生的。①

在大语言模型等生成式人工智能的推动下，新一代人工智能技术进一步促进了归纳和演绎两大方法路径的革新与融合，展示出从"大数据"到"大模型"范式跃迁的巨大知识潜力。

首先，大语言模型进一步实现对人类社会现实的精准记录。事实上，一切实证研究方法的基础都在于对于过去发生现实情况的记录。案例分析研究以质性资料为基础，具有更丰富的细节，但是可能在资料收集的广度与外部效度上存在局限，且易受到研究者主观的影响。定量研究则以数据资料为基础，虽然确保了分析信息点数量，但其必须对复杂鲜活世界进行"编码"，进而存在信息失真的问题。而大语言模型在既有大数据技术基础上，实现对于社会现实的充分精准记录，呈现海量数据、模态多样性等特点，进一步完整准确实现对现实社会的数字重构。

一方面，大语言模型代表了大数据技术的飞跃。以新闻传播学领域经常使用的全球事件、语言和语调数据库（GDELT）为例，该数据库自 1979 年起记录了全球超过 2.5 亿个事件，堪称社会科学领域规模庞大的数据集之一。然而，即便是这样的数据规模，在大语言模型面前也相形见绌，后者动辄拥有千亿级别的参数和万亿级别的训练数据量。如谷歌开源的 Palm2 模型，其训练所用词云量高达 3.6 万亿;② 而英伟达研发的 Nemotron-4 模型更是达到惊人的 9 万亿词云。③ 因此，大语言模型致力于通过信息载体的多模态化、海量数据的汇聚以及高保真度的传输，力求将人类社会的现实场景以更加精准和全面的方式映射至虚拟现实之中。大语言模型在训练过程中展现出的"伸缩定律"表明，模型和数据规模越大，模型的性能表现就越好。

① Hey T. , "The Fourth Paradigm: Data-Intensive Scientific Discovery," *Microsoft Research*, October 2009.

② Anil R. , Dai A. M. , Firat O. , et al. , "Palm 2 Technical Report," *arXiv preprint arXiv*: 2305. 10403, 2023.

③ Adler B. , Agarwal N. , Aithal A. , et al. , "Nemotron-4 340B Technical Report," *arXiv preprint arXiv*: 2406. 11704, 2024.

大模型凭借其内置的深层模型架构，能够深入解码知识信息，其学习数据内部深层知识的能力也随模型规模的扩大而增强。[①]

另一方面，"模拟社会"的基石在于多模态数据的大规模整合。信息作为社会现实的镜像，其载体的多样性直接映射了社会形态的丰富性。在模态多样性方面，传统的社会科学数据库往往局限于文字或结构化数值数据，而大语言模型则打破了这一界限。它们从学术网站、网络百科、视频平台、社交媒体和知识论坛等多个渠道广泛搜集文字、图片和视频信息，这些真实文本中蕴含了人类语言乃至社会本身的丰富信息，为机器学习提供了坚实的物质基础。

值得注意的是，传统归纳方法在处理多模态信息时存在局限性，如数据建模可能导致文本与图像信息的压缩和丢失，而案例分析则可能受主观视角影响，导致信息的有选择性使用。相比之下，"可计算"的多模态信息则意味着大语言模型能够较为完整地将现实信息从经验世界传递到分析环节。

其次，大语言模型还实现了对于人类行为模式与规律的深度还原。在传统科学方法中，无论是博弈论还是 ABM 模拟本质上都依托对行为体理念行为的数学化呈现。但这一模拟模式面临的挑战在于简化困境。人类行为是其观念、能力与社会环境综合互动的结果，而这一复杂过程的数学化固然是对其进行奥卡姆剃刀式的简化，但更可能导致对于观念与行为模式的简化。研究者们已经证明在特定工程方案下，大模型具有"基于推理展开行动"的特性。上下文学习（In-Context Learning，ICL）与思维链（Chain of Thought，CoT）推理是其中关键的提示语工程（prompt engineering）方案。它们在模拟（simulation）研究中的影响已经得到充分验证。思维链推理和上下文学习都可以被视为提示语工程优化响应（optimizing responses）工作的一部分，提示语通过设计和优化输入给语言模型的提示引导模型生成更准确、更有用的回答或输出。[②] 思维链推理通过将问题拆解为一连串中间步骤或推理链，

[①] Jared Kaplan, et al., "Scaling Laws for Neural Language Models," *arXiv preprint arXiv*: 2001. 08361, 2020.

[②] Jason Wei, et al., "Chain-of-thought Prompting Elicits Reasoning in Large Language Models," *Advances in Neural Information Processing Systems*, 2022, 35: 24824-24837.

让模型更加轻松地处理复杂问题。它通过在提示中融入此类思维过程的模拟，辅助模型更深入地掌握问题背景，从而提升解题的精准度。而上下文学习则在提示中加入充足的背景信息，赋予模型特定的身份角色，帮助模型准确把握问题所处的特定环境或条件以做出行动。[①] 这可能涉及相关定义、之前的相关信息，或任何有助于模型更精确理解任务的信息。通过精心设计的提示，可以显著提高模型对问题的理解程度和输出的相关性。最终实现的"优化"发生在两个方向：上下文学习赋予模型情境化的身份，并要求其给出符合情境与身份的回答。而思维链推理则提升了模型对复杂情境的理解能力和对复杂任务的处理能力。[②]

通过在归纳层面汇总和处理海量多模态的全息数据，以及在演绎层面实现人类心智模拟器，大模型催生的智能科研范式，正在整合定性、定量、社会仿真和大数据四大范式的基础上，为整体社会科学方法综合提供了覆盖全流程且应用方式相对统一的技术底座。在此基础上，新兴交叉学科的发展得到了前所未有的智能技术赋能，也在新闻传播学领域打开了前所未有的应用空间。

二　打开人类行为体：描述性推论与因果性推论的方法革新

人类行为体是社会科学研究的核心对象，更详细的行为体刻画、对行为模式更全面和扎实的理解乃至对行为交互后所涌现后果的解释与预测，几乎覆盖了社会科学认识任务的各个方面。在新闻传播学领域，对人类行为体从观念、行为到结果的研究几乎涵盖了传播学的各类理论，以受众研究为例，受众的重要特征是受环境因素（如国家制度、民族文化等）、群体因素（如

---

① Noam Wies, Yoav Levine and Amnon Shashua, "The Learnability of In-context Learning," *Advances in Neural Information Processing Systems*, 2024, 36.

② Xuezhi Wang, et al., "Self-Consistency Improves Chain of thought Reasoning in Language Models," *arXiv preprint arXiv*: 2203. 11171, 2022.

身份认同、阶层归属等）和个体因素（如性格特质、媒介偏好等）影响，在相关特征因素的作用下，不同类型的受众会基于相同的象征性符号形成不同的观念与认识，进而改变其社会行为，最终以"分众"形式决定受传播活动影响的效果。

在传统社会科学研究方法中，对于人类行为体的研究主要从描述性推论和因果性推论两大路径展开。在描述性推论方面，打开人类行为体的路径主要包括两条：第一是得到行为体更多的变量和维度特征，以期增加行为体观察的颗粒度，进一步揭示行为体的特质如何影响结果。第二是获得更具代表性的行为体，以推测总体。[①] 在方法应用上，这种路径的主要方法是基于调查研究，其数据分析来源于对数据的直接解释，以期获得更多行为体观念的信息，来揭示其行为的根源。这种方法最重要的弱点在于成本极为高昂，需要极大的人力与时间投入。在新闻传播学研究中，典型的调查研究有拉扎斯菲尔德等的《人民的选择》，即以问卷访谈形式通过"伊里调查"发现总统竞选宣传对于大众媒介的强大影响效果，并通过研究受众政治观念的来源提出了"意见领袖"和"两级传播"的理论概念。[②]

在因果性推论方面，打开行为体的路径则主要是行为产生的模式和行为互动的结果。需要说明的是，行为产生的模式相较于使用观念作为直接原因，更多的是对于行为产生的直接原因进行分析。在解释行为产生的模式时，经典的做法主要是实验和聚焦形式的模型，包括博弈论，对行为产生模式的直接原因的理解，是形成一个在数学化上符合理性的解释。在对数据资料的处理上，这种方式属于使用形式模式进行解释。而对于这种解释，最大的批评是不可复制性和虚幻的推理，认为这脱离了人类至关重要的社会情境。[③] 在解释行为互动的结果，也是社会科学最艰巨的挑战和任务时，经典

① Bailey K. D., *Methods of Social Research*, New York: Simon and Schuster, 1994: 78.
② 〔美〕保罗·F. 拉扎斯菲尔德等：《人民的选择——选民如何在总统选战中做决定》，唐茜译，中国人民大学出版社，2012。
③ Granovetter, Mark, "Economic Action and Social Structure: The Problem of Embeddedness," *American Journal of Sociology*, 1985, 91 (3): 481-510.

做法包括大样本和中小样本的回归分析、过程追踪导向的小样本分析以及聚焦结果的模型。这一打开行为体路径的特点是，往往需要将描述性推论所得到的观念或行为模式的产生识别作为分析实证材料的起点，比如回归分析中的行为体特质或过程追踪中对于集体行动的表述，在特别理想的情况下，聚焦结果的模型可以对因果路径完成更为完整的刻画和观察，但是其交互性的缺乏往往导致解释与预测无法稳固。① 在新闻传播学中，典型的因果性推论研究有巴贝拉等人使用向量自回归模型来解释公众和政客到底谁在领导政治议程的确立的问题。该研究基于公众与议员全天候推特数据进行主题和时间序列分析，发现政党核心支持者而非一般公众的政治议程优先级能够有效预测国会议员随后关注的议程，在因果机制上论证了为何美国政策优先级更容易被强势的党派支持者主导。②

在传统研究方法的基础上，过去一年新兴交叉学科关于大模型的研究展示了新技术对方法更新研究的潜力。首先，大模型可以有效生成具有代表性的行为体样本。基于训练所拥有的海量数据与世界知识，大模型可以生成对应现实世界行为体类型的"硅基样本"，具有与现实行为体相同的政治特征，并且具备对于复杂政治概念的理解与反应，从而能够有效地模拟政治行为。由于大模型本身蕴含规模远超任意常规数据库的信息，理论上可以将大模型视作人口统计学数据和大型社会调查数据的替代品。在恰当的提示语工程方面，研究者可以"捏合"出具有研究价值的代表性行为样本，③ 并将其作为调查研究的受访者开展研究。阿盖尔等人的研究正

① Thomas B., Pepinsky, "From Agents to Outcomes: Simulation in International Relations," *European Journal of International Relations*, 2005, 11 (3): 367-394.
② Barberá, Pablo, et al., "Who Leads? Who Follows? Measuring Issue Attention and Agenda Setting by Legislators and the Mass Public Using Social Media Data," *American Political Science Review*, 2019, 113 (4): 883-901.
③ 这里的提示语工程主要是基于提示语将族裔、经济社会地位以及政治偏好信息提供给大模型，再通过交互对话询问其政治观点，最终进行随机化处理，在与人口统计学数据比例对应的情况下与现实结果比较。参见 Sun, Seungjong, et al., "Random Silicon Sampling: Simulating Human Sub-Population Opinion Using a Large Language Model Based on Group-Level Demographic Information," *arXiv preprint arXiv*: 2402. 18144, 2024。

是如此，其构建了基于语言模型的 2020 年美国选民"硅基样本"，这些硅基样本都经提示语工程获得与美国权威统计调查中真实人类受访者同样的社会人口学特征，在意识形态观念、总统大选投票以及根据特定社会人口特征生成关联新特征等方面，这些硅基样本体现出与统计数据高度一致的结果，这一研究认为，这表明大语言模型已经通过了社会科学的"图灵测试"。①

其次，大模型可以以接近人类的方式理解和处理多模态的新闻文本和媒介数据，从而更好地测量与分析行为体的观念。大模型可以准确捕获不同社会观念所形成的语言结构与模式，在这种理解能力的基础上，大模型既可以改进调查研究中的问题设计和访谈模式，也可以最大范围地利用海量新闻文本乃至视频、图像、音频多模态媒介数据，来辅助调查研究中的观念测量。例如，赞布拉诺等人的研究展示了大语言模型在社会议题上的理解具有与人类一致性的证据，他们的研究评估了 2020 年 2 月底至 3 月底 7 个国家的政府领导人发表的新闻稿和公开演讲数据集，比较了 ChatGPT 和 QE 社区中最广泛使用的自动编码工具 nCoder 的使用情况，研究结果显示，ChatGPT 表现出优越于现有定量民族志研究编码的语言结构捕捉能力，并且可以帮助人类编码员实现较高的评分者间信度。② 孟斯等人的研究在零样本的情境下测试了大语言模型进行"典型性度量"的能力，即定量评估文本文档与特定概念或类别匹配程度的能力。该研究要求大模型完成一个推文测试数据集的政治倾向分类任务，即识别该推文来自民主党人还是共和党人，结果显示，大模型在零样本的情况下实现了传统机器学习需要数十万个推文训练集才能达到的性能。③

① Argyle, Lisa P., et al., "Out of One, Many: Using Language Models to Simulate Human Samples," *Political Analysis*, 2023, 31 (3): 337-351.
② Zambrano, Andres Felipe, et al., "From nCoder to ChatGPT: From Automated Coding to Refining Human Coding," *International Conference on Quantitative Ethnography*. Cham: Springer Nature Switzerland, 2023.
③ Le Mens, Gaël, et al., "Uncovering the Semantics of Concepts Using GPT-4," *Proceedings of the National Academy of Sciences*, 2023, 120 (49): e2309350120.

最后，在因果性推论取向的方法中，大模型展示了对于人类心智过程的超强模拟能力，从而以语言而非数值方式构建形式模型的能力。奚志恒等人关于大语言模型进行人类行为体模拟代理的大型系统综述显示，大模型可以有效模拟至少 8 类人类行为：自然语言交互行为、知识获取和记忆行为、推理和计划行为、学习和适应行为、社会互动行为、个性化和情感表达行为、自我改进和自我调整行为以及工具使用和创新行为。通过这 8 类行为的组合，大模型可以在单代理场景、多代理场景和人机协作的不同研究场景中实现广泛的应用。对于新闻传播学来说，这一调查结果展示了大语言模型几乎可以被用于人际传播、组织传播、大众传播、人机互动传播等所有传播场景的研究。[①]

三　大模型在新闻传播学研究中的应用

上述研究显示出大语言模型的发展已经为社会科学研究方法的推进创造了无限潜力，通过生成式人工智能技术的推动，社会科学研究可以实现精准描述、打开因果黑箱、进行有效预测等。在新闻传播学研究领域，大语言模型已经形成四类典型应用。

第一，大语言模型在高精度文本分析方面展现了强大的能力。现有研究表明，大语言模型可以用于高精度的文本分析以满足政治传播、健康传播等新闻传播学重点领域对于特定语言模式结构的识别要求。例如，迈克尔·赫塞尔廷等人的研究显示，大语言模型可以以接近人类专家的方式注释政治文本。该研究从四个变量（文本是否政治、消极性、情绪和意识形态）和四个国家（美国、智利、德国和意大利）的维度比较了人类专家与 GPT-4 在政治推文和新闻媒体文章上的表现，研究结果显示，GPT-4 编码非常准确，尤其是对于推文等较短的文本，正确分类文本的概率高达 95%，在英

---

① Xi, Zhiheng, et al., "The Rise and Potential of Large Language Model Based Agents: A Survey," *arXiv preprint arXiv*: 2309.07864, 2023.

语文本上的表现超过人类专家。① 在文本即数据的方法上，大模型的性能推动研究者开始探索基于预测的政治传播研究方案，包括基于综合网络与数字媒体数据来测量政治精英对重要议题的潜在立场。② 这些探索极大地推动了大量运用计算传播模式识别方法进行研究的新闻传播学议题的发展。

第二，大语言模型极大地推进了社交媒体分析和公共舆论研究，既降低了相关研究的成本，更通过提取高精度的特征数据强化了新闻传播数据在整体社会可行性研究中的应用价值。在流程上，大语言模型能够通过少量的示例学习（few-shot learning）迅速适应新的任务需求，这减少了对大量标注数据的需求。在某些情况下，甚至可以通过零样本学习（zero-shot learning）实现初步的分类或预测，从而减少了社交媒体分析中以大量的人力和数据训练集为基础的高成本研究方式。齐姆斯等人的研究认为，正是这种学习方式赋予了大语言模型彻底改造计算社会科学研究的潜能。③ 在数据对象上，大模型还通过整合文本、视觉等多模态数据，进一步扩大分析社交媒体数据的范围，从而在低成本的情境下最大范围挖掘社交媒体海量数据的潜在价值。④ 在建立跨学科知识关联性上，大语言模型可以生成式神经网络为基础结构，将对社交媒体多模态数据的计算拟合问题快速转化为对于特定社会结果的求解问题，从而建立起从假设空间到预测空间的高效映射，加速基于预测的跨学科知识发现的进程。例如，古吉拉尔等人对于印度州议会的选举预测研究，就展示了应用大模型快速探索公众舆情对于选举预测效果的能力。该研究采集了社交媒体中与印度州议会选举相关的推文，在只利用

①　Heseltine, Michael, and Bernhard Clemm von Hohenberg, "Large Language Models as a Substitute for Human Experts in Annotating Political Text," *Research & Politics*, 2024, 11（1）.

②　Wu, P. Y., Tucker, J. A., Nagler, J., & Messing, S., "Large Language Models can be Used to Estimate the Ideologies of Politicians in a Zero-shot Learning Setting," *arXiv preprint arXiv*: 2303.12057, 2023.

③　Ziems, Caleb, et al., "Can Large Language Models Transform Computational Social Science?" *Computational Linguistics*, 2024, 50（1）：237-291.

④　Peng, Yilang, Irina Lock, and Albert Ali Salah, "Automated Visual Analysis for the Study of Social Media Effects: Opportunities, Approaches, and Challenges," *Communication Methods and Measures*, 2024, 18（2）：163-185.

提示语工程的前提下，让大模型对推文在提及政党、州和候选人等关键政治对象时的情感倾向进行分析，通过基于正负情感总量与提及量的计算，该研究将大模型分析的情感得分转化为预测得票率，最终在准确率上超过传统的民意调查，论证了印度社交媒体上的公众舆论可以有效预测政治选举结果。①

第三，大语言模型为内容生产和信息扩散提供了新的研究空间。随着生成式人工智能的加速发展，内容生产的速度和质量成为传媒行业竞争的关键，大语言模型已经被大量引入新闻媒体机构乃至社交机器人的内容生产中，由此产生的对虚假信息、仇恨信息和刻板印象的扩散构成了新闻传播学研究的重要议题。在该领域，大模型本身就构成了重要的研究对象，例如布雷祖和卡特索斯在《作为一名记者的ChatGPT-4》中就讨论了生成式人工智能应用于新闻生产场景中的表现。该研究针对2016年英国脱欧公投背景下东欧罗姆移民的代表性问题，将大模型生成的内容与英国主要媒体关于移民主题的实际文章进行对比。研究结果显示，ChatGPT-4在报道中表现出相当程度的客观性，但在其制作的内容中表现出高度的种族意识。同时，大模型对事实准确性赋予极高的重要性，并极明显地有别于样本中的右翼媒体文章。② 另外，大模型也为识别虚假信息提供了极佳的工具，马科维茨等人的研究显示，大语言模型可以有效识别出欺骗性信息伴随的特定语言特征，如更频繁地使用否定词、限定词以及复杂句型，这一发现有助于开发基于大语言模型的自动提示与劝服工具，以减少不良信息的扩散与传播。③

第四，大语言模型本身的偏差与公平性研究。无论是在新闻生产中还是在学术传播中，对大模型愈加广泛的应用增加了新闻从业者、研究人员和广

---

① Gujral, Pratik, et al., "Can LLMs Help Predict Elections? (Counter) Evidence from the World's Largest Democracy," *arXiv preprint arXiv*: 2405. 07828, 2024.

② Breazu, Petre, and Napoleon Katsos, "ChatGPT - 4 as a Journalist: Whose Perspectives is it Reproducing?" *Discourse & Society*, 2024.

③ Markowitz, David M., Jeffrey T. Hancock, and Jeremy N. Bailenson, "Linguistic Markers of Inherently False AI Communication and Intentionally False Human Communication: Evidence from Hotel Reviews," *Journal of Language and Social Psychology*, 2024, 43 (1): 63-82.

大公众对其偏见的担忧。由于大语言模型依赖大量的训练数据，这些数据往往反映了生成过程中不可避免的主观性和选择性。如果训练数据中存在偏差，模型的输出结果也可能会反映这种偏差，进而影响研究的公正性与准确性。但也有观点认为，人类社会中本就存在和传播扩散着各类刻板印象，大模型本身的偏差可以作为具有代表性的数据集，为新闻传播学研究公共观念提供有价值的素材。因此，相关研究在研发测量大语言模型偏见的工具与框架基础上，对其数据代表性与公平性进行了探讨。如费拉拉的研究讨论了大模型偏见的起源与主要类型，该研究认为，训练数据、模型规范、算法限制、产品设计和政策决策是大模型偏见的主要来源，并形成了人口统计偏见、文化偏见、语言偏见、时间偏见、确认偏见和意识形态偏见等六大类型的生成偏见。[①] 加列戈斯等人研究提出了三种评估大模型偏见的指标，包括基于嵌入的度量、基于概率的度量和基于生成文本的度量，在相应工具的基础上，该研究对大模型的社会偏见和公平性进行了定义和讨论，该研究将偏见主要分为两大类，即代表性伤害（representational harms）和分配性伤害（allocational harms），前者包括贬损性语言、系统性能差异、抹除、排他性规范、错误表述、刻板印象和有害性语言等七类，后者则包括直接歧视和间接歧视两大类，这些偏见类型不仅涵盖语言模型可能在处理和生成文本时表现出的问题，也包括模型在训练和部署过程中可能继承和放大的社会偏见。[②] 相关研究都呼吁，理解和解决偏见是构建公平和包容的人工智能生态系统的基础。

四 结论

大语言模型的引入将促使新闻传播学研究方法的进一步创新与发展。未

---

① Ferrara, Emilio., "Should Chatgpt be Biased? Challenges and Risks of Bias in Large Language Models," *arXiv preprint arXiv*: 2304.03738, 2023.

② Gallegos, Isabel O., et al., "Bias and Fairness in Large Language Models: A Survey," *Computational Linguistics*, 2024: 1-79.

来，新闻传播学学者将越来越多地依赖大语言模型进行文本分析、语义理解以及数据挖掘，甚至有望通过大模型自动生成研究假设和效果的模拟预测，实现由人工智能驱动的社会科学研究。在加速从多模态数据中进行知识生产的基础上，大模型有望进一步推动跨学科研究的发展。通过整合来自人工智能、语言学和社会学等领域的理论和方法，大模型可以有效融合定量与定性方法并利用大数据改进社会计算模拟，在融合四大科学研究范式的基础上，推动研究范式的创新变革。这种方法论驱动的学科创新，势必将为新闻传播学研究注入新的活力。但针对应使用大模型形成何种社会研究方法创新，在基础概念原则和基本方法类型上，现有研究仍有待进一步分析和探讨。

理 论 篇

B.2

非物质劳动视角中的自我实现
与虚拟劳作研究

王 奕 李 敬*

摘 要： "非物质劳动"概念是对马克思劳动理论的重要承接和发展，自 20 世纪 70 年代提出以来，随着技术环境和资本主义劳动性质的变迁，概念的现实应用被不断细化。平台经济和劳动者自我实现是两个重要的研究路径，本报告通过对相关前沿文献的爬梳，厘清当下非物质劳动的特点、个体情感经验与资本平台之间的关系。非物质劳动不仅创造经济价值，还塑造主体性，体现了资本主义生产对生活的深度渗透。对非物质劳动的前沿研究主要集中在文化工业、服务业和网络数字平台等领域，本研究关注数字平台如何模糊劳动与休息的界限，探讨了非物质劳动的类型机制、性别问题及主体性问题。

关键词： 非物质劳动 数字劳动 平台经济 个体

---

* 王奕，上海社会科学院新闻研究所硕士研究生，主要研究方向为媒介社会学；李敬，上海社会科学院新闻研究所副研究员，传播学研究中心主任，主要研究方向为媒介社会学。

随着信息与通信技术（ICT）的迅速发展，托夫勒（Alvin Toffler）描述的"第三次浪潮"已深刻改变社会结构和生活方式。① ICT 的进步推动传统媒介产业向数字资本的转型，并催生新的受众形态和劳动模式。这一过程加深了日常生产和生活的媒介化，并使数字技术中的权力和虚拟个体形象成为重要议题。拉扎拉托（Maurizio Lazzarato）等意大利自治马克思主义者 20 世纪 70 年代提出的"非物质劳动"概念，标志着劳动形式的显著转变。② 非物质劳动不仅创造经济价值，还塑造主体性，体现了资本主义生产对生活的深度渗透。对非物质劳动的前沿研究主要集中在文化工业、服务业和网络数字平台等领域，这些研究关注数字平台如何模糊劳动与休息的界限，探讨了非物质劳动的类型机制、性别问题及主体性问题。③ 例如，有学者认为数字技术使劳动的性质发生了变化，将信息、科技和情感等因素渗透至每个劳动环节④；还有研究表明，非物质劳动不仅在经济上产生价值，同时也涉及性别和主体性的复杂问题⑤，揭示了在新技术环境下劳动的多维度特征⑥。

一　虚拟劳作：数据、关系和内容

对于数字媒体平台来说，数据是平台运行的基础，而通过数据的交互则形成关系，同时数据也是内容的重要组成部分。非物质劳动的生产性往往隐

---

① Toffler A. , *The Third Wave*. New York：Bantam Books, 1980.

② 〔意大利〕毛里齐奥·拉扎拉托：《非物质劳动（上）》，高燕译，《国外理论动态》2005 年第 3 期。

③ Bluff E. , Johnstone R. , Quinlan M. , "Regulating Health and Safety in Work for Digital Labor Platforms in Australia：The Example of Food Deliverers," *Journal of Work Health and Safety Regulation*, 2023, 1（1）：92-116.

④ Lee S. , "Labor of Beauty：A Study on the Creative Labor and the Affective Labor of Korean Beauty Creators," *Media, Gender & Culture*, 2023.

⑤ Anjalé D. Welton, Mansfield K. C. , Salisbury J. D. , et al. , "What is the Role of Adult Facilitators in Critical Participatory Action Research? Employing Affective Labor While Navigating the Politics and the Perils Alongside Minoritized Youth Researchers," *Educational Policy*, 2022, 36（1）：142-168.

⑥ Elouardighi I. , Oubejja K. , "Can Digital Financial Inclusion Promote Women's Labor Force Participation? Microlevel Evidence from Africa," 2023.

蔽，而且形式多种多样。尤其在可穿戴设备和智能传感器普及的今天，这些设备使用者在不知不觉中从事非物质劳动。基达里斯（Christos Gidaris）研究发现，可穿戴健身设备和互动人寿保险通过鼓励"自我护理"和"自我责任"，实现了用户的无偿劳动。用户未意识到数据生产过程也是一种劳动，而这些设备的设计和功能旨在生成盈利数据。如果未能实现这一目标，设备将失去效用。通过数据的互通，互联网世界重塑了现实，用户生成的信息和关系重新定义了价值。① 麦科斯克（Anthony McCosker）研究表明，癌症患者的博客通过详细记录个人情感和身体状况可帮助更多患者对抗疾病。尽管这些记录似乎与商业价值相悖，却为个人身份管理和网络文化提供了重要的"关怀工作"空间，展示了社会性的连续性。②

有研究指出，用户在社交网络数字平台、搜索引擎上的各类网络活动，即自由数字劳动（free digital labor）基本上都是无偿的，而这些劳动是平台资本得以积累的关键，因此亟须在新的技术语境下重思和厘清马克思的经典"劳动"概念。③ 网络平台盈利能力取决于其最大限度连接和动员平台各方用户的能力，网络的价值与其用户数量、互动的质量和强度成正比。比如谷歌和 Facebook 的盈利模式，就最为典型地展现了互联网和数据产业政治经济的核心特征；研究者指出，只要价值未被"重新分配"给互联网用户，他们的劳动就可以视作"被剥削的"，这正是自由数字劳动作为一种新剥削形式的核心内容，它之所以与 20 世纪 70 年代斯迈思的"受众商品论"有所不同，是因为尽管斯迈思是数字劳动理论的先驱者，他发现了劳动力的再生产本身成为剩余价值的间接来源，但其所处时代的技术特性，使得理论的现实意义难免有些"捉襟见肘"，就受众看电视的行为，作为一个被动的、缺乏互动的受众，很难认为他同时也是一个"劳动者"。而今天数字模式颠

---

① Gidaris C.，"Surveillance Capitalism, Datafication, and Unwaged Labour: The Rise of Wearable Fitness Devices and Interactive Life Insurance," *Surveillance & Society*, 2019, 17（1/2）: 132-138.

② McCosker, Anthony，"Living with Cancer: Affective Labour, Self-expression and The Utility of Blogs," *Information Communication & Society*, 2013, 16（8）: 1266-1285.

③ Vercellone C.，Di Stasio A.，"Free Digital Labor as a New Form of Exploitation: A Critical Analysis," *Science and Society*, 2023, 87（3）: 334-358.

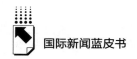

覆了电视受众的旧模式：用户是平台的活跃主体，是数据和内容的"产消者"，这就有可能实现比传统媒体更具针对性、预测性和有效性的广告；这也意味着生产过程的实施，是以一种开发最终产品、在市场上实现产品价值的视野，对用户活动进行深度整合。①

Facebook 于 2011 年推出的"无障碍"内容分享模式，强调了数据的"无差别共享"。② 贾瑞特（Kirsten Jarrett）指出，虽然"点赞"看似简单，但它与资本主义体系中的主观性奖励相关，情感认同提供了奖励，并合理化了持续的社交互动。这种互动反映了新自由主义和消费资本主义的影响。③ 此外，有学者认为，Facebook 的互动体现了生命政治（biopolitics），即休闲与劳动的交织，用户生活成为商品化和消费化的对象。④ 列斐伏尔（Henri Lefebvre）认为，在线社交平台的空间再生产反映了资本主义社会结构。⑤ 平台资本主义是对工作和休闲时间、生产和消费之间界限进行普遍侵蚀的"急先锋"，工业革命后，资本主义现代性就是建立在此基础上的。生产的算法自动化绝非劳动终结的预言，而是通过引导我们扩展所有个人的社会时间和互动，加速模糊工作与休闲、生产和消费之间界限的过程。

二　性别之争：非物质劳动

女性主义的崛起不仅使非物质劳动的研究更加关注性别议题，而且促进了对劳动价值、劳动条件和性别平等的深入讨论和批判性思考。性别议题在非物质劳动研究中扮演着重要角色。女性主义学者关注女性在家庭劳动

---

① Vercellone C., Di Stasio A., "Free Digital Labor as a New Form of Exploitation: A Critical Analysis," *Science and Society*, 2023, 87 (3): 334-358.

② Halla T., Laine J., "To Cut or not to Cut-Emotions and Forest Conflicts in Digital Media," *Journal of Rural Studies*, 2022 (94): 439-453.

③ Jarrett K., "The Relevance of 'Women's Work': Social Reproduction and Immaterial Labor in Digital Media," *Television & New Media*, 2014, 15 (1): 14-29.

④ Lazzarato M., "Du Biopouvoir à la Biopolitique," *Multitudes*, 2000, 1 (1).

⑤ Lefebvre H., "The Survival of Capitalism: Reproduction of the Relations of Production," *Journal of Clinical Hypertension*, 1976, 16 (5): 346-347.

（如纪律劳动和生殖劳动）及平台非物质劳动中的情感劳动（emotional labor）。

霍克希尔德（Arlie Hochschild）提出的"情感劳动"概念揭示了这一劳动形式的性别化特征，反映了性别分工的长期存在。[①] 男性在公共领域被期望扮演理性角色，而女性则在家庭领域承担照顾和养育责任。[②] 拉瓦尔（Nicolai Raval）等指出，马克思的劳动分工分析未涵盖主要由全球女性从事的生殖劳动和护理劳动，这限制了对非物质劳动中性别分工的理解。在女权主义政治经济学框架下，学者们重点关注非物质劳动、情感劳动及其文化政治维度，揭示了职业工作的性别化。[③] 女性主义理论强调了性别在劳动分工中的作用，揭示了非物质劳动中性别角色的传统观念和期望。例如，情感劳动、护理工作和家务劳动往往被视为女性的"天然"职责，而这些工作在传统经济学中常常被低估或忽视。当学界开始重视性别角色与劳动分工时，更多潜在的非物质劳动被更多人看见，并且肯定其价值，对于推动性别平等与平权运动具有积极意义。

莱苏珊（Lai S. S.）指出，在网络环境中，女性仍面临性别不平等。由于女性在社交平台上投入更多的时间与沟通技巧，商业资本从中获得更多收益。此外，研究表明男性也在数字平台上从事大量非物质劳动。[④] 专业自由冲浪者通过利用男子气概进行情感劳动，形成微名人效应并获利；这些冲浪者不仅展示生活方式，还营销相关商品和服务。尽管表面上看似自由，他们实际上在冲浪行业中贡献劳动力以维持消费和利润，这一现象揭示了男性职业运动员、数字劳动及情感劳动之间的复杂关系。

---

① Hochschild, Russell A., "Emotion Work, Feeling Rules, and Social Structure," *American Journal of Sociology*, 1979, 85（3）：551-575.

② Bluff E., Johnstone R., Quinlan M., "Regulating Health and Safety in Work for Digital Labor Platforms in Australia: The Example of Food Deliverers," *Journal of Work Health and Safety Regulation*, 2023, 1（1）：92-116.

③ Raval N., Dourish P., "Standing out from the Crowd: Emotional Labor, Body Labor, and Temporal Labor in Ridesharing," ACM, 2016：97-107.

④ Lai S. S., "She's the Communication Expert: Digital Labor and the Implications of Datafied Relational Communication," *Feminist Media Studies*, 2023, 23（4）：1857-1871.

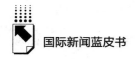

　　同时，情感劳动背后的个人成本付出也不容忽视，无论何种性别，在大量付出情感劳动后，往往会存在情感耗竭、工作与个人生活界限模糊以及长期的心理和身体健康障碍等问题。服务业、社交媒体平台因情感劳动所产生的收益是巨大的，企业平台对于情感劳动人员的情感索取有时无止无休。如网络平台中主播的情感劳动，要摒弃自身的情绪和感受，对观看的观众永远保持笑脸。

　　在数字劳动范畴，也呈现不同性别的差异化特征。职业工作中的性别化特征延伸至数字劳动领域，某些只能被视为女性的专属领域，因此与符合实际劳动资格的工作相比，要么没有报酬，要么报酬远远低于前者。① 以游戏开发设计人员为例，通常情况下他们被视为薪资更高、待遇更好、更受尊敬的职业群体。在非物质劳动力、独立游戏设计和性别社交网络市场的研究中，研究者发现电子游戏行业的开发者主要是受过大学教育、身体健全的异性恋白人男性，平均年龄为 31 岁；所有部门的女性最多仅占 10%，并主要从事非开发角色。这种结果容易导致非物质劳动领域也存在一种潜在的性别"游戏霸权"。通过揭示数字劳动的性别化特征，其试图说明不稳定的劳动条件和创新话语之间的关系。货币、社会和文化价值的流通方式，强化了女性在数字游戏制作中的功能的特定愿景。② 这些研究揭示了媒体技术在非物质劳动中如何构建、促进和规范性别化的情感劳动。在这一过程中，无论是男性还是女性的特质都被符号化并转化为市场化商品，个体在数字网络平台上被重构为技术性身体。当性别议题被过度放大时，可能会掩盖非物质劳动主体的实际状况。因此，在研究非物质劳动时，需在综合考虑性别视角的同时，以劳动本身的内在逻辑为核心，而非将性别议题孤立化。研究关注多样性措施在日益增长和新兴的社会网络市场中的更广泛意义，发掘无偿劳动、情感和女性力量在游戏开发类非物质劳动中的重要作用。

---

① Raval N., Dourish P., "Standing out from the Crowd: Emotional Labor, Body Labor, and Temporal Labor in Ridesharing," ACM, 2016: 97-107.

② Harvey A., Fisher S., "Making a Name in Games. Immaterial Labour, Indie Game Design, and Gendered Social Network Markets," *Information Communication & Society*, 2013, 16 (3): 362-380.

三 自我感知：被剥削或是出走的力量

劳动体验反映了劳动的特征和劳动者的主体性。在非物质劳动中，其通常表现出自愿性、无偿或低偿、灵活性和不稳定性。[①] 布朗纳（Brunner）将"糟糕工作"定义为被控制、无聊、孤立、缺乏自尊和自我实现的工作，而"好工作"则具备自主性、兴趣、社会性和安全性。约翰逊（Mark R. Johnson）认为，工作应被视为一种乐趣而非负担。随着数字技术的发展，劳动的结构也发生变化。[②] 研究表明，平台与劳动者之间的产业关系通常仅基于"虚拟协议"，而商业/行业参与者与工人之间的新型社会伙伴关系也导致新的反常现象。这种关系掩盖了那些在不知不觉中受到剥削的劳动者的权利和保护。[③] 在数字平台业务中，劳动力剥削的现象常被包裹在自由、灵活性和伙伴关系的修辞框架中。数字经济的发展推动了工作的信息化，这种信息化主要表现为在正式制度之外的收入创造活动的增加。非正式劳动力也在参与成熟行业的生产供应链，而中小企业等非正式部门的发展则成为吸收劳动力的另一种方式。[④]

（一）自由职业者的困局

拉瓦尔（Nidhi Raval）等指出，网约车司机的临时劳动具有"灵活性"与"永无止境性"这两个看似矛盾的特征。在这种临时劳动中，情绪劳动、身体劳动和时间劳动在个体与其工作空间的互动中得以强化，但这一研究并

---

① Levy, K., "Why AI Surveillance at Work Leads to Perverse Outcomes," Psyche, January 25, 2023.

② Dur, R., & Lent, M. van., "Socially Useless Jobs," Industrial Relations (Berkeley), 2019, 58 (1): 3-16.

③ Soffia, M., Wood, A. J., & Burchell, B., "Alienation is not 'Bullshit': An Empirical Critique of Graeber's Theory of BS Jobs," Work, Employment and Society, 2022, 36 (5): 816-840.

④ Kurniawan F. E., "Industrial Relations in the Digital Sharing Economy: A Critical Review of Labor Informalization and Social Partnership Relations," Journal of Indonesian Social Sciences and Humanities, 2020 (1).

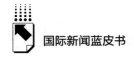

未深入探讨临时劳动者的主体性和行动能力问题。① 与此类似，业余的非物质劳动在数字平台上也有显著表现。帕萨嫩（Susanna Paasonen）通过对反传统色情（alt-porn）的研究，将其视为一种融合艺术性、道德性和多样选择的媒体文化，超越了传统色情的纯粹商业属性。这种创作形式不仅体现了自我表达，更是对创作者及其行业的商品化过程的反思，进而形成一种被称为"爱的劳动"的实践。此类实践挑战了商业/非商业、主流/替代、专业/业余的二元对立，并凸显了情感、劳动和交换之间的复杂关系。②

研究表明，平台资本宣称的数字自由职业者的技能、生产力与回报之间的正相关关系是具有误导性的。类似于外卖平台的骑手，自由职业者为了获得良好的平台评级而进行大量的前期投入，并不一定会带来相应的经济回报或福利待遇。平台资本声称平台工作为缺乏经验和较低学历水平的人提供了低门槛的工作机会，然而，这种"数字化竞赛"实际上激发了劳动者之间的激烈竞争，进一步导致劳动者的自由时间被殖民化，无偿劳动被正当化。这表明，所谓自由职业者的"自由时间"（free time）在很大程度上是一种虚幻的概念。此外，自由职业者在时间分配、特定平台技能的培养、声誉维护以及社会网络的建设方面面临着高昂的"沉没成本"。这些成本包括无偿劳动的投入、个人技能提升的经济支出，以及失去闲暇时间、取消假期和人际关系受损等社会性成本。由于这些沉没成本的不可回收性，众多自由职业者陷入了特定的工作模式，短期内难以转型至其他工作形式，从而显著削弱了他们的风险抵御能力。与此同时，为了维持平台上的良好评级，自由职业者不得不接受更多订单，甚至需要满足客户的额外要求，这些超出工作范围的服务进一步加剧了他们的工作负担。

平台的算法评级机制不仅使平台得以规避对自由职业者技能验证的责任，还通过促使自由职业者自愿竞争稳定的工作机会，构成平台获利的核心

---

① Raval N., Dourish P., "Standing out from the Crowd: Emotional Labor, Body Labor, and Temporal Labor in Ridesharing," ACM, 2016: 97-107.

② Raval N., Dourish P., "Standing out from the Crowd: Emotional Labor, Body Labor, and Temporal Labor in Ridesharing," ACM, 2016: 97-107.

机制。因此，平台将其节省的时间和资源成本转嫁到自由职业者身上，使得他们的劳动报酬与付出不匹配。自由职业者不仅需满足最苛刻用户的需求，还需通过积极争取好评和绩效评级来在线展示其专业能力与素质。[①] 然而，资深自由职业者往往更依赖稳固的客户关系，以及通过评论和绩效评级所体现的声誉和专业能力的认知。这些评审系统作为平台算法管理和评估机制的核心部分，进一步巩固了平台对劳动过程的控制与再生产。

基于项目制的工作模式，薪酬的增长依赖个人的灵活劳动和自我剥削。这种模式引发了对"自主悖论"（autonomy paradox）和"时间主权"（time sovereignty）的深刻反思：自由职业者尽管看似拥有更大的自主权，却常常陷入长时间且非社交性的工作状态中，从而削弱了他们有效管理时间边界的能力。[②]

平台上的自由职业者普遍反映，他们难以掌控"备用"时间的使用，即便是日常中的休息时间也可能被工作任务占据，这种状况往往会延伸至非工作时间。因此，平台工作的"自由"特性实际上要求从业者保持持续的工作状态，但这也意味着失去自由选择何时工作或休息的权利，无法拒绝工作的任务，并且丧失了对工作与生活平衡的自主决策权。此外，平台之间以及平台内部和外部的工作评级不可转移性，导致自由职业者在单一平台上的投入变成"沉没投资"，并不一定能拓展他们在更广泛劳动力市场中的职业选择空间。在新数字技术的背景下，将不同形式的工作与劳动者剥离的尝试变得更加复杂和困难。

（二）自我剥削与乐趣退化

文化工作倡导自我导向的劳动形式。在霍普（Hope）等看来，中产阶

---

① Sutherland W., Jarrahi M. H., Dunn M., Nelson S. B., "Work Precarity and Gig Literacies in Online Freelancing," *Work, Employment and Society*, 2020, 34（3）：457-475.

② Alvarez de la Vega J. C., Cecchinato M. E., Rooksby J., Newbold J., "Understanding Platform Mediated Work-life: A Diary Study with Gig Economy Freelancers," *Proceedings of the ACM on Human-Computer Interaction*, 2023, 7（CSW1）：1-32.

级工人具有控制自身生产资料的能力，与被动的数据收集不同，非物质劳动中的主体性体现为劳动者对劳动的态度选择和行动决策①；沃特斯（Jessica Waters）和达夫（Chris Duff）研究了协同工作中的情感共性，发现协同工作吸引力主要来自自发性社区所营造的情感氛围②。这种氛围促成了新的互动模式、创造机会和能力发展。福塔基（Marianna Fotaki）等学者进一步指出，非物质劳动的显著特征在于情感、氛围的凸显及新通信技术的广泛应用。③

约翰逊将电子游戏测试归类为非物质劳动，提出"乐趣退化"的概念。测试者在劳动过程中被迫远离原有的娱乐体验，被工具性和选择性所支配，游戏测试工作的不稳定性、低工资和高度可替代性，使其主要吸引了对游戏充满热情的年轻人；然而，这种劳动的"乐趣"在工作过程中被逐渐削弱，游戏的本质从享受变为消耗。非物质劳动领域并非理想化的劳动状态，尽管游戏开发人员较测试者拥有更高薪酬和待遇，研究显示这一领域同样存在性别与种族偏见，主导者多为受过高等教育的年轻异性恋白人男性，而女性在这一领域比例极低，且多从事非开发角色。这种性别分布体现了非物质劳动中的"游戏霸权"现象。④ 研究者进一步指出，不稳定的劳动条件与创新话语的结合强化了女性在数字游戏制作中的边缘角色。随着社会网络市场的发展，非物质、情感和女性力量在以游戏开发为代表的非物质劳动中越发重要。研究旨在揭示非物质劳动内部的多样性及其潜在的革命性意义；在这一背景下，女性力量和情感劳动不再仅仅是附属品，而是重构劳动关系的重要因素。这些研究提示我们注意劳动者才是价值创造的主要因素。算法，与其他由编程指令驱动的机器一样，实质上是劳动的具体体现，它们仅仅是促进

---

① Hope S., Richards J., "Loving Work: Drawing Attention to Pleasure and Pain in the Body of the Cultural Worker," *European Journal of Cultural Studies*, 2015, 18 (2): 117-141.

② Waters-Lynch J., Duff C., "The Affective Commons of Coworking," *Human Relations*, 2019, 74 (1).

③ Fotaki M., Kenny K. and Vachhani S. J., "Thinking Critically about Affect in Organization Studies: Why it Matters," *Organization*, 2017, 24 (1): 3-17.

④ Jacoby, R., "Labor and Monopoly Capital: The Degradation of Work in the Twentieth Century," *Telos*, 1976 (29): 199-207.

和框定人类劳动的生产条件。若没有互联网用户的集体劳动提供的原材料，及算法开发者的劳动，算法将失去其功能和价值。

相比于游戏测试人员，平台内容生产者的非物质劳动更具热情和积极性。约翰逊等用"这就像淘金热"来形容 Twitch.tv 上的专业视频游戏主播，指出流媒体和游戏文化构建了一个宏观的媒介生态系统，主播通过直播将虚拟冒险转化为现实收入，实现了非物质劳动的货币化。[①] 然而，研究主要聚焦流媒体实践及自由职业者的特点，而未深入探讨其政治经济学维度的潜在问题。对《星战前夜》（EVE Online）的研究关注游戏内实业家群体，进一步揭示了非物质劳动的深层次影响。这些玩家通过采矿、制造、保护和交易等活动，创造了游戏内的资本，并承担了经济体系构建的主要职责。网络民族志调查显示，这些实业家不仅对其劳动形式表现出高度的参与感和兴趣，而且他们的信息交流与资本积累活动直接塑造了游戏的经济结构。这一现象反映了非物质劳动在数字经济中的关键作用。缺少这些非物质劳动，游戏内的经济秩序将陷入混乱，从而突出显示了非物质劳动者在数字平台上的实际经济影响。[②] 他们的劳动弥合了游戏生产和消费之间的差距，培育了一个二级市场。值得注意的是，免费游戏（F2P）模式已经将电子游戏从独立的大宗商品转变为持续的服务平台，为游戏公司创造持续的收入流。如《英雄联盟》（LOL）一类的大型多人在线游戏（MMOGs）虽然是免费游戏，但玩家仍然在平台的引导之下进行积极的互动操作，为平台创造价值。研究者探析了不为游戏内物品付费的玩家在《王者荣耀》中担任的角色。这种剥削模式分为三个阶段：劳动过程、报酬结算和消费。[③] 因此，F2P 模式的成功和盈利能力象征着一种范式的转变：从将游戏视为商品到将其视为服务，以及玩家从消费者转向商品和劳动者。F2P 模型重塑了游戏的盈利方式，并改

① Johnson M. R., Woodcock J., "'It's like the Gold Rush': the Lives and Careers of Professional Video Game Streamers on Twitch. Tv," *Information Communication and Society*, 2017 (2): 1-16.

② Nicholas Taylor, Kelly Bergstrom, Jennifer Jenson, and Suzanne de Castell, "Alienated Playbour: Relations of Production in EVE Online," *Games and Culture*, 2015, 10 (4): 365-388.

③ Zhou N., et al., "Digital Labor in Free-to-play Games: Player as Commodity and Interaction as Labor in MMOGs," August 29, 2024.

变了玩家—游戏的动态。这类游戏通常从广告或游戏内的物品销售中获利，学者们将游戏等同于"非物质劳动"。①

非物质劳动中的主体性是由兴趣和共同体意识所驱动的，粉丝劳动（fan labor）可能演变为"新组织"（new organization）。对游戏论坛（Fallout 3）的研究发现，粉丝对自身劳动的理解与传统生产关系不同，他们将之视为对游戏世界的重要贡献，尽管这些贡献通常是无偿的②；从制作团队来看，粉丝的劳动似乎是在自我剥削，但粉丝们的自我定位却超出了要求物质回报的层面，他们看重的是文本创作而非制作团队。因此，"新组织"要求提升沟通速度、连通性和创新精神，等级制度降低了，工作由自律专家在各种在线网络中分散协作；在这种框架下，知识工作者的核心价值来自其智力和理解力，而非传统的技能和忠诚。粉丝们希望通过自己的劳动将游戏论坛打造为系列最佳，并将自身视为"新组织"网络中的重要参与者。他们的主要满足感来源于对所创作内容的自豪，而非物质奖励。粉丝作为"人类商品"，通过在知识社区中的信息和解释工作，推动了"新组织"的非物质劳动。③ 尽管粉丝劳动展现出一定的自主性和创造力，但研究者指出，由于缺乏物质回报，将这种自由劳动转变为职业仍然是一个"白日梦"。这也反映了非物质劳动的双重性：一方面具有潜在的创新和组织能力，另一方面却深陷资本逻辑中的剥削和不稳定性。④

（三）时间宰治与全球视角

在平台工作中，时间管理表现为平台、平台工作者与平台客户端之间的

---

① Jamie Woodcock, Mark R. Johnson, "The Affective Labor and Performance of Live Streaming on Twitch. tv," *Television & New Media*, 2019, 20（8）.

② R. M. Milner, "Working for the Text Fan Labor and the New Organization," *International Journal of Cultural Studies*, 2009, 12（5）: 491-508.

③ Johnson M. R., Woodcock J., "'It's like the Gold Rush': the Lives and Careers of Professional Video Game Streamers on Twitch. tv," *Information Communication and Society*, 2017（2）: 1-16.

④ Raval N., Dourish P., "Standing out from the Crowd: Emotional Labor, Body Labor, and Temporal Labor in Ridesharing," ACM, 2016: 97-107.

三方关系。所谓"工作时间制度",旨在通过实施"时间控制"来确保平台能够高效且可靠地使用在线依赖或独立的个体劳动力,这种制度兼顾了平台劳动力的灵活性与控制问题。① 数字平台对学校教育的影响也体现在对时间的"入侵"上。教师为了适应数字化教学的趋势,不得不花费额外时间学习和使用数字技术,从而增强其教学自主性和时间灵活性。② 时间的结构和规则一直支配着学校的运作,例如时间表、铃铛、术语、日历和假期等特殊的时间节奏。然而,数字教学平台的介入导致教师在假期和非工作时间也需要处理电子邮件通知。由于教师之间的竞争加剧以及教学计划的制定,教学和评估要求也占用了大量超出标准 8 小时工作时间的时间。此外,数字平台的考核要求迫使教师将更多时间投入多媒体技术的学习、优质视听内容的查找和制作中。这种非物质劳动使得学校工作呈现新的特征,并加剧了教师的精神压力。因此,工作时间制度成为解释特定类型平台治理机制的关键。在这种平台治理模式中,平台被视为"赋予许可的权力,同时仍行使集中的权力"。算法管理被用来解释平台如何将权力集中,同时将责任和风险转嫁给个体经营者,尤其是那些依赖平台工作作为主要收入来源的人。然而,较低的进入门槛意味着平台工作可以作为其他收入来源的补充,使工人能够在多个平台上"努力"工作。③

有研究从宏观视角指出,技术更发达国家的数字平台可能对欠发达地区的劳动者产生不利影响。这些平台的繁荣和价值获取越来越依赖全球南方国家的人们进行数字互动。尽管全球数字价值链中平等和包容的问题受到广泛关注,但这往往忽视了工作中的权力动态,并倾向于再现数字时代的依赖性,甚至是殖民主义的实践。无偿数字劳动的概念可以通过强调价值创造过程以及通过数字平台进行价值提取的陷阱来为决策者提供信息。然而,这一

① Heiland J., Unger B., "Identification of Linear Time-invariant Systems with Dynamic Mode Decomposition," *arXiv e-prints*, 2021.
② Johnson N. F., "Digital Labour and Temporal Priorities within a Secondary School," August 29, 2024.
③ Alvarez de la Vega, "The Gig Economy in Times of COVID - 19: Designing for Gig Workers' Needs," 2023.

概念再现了用户与平台之间的双边关系，并在很大程度上忽略了国家的作用。因此，在分析数字时代的发展政策时，必须考虑这些反思。全球南方国家需要争取数字主权，以获得自治权，并建立对价值和发展的集体理解。①

四　结语

在互联网经济中，"信息内容"生成"关系"，"关系"又为"信息内容"赋值。社会生存手段需要通过商品和货币组织形式来实现，而传播手段作为生存资料的一部分，本可作为公共或共享品脱离货币形式，但互联网平台将用户数据商品化，形成数据资本化的循环。用户虽未获得传播手段的所有权，但其行为却为平台创造利润。②"数据商品"理论揭示了社交媒体用户的双重商品化：他们既是商品，也因商品化而在网络上被商品逻辑所控制；定向广告利用用户数据和行为，不一定反映真实需求，而是为价值和利润生产服务；用户既是技术服务的消费者，也是数据和价值的生产者。社交媒体用户为平台创造价值，未获等价回报。用户劳动和注意力被异化，广告收入成为商业媒体的利润，用户对数据的控制被剥夺，形成剥削与胁迫的循环，受众劳动者因此成为一个独特的阶级。③

在后工业或信息社会的背景下，传统工人的边缘化和贫困加剧，同时"新中产阶级"和知识中间阶层的崛起导致工人阶级的分化，底层工人面临更加严重的剥削。这是否意味着从事生产和非物质劳动的工人将面临无望的未来，且反抗变得无效？贫穷不仅仅是物质上的缺乏或苦难，它还可能催生新的社会主体性，并促进多元且开放的政治体制的形成。穷人作为那些可能突破现有社会秩序或财产界限、融入社会生产的个体，对财产统治构成威

---

① Chenou J. M., Daniela Forero Sánchez, "Value Creation and Free Labour in Digital Development Agendas: Evidence from Colombia," *Innovation and Development*, 2021 (13): 343-359.
② 〔英〕克里斯蒂安·福克斯：《数字劳动与卡尔·马克思》，周延云译，人民出版社，2022，第123页。
③ 〔英〕克里斯蒂安·福克斯：《数字劳动与卡尔·马克思》，周延云译，人民出版社，2022，第126页。

胁；富人通过伪装的普遍性和财产共和国维护排他性利益，而穷人的开放性和多元性对这种财产共和国形成实际威胁。从激进左翼的非物质劳动理论视野来看，生命政治生产不仅涉及全球化秩序"帝国"的压迫性力量，还意味着新的革命主体的形成，体现了主体性的生产。我们知道，在经典的"诸众"（multitude）概念中，劳动者通过"出走"抵抗并重塑生产关系，这一过程蕴含着对生产条件、资料控制及自主管理的重构。①

如卡洛·韦尔切洛内（Carlo Vercellone）所言，平台资本主义达到了资本主义对工作与休闲时间、生产与消费之界限进行全面侵蚀的顶峰，而这些界限正是工业革命之后所生成的资本主义现代性的根基所在。关于劳动终结的无数预言从未实现过，算法自动化生产反而加速了资本主义的发展进程，使雇佣劳动的范围不断扩大，侵占了个体的社会时间和社会交往。② 正是互联网上"产消者"（prosumer）的工作，揭露了"生产的秘密实验室"，促成了"商业性的免费"平台资本主义的发展。平台资本所占有的价值不再是个体生产的剩余价值的简单总和，而是劳动合作的产物，即众多"产消者"的集体智力（collective intelligence）。③ 剩余价值的产生，不来自每个孤立用户简单的"点赞"、发帖、搜索或评论，而是他们之间的互动。在平台资本主义和"控制社会"的组织中，企业不仅要不断鼓励和引导合作，更要让它不受阻碍地自主发展，这才是最大化网络经济效率、提取价值增值过程所需的大量优质数据不可或缺的条件。④ 为此，平台公司的算法固定资本拦截、分类、聚合并占有"产消者"的活动产物，以便将它们转化为商品和经济价值。

---

① Hardt M., Negri A., *Multitude*：*War and Democracy in the Age of Empire*. New York：Penguin，2004.

② Carlo Vercellone，"From Formal Subsumption to General Intellect：Elements for a Marxist Reading of the Thesis of Cognitive Capitalism," *Historical Materialism*，2007，15（1）：13–36.

③ Vercellone C., "The 'Merchantable Gratuitousness' Platforms and the Free Digital Labor Controversy：A New Form of Exploitation?" 2020.

④ Deleuze G., *Postscript on the Societies of Control*. New York：Columbia University Press，1995.

B.3
媒介理论中的传播符号研究

张新璐*

摘　要：　作为麦克卢汉媒介学研究的后继者，基特勒通过考察 18～19 世纪的文学物质性变迁，提出话语网络是由教育制度，复制、存储和传输的技术手段，可用的解释策略等塑造的语言的积极存在模式。弗卢塞尔从媒介引发的危机切入，认为传播学预示着人类关系的变异。人类处于媒介危机带来的意识转换中，身处离开一种意识进入另一种意识的边缘，人们的意识由前一个媒介时代编程，但与新的媒介相关的模式在我们生活的世界中爆发，带来社会危机和内部冲突。自我吞噬的逻辑推动了媒介的变迁。

关键词：　话语网络　物质性　代码　媒介现象学

　　媒介理论作为传播学近年来的理论新热点，肇始于 1964 年麦克卢汉在《理解媒介：论人的延伸》中的观点——媒介即信息。虽然麦克卢汉的理论在北美形成媒介生态学这一流派，但其对媒介的讨论开启了全球理论界的持续思考，先后涌现了一大批探讨媒介何为的学者：法国的德布雷、德国的基特勒、巴西的弗卢塞尔等。其中，与麦克卢汉取径最为不同的是基特勒和弗卢塞尔，前者延续后诠释学的路径，开启德国文化技术学一脉；后者援引现象学，开创媒介现象学。两人在各自的理论脉络中都曾聚焦传播符号的变迁这一命题，代表作分别为《话语网络 1800/1900》（1985）、《传播学：历

---

* 张新璐，上海社会科学院新闻研究所助理研究员，主要研究方向为新闻传播史。

史、理论与哲学》（1998）。因此，本报告将以此为线索，回到理论文本和历史情境中，爬梳两位学者如何思考传播符号与历史变迁的问题。

一　1800/1900话语网络

基特勒的《话语网络 1800/1900》分析了 1800 年浪漫主义的话语网络和 1900 年现代主义的话语网络。他定义的话语网络的方法论特征是将"福柯拉康化了，拉康福柯化了"。福柯的话语分析借助并扩展成精神分析的范畴，展示话语体制如何通过在新的家庭秩序中铭刻主体地位等塑造无意识。拉康的非历史化借助福柯被历史化，展示心理铭刻过程随时间推移发生的根本性转变。福柯的知识型不仅涉及知识的形成，也涉及人类心理的形成。通过挖掘不同的历史实例，拉康的话语变得具体。话语成为由教育制度，复制、存储和传输的技术手段，可用的解释策略等塑造的语言的积极存在模式。①

正如基特勒在总结 1800 年话语网络时所言：1800 年的话语网络是一台大型信息机器，"我将 1800 年左右的母亲、诗歌和哲学的历史线性化：母亲产生大量的词语，文学接管这些词语并将其转化为作品，哲学将这一产物的整个输出重新解读为理论，我将整个过程可视化为一个总机图，这解释了为什么反馈等技术隐喻开始出现……我非常注意让母亲作为输入进入诗歌的通道，并在从另一端退出时被收集到哲学的存储介质中"。话语网络是一组大规模的、历史偶然的信息机器，其中一个因产生文化实体（如新的核心家庭）而特别突出，这些文化实体由具备必要的解释学技能的现代主体组成。②

1800 年话语网络的信息渠道是包括大学在内的学校这些国家机构，话语选择和控制的原则是只读学生和老师"理解"的内容，诗歌被称为解释

① Geoffrey Winthrop-young, *Kittler and the Media*, Polity Press, 2011：36.
② Geoffrey Winthrop-young, *Kittler and the Media*, Polity Press, 2011：46.

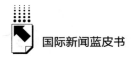

学的"对应物"。诗歌将参与理解的所有信息渠道联系在一起。人类被统一为公民共同体。（男性的）教育官僚和国家缔结契约。① 1800 年话语网络中唤起诗歌的是女性他者，女人作为母亲的嘴的本质，在于让男人说话，现代核心家庭的出现让母亲成为指导者。1800 年，女性＝自然＝母亲的等价体系使文化适应从绝对起源开始，母亲是诗歌诠释学理解的第一个他者，分析语言的物质性，字母表的革命带来了口语化。语言练习构建母亲的嘴巴及其通道、凹陷和深度，孩子聆听这张嘴巴的工具呈现。按照语言的发音方式发音单词，发音在任何地方都是一样的，这种系统的符号技术保证了 1800 年话语网络铭刻的所有话语都是同质的，方言被摒除，德语成为国家语言。母亲教孩子（男性）从自然声音和口部练习过渡到呼唤母亲自己的名字。这种母子关系双重性，让核心家庭变得"色情"。②

因此，在 1800 年话语网络中，把妇女教育成母亲是国家最神圣的职责。将女性排除在国家权力和官僚话语之外，将她们转化为自然。这有助于在女性的新决心和公务员之间建立一种生产互补的关系。公务员制度成为国家的基础。1800 年，官方教育者开始控制所有其他行政和国家官员不可或缺的复杂阅读和写作职能。高等教育系统重组，明确致力于推动（男性）公务员的入职。女性作为一个多元体被排除在 1800 年话语网络外，性别的合法化将男孩的中学、大学和国家机器联系在一起。高等教育体系和国家相结合并成为性别分化的工具，将学术话语（公务员的自动生产系统）与女性教育（初等教育的自我调节反馈回路）区分开来。③ 1800 年的书写系统中，哲学就是性别差异的消除者，调解了国家和母亲这两个权威。当教育官员执行复杂的写作功能，母亲执行基本的字母排列功能时，由此产生的作家是一

① Ftiedrich A. Kittler, *Discourse Network*：*1800/1900*，trans by Michael Metteer with Chris Cullens, Stanford University，1990：3-24.
② Ftiedrich A. Kittler, *Discourse Network*：*1800/1900*，trans by Michael Metteer with Chris Cullens, Stanford University，1990：24-53.
③ Ftiedrich A. Kittler, *Discourse Network*：*1800/1900*，trans by Michael Metteer with Chris Cullens, Stanford University，1990：54-63.

个真正的人。哲学话语阐述了两性之间的关系，是作家与女性之间的规范关系。①

技术创新（纸卷的发明）、社会变革（中产阶级崛起）和话语实践本身的变化导致 1800 年代图书业的蓬勃发展。1800 年代的网络需要诉诸非男性的身份，女性读者拯救了作家，只有她们的狂热崇拜才能保证印刷品的积极表现。即使是写作的女性，在沉默和匿名的功能中也构成了一个无辜的意外。选集作为一种教学工具在 1800 年代被发明，诗歌选集将经久不衰的作品与书籍洪流区分开来，并制止吞噬性的阅读狂热。1800 年话语网络通过让女孩在教室里阅读解决了发展停滞问题。② 1800 年代课程设计让男性成为未来的国家公仆，将阅读引导到一般的论文写作中。诗歌和官僚政治这两个极端，必须经过中间点才能达到各自的结论终点，这被称为哲学。在 1800 年话语网络中，诗歌和哲学之间建立了双重联系。诗歌作为古典话语网络的中点，获得了它的媒介乐趣，进入纯粹所指的飞跃，而两个极端——基础教学和哲学则处理了写作的物质性问题。哲学话语中没有女性，因为哲学和诗歌的区别在于哲学没有给众多女性中的任何一个命名，他者（异性）在诗歌话语中受到压抑，在哲学话语中被排斥。③

在 1900 年话语网络中，话语由随机生成器产生，心理物理学构成噪声源，新技术媒体存储了它们的输出。心理物理学认为数字是唯一一种超越所有思想的信息，作为现实中的铭文。数字的简单关系可以作为心理物理学铭刻力量的量度，能指赤裸裸的基本存在，能指需要用严格的统计术语表达的测试材料。心理物理学让文化，即口语、听力、写作和阅读实现相互透明和意义关联的伟大统一体，被打破了。心理物理学研究日常生活中被称为多余、病态或过时的能力。中风、头部枪伤和瘫痪使文化实践与生理学之间建

① Ftiedrich A. Kittler, *Discourse Network：1800/1900*, trans by Michael Metteer with Chris Cullens, Stanford University, 1990：66-69.
② Ftiedrich A. Kittler, *Discourse Network：1800/1900*, trans by Michael Metteer with Chris Cullens, Stanford University, 1990：125-140.
③ Ftiedrich A. Kittler, *Discourse Network：1800/1900*, trans by Michael Metteer with Chris Cullens, Stanford University, 1990：148-176.

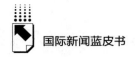

立起联系的基础性发现成为可能。在失语症、失读症等功能障碍中，每次话语之前的噪声既成为主题，也成为方法。心理物理学通过某种过滤器传输白噪声。心理物理学超越了所有意义的归因及其透明的任意性，进入了无意义的身体，它是机器中的机器。①

1900 年话语网络中，心理物理实验被纳入，作为许多随机生成器，产生没有意义或思想的话语。随机生成器只有在极高的速度下才能产生效果，心理物理学必须与 1900 年左右革命性改变光学和声学的新媒体（电影和留声机）相结合。光学和声学过程的技术模拟以设备本身的速度使分析成为可能。记录感官数据的能力约在 1900 年从技术上改变了整个话语网络。现实的技术记录与象征的符号记录展开了竞争。

能指的物质性建立在混乱之上，混乱和间隔的逻辑是由 1900 年话语网络通过打字机的发明作为一种技术实现的。打字机的真正创新是空间制定和离散的符号，而不是速度的提高。字母键的空间排列所创造的几何图形，一种特殊的位置关系定义了能指。键盘的元素可以左右和整个结构化。在符号和间隔之间的游戏中，书写不再是从自然到文化的手写连续过渡，而是从可数的、空间化的供应中进行选择。从键盘到文本的转换中，唯一的任务是对每个突变和组合的操作。无意识的写作使主体成为它本身。1900 年话语网络编制了这样的规则：一个性别不能代表另一个性别，女性语言应运而生。手写体不再是母亲口中的翻译，而是成为不可或缺的媒介，成为打字机。这种去性化使女性能够写作，打字机为女性进入办公室开辟了道路。② 机器消除了两性的性别差异及其象征，打字机将女性的系统性障碍和受教育不足转化为历史机遇。所谓女性解放是她们掌握了机器，从而消除了教学对话语的权威。办公室工作成为两性战争的前线。③

① Ftiedrich A. Kittler, *Discourse Network: 1800/1900*, trans by Michael Metteer with Chris Cullens, Stanford University, 1990: 206-229.
② Ftiedrich A. Kittler, *Discourse Network: 1800/1900*, trans by Michael Metteer with Chris Cullens, Stanford University, 1990: 177-206.
③ Ftiedrich A. Kittler, *Discourse Network: 1800/1900*, trans by Michael Metteer with Chris Cullens, Stanford University, 1990: 304-347.

　　声音录制的历史始于儿童歌曲，会说话的娃娃标志着两个话语网络的转折点，带来了儿童世纪。留声机带来了自我关联，因为它记录的是真实的声音。留声机可以创建一个随时可用的、具有模范和完美口音的语言声音库，让人们根据技术标准储存真实现象，方言得到恢复。1900 年话语网络中，心理物理学和媒体颠覆了个人想象的身体形象，取而代之的是直率的积极性。留声机被称为灵魂的真实相片。留声机意味着作者的死亡，它存储的是凡人的声音，而不是永恒的思想和措辞。1900 年，一种新的知识范式占据主导地位，这种范式只与不可伪造的、无意识和毫无意义的事物有关，细节在美学、心理分析和犯罪学中都是如此。通过一种记录透明的声音而不要求隐藏的想法或思想的技术媒介，实验对象通过自己的身体学会了从精神生活中释放语言表达。在其自主性中，语言无需寻找所指即可继续。①

　　电影让运动可以记录在技术现实中，反应阈值是生理上的。电影在技术与身体、刺激与反应之间建立了直接联系。反射介于感觉冲动与运动反应之间。无符号性是电影的结构。电影将诗歌在字母化时代所承诺的、通过图书馆的幻想所实现的东西转化为技术现实。1900 年代，诗歌的虚假感性被技术取代。留声机通过绕过单词的想象方面（所指）来清空单词，以使用其真实方面。电影将词语的指称物，即话语的必要、超然甚至荒谬的参照点置于人们眼前，从而贬低了词语的价值。电影作为机械化的心理技术，放映和剪辑、特写和闪回等在技术上实现了幻觉和联想、回忆和注意等心理过程。②

　　将信息从一种媒介转移到另一种媒介总是需要重塑它们以符合新的标准和材料。媒介的转换是在离散点连续完成的。每次转换在某种程度上都是任意的，是一种操纵。它不能诉诸任何普遍的东西，因此必须留下空白。③ 媒介的转换被称为一门新科学的范式，弗洛伊德释梦开创了媒体作为科学的转

① Ftiedrich A. Kittler, *Discourse Network*: *1800/1900*, trans by Michael Metteer with Chris Cullens, Stanford University, 1990: 230-240.
② Ftiedrich A. Kittler, *Discourse Network*: *1800/1900*, trans by Michael Metteer with Chris Cullens, Stanford University, 1990: 241-246.
③ Ftiedrich A. Kittler, *Discourse Network*: *1800/1900*, trans by Michael Metteer with Chris Cullens, Stanford University, 1990: 248-273.

换。弗洛伊德定义了严格的媒介转换程序。为了将梦的显性内容转换为隐性思想，必须首先将这两种媒介中的某一种指定为具有明确关联规则的元素集。梦境内容和梦境思想既不相似也不共存。精神分析处于分叉位置，从1900 年开始，根据短语、书籍或图片将高雅文化和大众文化区分开来，心理分析科学在妇女、儿童和精神病人身上发现潜意识。弗洛伊德坚持研究由潜意识本身完成的梦境机制。精神分析选择象征性方法，有着合理的心理物理学前提。个体陷入心理物理学和精神分析的交锋之中，取而代之的是一个由统计普遍性和潜意识单一性构成的空洞交汇点。①

在媒介竞争中，1900 年话语网络中的文学是疯狂的拟像，诞妄的文本进入文学领域。文学利用心理物理学储存的废话，文学的话语与普通的人类生活脱节，并不揭示现象或确定事实，它的领域是一种疯狂，建立了疯癫与写作之间的联系。精神病学档案成为诗歌的草稿，为纯粹的写作提供了素材和方法。作家和分析家变成竞争的团结关系，得到了所有文件技术的基础——身体及其废话的支持。1900 年，医生提出了主题，作家则将其付诸实践。他们的写作恰好取代了大脑活体解剖，大脑活体解剖是所有心理物理学都必须梦想和实现的。没有作者的写作记录了所有媒介基础上不可能存在的现实：白噪声。媒介转换只会从所谓的自然中创造出无意识的程序。1900年话语网络由一种不透明的现在的回归所滋养，记录此在的记录器本身就是此性，使得每个归档实例都变成了一个话语事件。一种只写下此性或在文字和印刷术中以此性出现的文学占据了所有的存储设备。②

二 媒介现象学中的代码

弗卢塞尔在 1977~1978 年用英语写出《传播学》，再翻译成德语和法

---

① Ftiedrich A. Kittler, *Discourse Network*：*1800/1900*, trans by Michael Metteer with Chris Cullens, Stanford University, 1990：275-303.
② Ftiedrich A. Kittler, *Discourse Network*：*1800/1900*, trans by Michael Metteer with Chris Cullens, Stanford University, 1990：304-346.

语。后因为尝试在美国出版《传播学》受挫，弗卢塞尔将该书存档。1998年，Stefan Bollmann 出版该书的德文译本。2022 年，Rodrigo Maltez Novaes 正式出版英文原稿《传播学》。

在弗卢塞尔的课程讲义中，人类沟通是一个人为的过程，它基于技巧、发明、工具和仪器，即排列成代码的符号。人类并不总是完全意识到人类交流的人工本质——通过技巧与其他人进行交流的事实。在学习一个代码之后，我们往往会忘记它的人为性。代码以及组成它们的符号成为一种第二天性，我们生活的代码化世界，给我们留下一个第一本性，被遗忘了。人类交流是一种旨在让我们忘记被判处死刑的残酷无意义生命的装置。传播理论是一门解释性学科，与信息论、计算机科学等相反。人类沟通是一种重要且解释的现象。从解释的角度来看，这种现象的不自然方面与艺术有关，然而它的方法——刻意制作代码的有效性尚未完全被理解。①

人类沟通只能在主体间建立，由观察者参与将现象变成符号的协议，并准备接受符号组成代码的规则。原则上任何现象都可以被视为符号，并且有无数种方法将这些符号组织成代码。符号网是人类在自身周围编织的编纂世界，以便存储其所获得的信息，从而赋予生命意义，它具有完全不透明的复杂性，这种不透明性就在于它的意图。由于代码目的是在编纂世界的当前危机中提供指导，弗卢塞尔挑选出那些似乎特别具有当前危机特征的守则并检查它们，选择标准则根据代码在当前危机情况下的重要性。口语代码在人类交流的结构中发挥着突出的作用，但它并不是在代码化世界中定位的良好起点，因为它以极其复杂的方式相互流动，并发生在空气管道这样极其瞬态的介质中，与其他语言一样，口语也深受当前危机的影响，并不处于目前通信中断的地震中心。字母代码代表了西方在世界上的存在，而正是这个代码陷入危机，因为其他代码正在压制它。我们认知、体验和寻求价值的方式正在发生变化，尝试按照字母顺序掌握变化显然是一个在变化中定位自己的好方法。以此为标准，代码的演化分为公元前 4000 年至公元前 1500 年各种字母

---

① Viliem Flusser, *Kommunikologie*, Fischer, 1998：9-16.

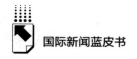

形成的过程（史前时期）；公元前 1500 年至公元 1900 年，字母表和前字母表代码之间的斗争以及字母表的最终胜利（历史）；革命性新代码的出现，例如摄影和电影，以及它们对字母表的爆炸性胜利（这个刚刚开始的时期被称为后历史）。①

前字母又被命名为字母表，字母按行书写，功能上失去了几何状的特征，还有一些额外的拼写规则与行中的字母和空格的顺序有关。这些规则是矛盾、不完整和任意的。字母表添加了许多没有字母含义的符号。字母表被称为一种有缺陷的、混合的且难以使用的通信代码。

字母历经图画文字、象形文字和表意文字三阶段，它们和字母文字都是将符号排列成行的代码。②

字母在每种语言中，并不指实际的声音，而是声音的约定，而这个含义是遵循语音约定的拼字的结果。反过来，后者本身就是语言惯例的结果，这种惯例首先将口语变成书面语言。那时的人们尽管语言混乱，但拥有共同的精英阶层，为这些精英创建一个共同的准则是一项至关重要的任务，于是发明了字母表。识字精英由贸易商和商人组成，字母代码是一种为计算、计数、称重和测量而商定的代码。③ 在此期间，精英使用的线性代码（字母）与普通人使用的其他代码（图像）之间的斗争，也是一种计算的、理性的、历史的和概念的存在形式与一种魔法的、神话的、仪式的、想象的存在形式之间的斗争。字母和图像的对立，是西方历史从手稿到印刷版《圣经》的核心。字母代码不仅可以计算，还可以（书写）讲述。讲述方式不同，则产生不同的故事，西方文明成功完全综合这两种不同的计数和复述方式，形成两种不同的字母编程意识的形式。西方文本被一种内部对话分裂为犹太和希腊两半，导致持续的紧张，并使文明具有爆炸性的活力。在印刷术发明之前，这种对话是文本之间的对话，只限于少数精英。另一种对话是识字精英和文盲民众之间的对话。所谓的历史是精英的事情，绝大多数西方人继续过

① Viliem Flusser, *Kommunikologie*, Fischer, 1998：74~79.

② Viliem Flusser, *Kommunikologie*, Fischer, 1998：84~89.

③ Viliem Flusser, *Kommunikologie*, Fischer, 1998：89~98.

着史前生活。历史意识（理性、概念思维）一直受到威胁，没有扎根，因为支撑历史意识的文盲大众并没有参与其中。印刷术发明后，字母以及由此而来的历史性和概念思维，开始渗透整个西方社会，不到 400 年时间，它爆炸性地传遍整个地球。字母代码和数学思维特有的代码（表意代码）一起，促成了精密科学话语的建立，这种话语带来了技术话语。这两种话语让字母编程的思想给世界留下了深刻的印象。其余的人类只能敬畏地观看，无法破译正在发生的事情，成为西方统治的牺牲品。

印刷术发明和照片发明之间的历史时期被称为现代，是将字母代码中潜伏的虚拟性转化为行动的时期。理性、进步的心态改变了科学、技术、政治和艺术领域。现代是理性战胜魔法、概念战胜形象的胜利。在《圣经》和古腾堡之间的时期，理性、概念思维和线性存在的世界通过不断吸收魔法、想象思维、神话存在的世界而慢慢展开。对图像的不断吸收并转化为文本，让这一时期富有成效。随着印刷术的发明，理性思维的灵感源泉开始枯竭，仿佛被印刷的纸张填满。前一时期所阐述的动机现在才付诸实践。由于缺乏魔法的争论，它们现在有些空洞。[1] 我们这一代人对科学和进步的信任，对理性不断改善世界和生活的能力的信念已经动摇了，我们的历史意识受到威胁，即使我们处于历史的终结，历史的存在在我们体内崩溃，我们仍然站在历史中。我们面前并没有出现新的意识水平。我们仍然是按字母顺序编程的，渗透到字母程序中的不是图像，而是技术图像。我们的任务是将字母表翻译成技术图像。[2]

后字母表指照片、电影、电视、幻灯片等技术图像，这些技术想象代码产生于字母代码的危机中。正如发明线性书写的人一样，未来赋予他们的生活一种新的意义，因为他们的生活面临变得毫无意义的危险，他们已经失去了对传统意义的信仰。由于我们无法理解的原因，他们不再能够遵循以图像形式编纂的世界惯例：对魔法和意识，对想象中存在的意义失去了信心，跳

① Viliem Flusser, *Communicology*: *Mutations in Human Relations*, Rodrigo Maltez, ed., Stanford University Press, 2022: 86-92.

② Viliem Flusser, *Kommunikologie*, Fischer, 1998: 96-98.

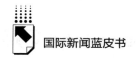
出图像世界相对容易；它不再有效，危险在于陷入无足轻重、一无所有的境地。这个危险已经被克服了。新的线性代码描述了图像、解释了魔法、讲述了仪式，赋予图像世界新的意义。于是一种新的信念出现了：历史、计数、算术、进步。但对于线性代码的发明者来说，坠入深渊的危险并没有避免。他们不再体验发明的新意义、新信仰，无法理解新发明带来理论和技术，带来进步和世界变革。①

当下的人们也在寻找一种新意义，对线性编纂世界背后的传统含义和惯例失去了信心，不再相信进步中存在意义。人们不仅开始丧失对编纂世界有效性的信心，而且开始出现破译世界特有的困难。我们周围的文本的故事和解释、论证和展开开始变得越来越难以相信。我们越来越无法根据这些文本，尤其是科学文本来很好地了解我们所生活的世界，对文本的了解越深入，世界观就越难获得。对于字母表来说是灾难性的事件，按照最初的功能，字母表是展开、解释和讲述图像的代码。当它进入扭曲图像而不是澄清图像的阶段时，世界解释得越多，就越难以想象，字母表的崩溃是一种普遍的交流代码。我们相对容易地跳出文本的世界：它们不再有效，但危险在于我们会陷入无足轻重、虚无的境地。这就是发明技术图像的原因。技术图像的目的是赋予文本一种新的含义。但如果它们成功了，那么我们实际上依旧无法体验、理解和评价这个意义，因为我们被预先编程为我们不再相信的程序（故事）：科学真理的有效性、技术的质量。因此，我们可以相对容易地跳出按字母顺序印刷的文本世界，进入照片、电影、电视屏幕的世界，但我们跳入的世界对我们来说没有任何意义，因为我们必须根据我们的编程来编程它。②

技术图像和文字出现之前的图像没有任何共同之处，前文字图像是原始世界退一步的结果，正是由于这一点，人类才成为人类，它们是与世界疏远的人们试图了解这个世界的图景。技术图像从本质上被视为从文本后退的结

---

① Viliem Flusser, *Kommunikologie*, Fischer, 1998：99.

② Viliem Flusser, *Kommunikologie*, Fischer, 1998：100-101.

果，它们是科学进步的结果。前字母图像意味着世界，文本意味着图像，技术图像意味着文本。摄影的发明是一个革命性的事件，是对西方人类生存结构的一次突破，但这一事实仍然没有被普遍认识到，只有当人们试图将其与书写的发明进行比较时，这一事件才得到充分的认识。人们对技术图像带来的革命的激进性认识缓慢的原因在于这些新规范需要漫长而艰难的学徒期。人们已经学习了100多年，但仍然没有学会摄影、电影、视频等语言要表达什么，如何表达以及这些陈述与文本和视频的陈述有何关系。技术图像的潜力尚未被完全发掘。这个时代，几乎每个人都学会了写作，创建和破译字母文本，但这些文本价值越来越低，技术图像承载着新的信息，范围变得越来越令人着迷，但几乎没有人学会如何操纵这些新代码来表达其基本信息，这些代码对应的意识水平尚未达到而它们又极其危险：它们在没有理解其本质的情况下对我们进行编程，从而像不透明的墙一样威胁我们，而不是像可见的桥梁一样将我们与现实连接起来，这是我们面临的危机。[①]

三 结语

综上对基特勒、弗卢塞尔媒介学的概述，两人将麦克卢汉的"媒介即信息"发展为媒介决定了我们的处境（基特勒）[②]，媒介对我们进行编程（弗卢塞尔）[③]。对基特勒而言，他基于外在性的预设，重新思考话语系统。符号系统成为先于意义问题的一种物质部署水平，从所有可能的书写路径、传输媒介或记忆机制的嘈杂存储中选择一系列标记的限制。符号系统具有技术的外部特征。话语网络建构的权力、技术、符号和身体的联系，一直在协调欧洲文化。我们处理的媒介是由当时的技术可能性决定的。媒介性是一种

---

① Viliem Flusser, *Kommunikologie*, Fischer, 1998：102-105.
② Friedrich Kittler, *Gramophone*, *Film*, *Typewriter*, trans by Michael Wutz, Stanford University Press, 1999：1.
③ N. Katherine Hayles, Foreword, Viliem Flusser, *Communicology*：*Mutations in Human Relations*. Rodrigo Maltez, ed., Stanford University Press, 2022.

一般条件。浪漫主义诗歌在印刷和普遍字母化的垄断下产生。在文学中，写作与留声机和电影的技术媒介展开竞争，打字机是历史先验的组成部分，它引发了语言存在方式的根本性变化。文学是由意义和非意义、信息和噪声之间的差异，以及它的媒介可能性所决定的。① 如果说基特勒的话语网络借助文学的发展演变来探讨媒介物质性问题，那么弗卢塞尔则从媒介危机的视角切入。媒介成为我们设法创造、储存和传播信息的存在，让我们作为人类的状况可以被接受。② 他的核心观点是我们正处于离开一种意识并进入另一种意识的边缘，现代人的意识是由印刷意识形态形成的，尽管与技术图像相关的模式通过摄影、电视、广播等在我们的世界中爆发，其不可避免的结果是社会危机和内部冲突。推动一个媒体时代向另一个媒体时代转变的力量不是技术，而是前一个时代交流方式意义的丧失。印刷术的出现是因为人们已经被口头文化中丰富的仪式实践所淹没，意义变得无法忍受地紧凑时，人们决定用文本来解释图像，因此通过清晰和区分来削弱图像的意义。当下的程序员试图通过创造从文本中浮现的图像来巩固我们对文本的信念，但在这一努力中，他们无意中创造了一种新的交流方式和存在方式。这种方式使我们脱离了线性、理性、历史意识，进入了技术想象。当下的媒介处境变成那些对我们进行编程的人，也不知道他的行为意味着什么，同时他们也被编程了，技术想象让我们走向了极权主义的异化。③

参考文献

Geoffrey Winthrop-young, *Kittler and the Media*, Polity Press, 2011.

---

① David E. Wellbery, Foreword, Ftiedrich A. Kittler, *Discourse Network: 1800/1900*, trans by Michael Metteer with Chris Cullens, Stanford University, 1990.

② Anke Finger, Rainer Guldin, Gustavo Bernardo, *Vilem Flusser: An Introduction*, Universiy of Minnesota Press, 2011: 83.

③ N. Katherine Hayles, Foreword, Viliem Flusser, *Communicology: Mutations in Human Relations*. Rodrigo Maltez, ed., Stanford University Press, 2022.

Ftiedrich A. Kittler, *Discourse Network：1800/1900*, trans by Michael Metteer with Chris Cullens, Stanford University, 1990.

Viliem Flusser, *Kommunikologie*, Fischer, 1998.

Viliem Flusser, *Communicology：Mutations in Human Relations*, Rodrigo Maltez, ed., Stanford University Press, 2022.

Friedrich Kittler, *Gramophone*, *Film*, *Typewriter*, trans by Michael Wutz, Stanford University Press, 1999.

AnkeFinger, Rainer Guldin, Gustavo Bernardo, *Vilem Flusser：An Introduction*, Universiy of Minnesota Press, 2011.

B.4
系统理论在欧美新闻学研究中的接受研究[*]

董 倩^{**}

摘 要： 本报告探讨了尼可拉斯·卢曼的社会系统理论在新闻学研究中的应用及其影响。首先概述卢曼系统理论的基本轮廓，特别是其对大众媒体系统的分析，强调媒体如何通过技术手段实现沟通的自我生产和再生产。接着讨论 20 世纪 90 年代系统理论在德国新闻学研究中的接受情况，指出系统理论提供了一种理解新闻系统独特性及其社会功能的新视角。进入 21 世纪，系统理论的应用扩展到更多国家，成为理解新闻业在数字化时代变化的重要工具。尽管卢曼的理论在新闻学界受到欢迎，但也存在对理论的误读和应用上的限制。在新闻学研究的知识论探讨方面，卢曼的理论仍有待进一步挖掘。总体而言，系统理论强化了对新闻业运作机制及其社会作用的深入理解，为新闻学研究的演进贡献了重要的理论支持。

关键词： 系统理论 新闻学 大众媒体 卢曼

---

* 本文系上海市哲学社会科学规划课题"海外中国学'前 30 年'宣传研究的范式转型与评析"（2024BXW001）的阶段性成果。
** 董倩，上海社会科学院新闻研究所助理研究员，主要研究方向为传播思想史、当代媒介史。

一 卢曼系统理论视域中的大众媒体系统

（一）尼克拉斯·卢曼（Niklas Luhmann）系统理论的基本轮廓

"系统论"这个论域经历了以"有机体"为范式的第一代系统论到以"自创生"为范式的第三代系统论的转换。第一代系统论或者说"较狭义的系统理论"源于20世纪30年代开始的热力学和生命科学对牛顿物理学的批判性反思，是以进行物质代谢的有机体为范式的开放性的动态平衡系统。它通过将"部分—整体关系"替换成有机构成，着眼于元素间的关系，由此开辟了广大的经验性研究领域。第三代系统论以卢曼的理论为代表。在1984年出版的《社会系统》一书中，卢曼借智利神经生物学家 Humberto R. Maturana 及 Francisco J. Varela 原本用来描述生命体组织的一般原则的"自创生"（autopoiesis）[①] 概念，翻修了社会系统理论的构想，实现了从"有机体"到"自创生"的范式转移。

由于作为帕森斯社会系统基本单位的行动（action）概念预设了一个具有动机和后果的行动主体，其无法满足"自创生"系统"生产自我连续性"的要求。因此，卢曼将社会系统无法再细分的最后单元，从"行动"推进至沟通（communication）。卢曼认为社会的基本要素是沟通，而非单个主体的行动，这就把传统理性主义者所强调的作为社会中心的"人"排除在系统之外。"人无法沟通，只有沟通可以沟通。"

"自创生"范式下的社会系统依靠"差异"或"区分"来运作。"自创生"系统的首要差异因此被表述为系统/环境。系统与环境是一个硬币的两面，是彼此关涉的。所有以意义相互指涉的行动都属于当下的社会系统，而所有其他无法与当下的意义相关联的行动，则是属于系统的环境。

[①] Maturana, H. R., Varela, F. J., *Autopoiesis and Cognition*: *The Realization of the Living*. Holland: D. Reidel Publishing Company, 1980: 63-124.

系统与环境之间的界限不是物质制品，而是自我指涉（self-reference）和异己指涉的双面形式。界限借由封闭性运作被不断生产出来，同时经由指涉环境，不断被复制进系统里，如此往复，不断指向自身。卢曼以结构耦合（structural coupling）来表示系统之间的关系。结构上相耦合的系统是相互依赖的——同时相互作为对方的环境，但不会介入对方的运作。

至此，"自创生"范式确认了系统的独立性——系统自己生产了系统的统一："正因为是封闭性运作的，所以才是开放的。"[①] 系统的封闭性运作是它与环境之间交互性（开放性）的条件。系统通过自己特有的沟通运作，形成与环境的接触。比如经济系统不管如何遭遇外在刺激，自始至终产出的都是自身的构成要素，最后只能以经济的方式来回应它的环境之改变，而不能以政治或法律的方式。

（二）"传散技术的发明"与讯息/非讯息：大众媒体系统何以可能

卢曼毕生的理论志业在于提供一个关于"社会"的整体一致的系统理论，并且将这种社会系统理论贯彻到社会的每一个功能系统的分析之中。在分析政治、经济、科学、宗教、艺术、教育、卫生、法律和其他社会系统之后，卢曼最终仔细研究了大众媒体。1996年出版的《大众媒体的实在》正是卢曼以其晚期社会系统理论为"镜头"对大众媒体系统的观察。

卢曼将大众媒体系统视作现代社会的功能分化诸系统之一，它借由"分出、封闭性运作、自我生产式自主，来提升效能"[②]。"分出"实际上是要解决"一个社会子系统何以成为一个自创生系统"这样一个关键性问题。对大众媒体系统的分出，卢曼认为，"传散技术的发明"是决定性的成就——将以机械方式制造出来的产品作为"沟通"的承载者，技术的介入排除了在场的互动。比如，印刷术大量增加了文字书写物，才使得大众媒体有效并可见地将所有参与沟通者的口头互动排除出去。这个直接接触的中

---

① Niklas Luhmann, "The Autopoiesis of Social Systems," In *Essays on Self-Reference*. New York: Columbia University Press, 1990: 1-20.

② 〔德〕尼克拉斯·卢曼：《大众媒体的实在》，胡育祥、陈逸淳译，左岸文化，2006，第32页。

断，确保了沟通的高度自由，沟通可能性的过剩便由此产生出来。由此，在大众媒体的范围中，能出现一个自我生产、再生产的系统，不再依赖在场者的互动作为中介。

在"分出"之同时，系统的运作借由一组二元符码展开，用于系统的自我规定。大众媒体系统的符码是讯息/非讯息这组区别。有了这组区别，系统中各个运作才能够衔接，系统/环境这组差异才能够被生产和不断再生产，系统才能够运作下去。讯息/非讯息这个符码最重要的特征是它和时间的关系。① 讯息/非讯息这个符码是不足的，还要加上纲要（program）。符码化/纲要化这个区别将那些可期待为讯息或始终是无讯息价值的东西，分成一些选择领域。卢曼以纯粹归纳的方式区别出新闻与深度报道、广告、娱乐这几个纲要领域，各纲要领域以不同方式使用讯息/非讯息这组符码。

在"新闻与深度报道"这个纲要领域，卢曼着重分析了新闻选择和事实构建过程。② 他开篇即做出一个令人费解的判断："不是每天用相同格式来报道某事发生，而是等待某事发生，然后让它成为已知。"这就与新闻专业主义核心规范中的"新闻从业者是社会的观察者、事实的报道者"明确区分开来。随后他罗列出"新的""冲突""数量""与在地的关联""违反规范"等十项新闻选择的标准。这里的"选择"概念是关联大众媒体这个功能系统，而不是关联它的组别组织（编辑部）或者具体的个人。机构和个人在大众媒体系统中，并不是某种实体，更类似一个沟通的单元和指认点。这就与传统新闻学反映/符合的"表征"范式分道扬镳。正是系统演化而非主体的理性判断生产了这些选择并使之持续再生产，并在此基础上生成组织的操作规范。

在卢曼的视野中，大众媒体作为一种社会系统在社会中履行排他性功能的概念是基于这样一种观察，即大众传媒构建了一种无法借助外部（真

---

① 〔德〕尼克拉斯·卢曼：《大众媒体的实在》，胡育祥、陈逸淳译，左岸文化，2006，第50~53 页。

② 〔德〕尼克拉斯·卢曼：《大众媒体的实在》，胡育祥、陈逸淳译，左岸文化，2006，第72、75~87 页。

实）现实来验证的自成一体的现实。系统理论的方法提出了这样的问题：这种特定的现实建构是如何出现的，大众传媒系统是如何与其环境区分开来的。大众媒体的共同功能是使社会的自我认知成为可能，并引导社会的自我认知。如果这是大众媒体在社会中的专属功能，那么媒体对社会的影响并不像媒体效果实证研究所假设的那样，是特定的、与个人相关的。相反，大众媒体通过制造和解释永久的不安而"激扰"社会，这是现代社会的典型和正常现象。

二　20世纪90年代卢曼系统理论在德国新闻学研究中的接受情况

（一）总体接受情况

20世纪90年代以来，由于翻译问题，卢曼的系统理论在美国学术研究中未被广泛了解。例如，他的遗作《社会的政治》至今尚未有英文版本。一个可能且较为合理的解释是卢曼系统理论的复杂性。它需要高度抽象的思维，这对以假设为导向的研究路径提出了挑战。[①] 比如，1997年，两位美国新闻学者撰写了一篇关于系统理论视角应如何应用于新闻报道，以扩大新闻报道框架的论文。[②] 这里的系统理论主要指的是美籍奥地利理论生物学家和哲学家路德维希·冯·贝塔朗菲（Ludwig Von Bertalanffy）的"一般系统论"，这个理论还处于"第一代系统论"的范畴。

同一时期，卢曼的系统理论作为一种理论观察工具，其总体轮廓已经被德国学者广泛接受，也出现了相当数量的经验研究。系统理论视角对德国新闻研究的总体影响如下：没有必要将新闻报道的现实与"真实"世界进行

---

① Scholl, A. and Malik, M., "Systems Theory and Journalism," In Scholl, A. and Malik, M. (eds.), *Oxford Research Encyclopedia of Communication*. Oxford University Press, 2019.

② Laura J. Hendrickson and James W. Tankard, Jr., "Expanding the News Frame: The Systems Theory Perspective," *Journalism & Mass Communication Educator*, 1997, 51 (4): 39-46.

比较，因为每个系统都创造了自己的现实。只要新闻事实被认为是可信的，这个体系就能有效运行。因此，功能分析对新闻研究界讨论的规范性陈述持怀疑态度。从系统理论的角度来看，公共关系是否能决定新闻业不重要，重要的是新闻业如何在结构上应对不断增加的外部压力，以及它如何设法保持其独立性和可信度。另外，系统理论研究主要关注的不是心理学意义上的媒体效应，而是社会学意义上的公众概念；其目的不是在新闻业与其受众之间建立一种因果关系，而是观察它们之间循环和相互的关系，并解释一个被称为公众的交流单位。[1]

同时，卢曼对大众媒体的具体思考受到了严厉的批评。[2] 首先，卢曼将大众媒体定义为技术意义上的传散媒体，使公众能够在没有互动的情况下进行交流。有学者发问：一个技术标准如何有效地定义一个社会系统的边界？另外，不仅大众媒体使人们能够在没有互动和个人存在的情况下进行交流，而且非交互性交流存在于每一个社会系统中。其次，系统符码"讯息/非讯息"的假设值得怀疑：娱乐和广告主要是为了告知公众，这并不能令人信服。卢曼几乎没有搞清楚，新闻业、娱乐业和广告业作为不同的"纲要"，是什么共同点构成它们自己的具有共同边界和共同环境的社会系统。相反，这三个被视为社会系统的纲要为社会贡献了不同的功能，应该相互区分。最后，信息不是大众媒体的专有功能，而是更普遍的传播的一部分。

Görke 对卢曼关于大众传媒的系统理论进行重新表述，他更倾向于关注"公共"的社会系统。[3] 他认为，由于现代社会的功能分化，功能系统之间的相互依赖增加，而功能系统的集成成为一个新的亟待解决的问题。如果独立而相互依赖的功能系统，它们观察环境的仪器不够复杂而不能充分考虑到

---

[1] Alexander Görke and Armin Scholl, "Niklas Luhmann's Theory of Social Systems and Journalism Research," *Journalism Studies*, 2006, 7 (4): 644-655.

[2] Alexander Görke and Armin Scholl, "Niklas Luhmann's Theory of Social Systems and Journalism Research," *Journalism Studies*, 2006, 7 (4): 644-655.

[3] Alexander Görke, "Entertainment as Public Communication: A Systems-theoretic Approach," *Poetics*, 2001, 29 (4/5): 209-224.

彼此，会发生什么？这种对整合或至少是同步的社会需求引起了对新系统的需求——公众。公众通过外部感知，暂时中断其他社会系统的日常运作，从而提供了同步功能。公众从外部的观点来感知其他系统，并以其感知的结果来面对所感知的系统。因此，观察的系统为系统内的后续沟通提供了新的、令人惊讶的、意想不到的、通常是创造性的机会。新闻业可以被认为是公众的主导子系统。它在一种广义的符号传播媒介的基础上运作，这种传播媒介可以被称为"真实"（actuality）。这个人为的术语包括三个维度：与事件相关的事实（而不是虚构）、相关信息（关于社会中所有其他功能系统）和当前问题（以促进社会同步）。

（二）经验性和实证性的新闻研究

通过将视角从因果决定转向自组织构成，系统理论也影响了经验性的新闻研究。比如，可以用它来衡量和解释记者的自主性和与环境（政治、经济等）的关系。① 另外，借助功能描述来定义记者群体对于代表性调查很有用。将记者行为作为标准的传统职业新闻定义未能将记者与公共关系从业者或业余"记者"区分开来，他们部分从事类似的活动（调查、撰写、选择和编辑信息等）。因此，德国新闻研究使用功能定义来区分新闻业与其他类似的社会现象，如公共关系、娱乐或广告。新闻业可以被视为一种社会系统，为社会提供基于事实的、相关的和最新的信息，而公共关系信息不需要基于事实或是最新的，娱乐性的"信息"不是基于事实的，而是虚构的。这个抽象的定义可以通过首先选择对新闻报道做出贡献的媒体组织，然后选择产生新闻报道的新闻编辑室，最后选择负责新闻报道的记者来逐步实施。这个定义的目的是从范围广泛的记者中抽取一个有代表性的样本，包括新闻业的各个方面，但不包括公共关系从业者、演艺人员、业余"记者"、媒体

---

① Armin Scholl and Siegfried Weischenberg, "Autonomy in Journalism: How it is Related to Attitudes and Behavior of Media Professionals," *Web Journal of Mass Communication Research*, 1999, 2 (4), http://www.scripps.ohiou.edu/wjmcr/vol02/2-4a.htm.

报道的技术支持者等。①

此外，系统理论非常适用于风险沟通分析和生态问题分析，因为它对这类问题的不透明性和新闻业的作用提供了有用的见解。系统理论反对现实主义路径（realistic approach）及其对一组现有事件的假设。这种假设认为，这些事件可以"客观地"由称职、公正的记者来报道。从这种路径来看，新闻业的典型功能是以客观冷静的方式反映基因工程的现实。与之相反，系统理论路径指出，新闻业通过在其规则和操作的帮助下构建和减少世界的复杂性来提供意义和方向。意义的构建必然意味着选择和框架。② 然而，基因工程的新闻建构只是一种可能的观点。其他社会系统（科学、政治、卫生、宗教、法律、教育）由于其自身的意义和运作而处理同样的问题。这种多样性迫使社会科学家选择应该观察哪些社会制度。在研究者们对公共领域生物技术的纵向比较分析中③，他们结合了政策和经济过程、媒体覆盖率和公众看法等所揭示的不同的系统观点。

三　2010年以来卢曼系统理论在世界新闻学研究中的接受情况

（一）总体接受情况

进入 21 世纪，随着新闻业面临来自市场、技术和社会变革的多重挑战，

① Armin Scholl, "Sampling Journalists, Communications," *The European Journal*, 1996, 21 (3): 331-343; Armin Scholl and Siegfried Weischenberg, "Journalismus in der Gesellschaft. Theorie, Methodologie und Empirie," In *Journalism in Society. Theory, Methodology and Empiricalresults*. Opladen, Wiesbaden: Westdeutscher Verlag, 1998.
② Matthias Kohring and Jörg Matthias: "The Face (t) s of Biotech in the Nineties: How the German Press Framed Modern Biotechnology," *Public Understanding of Science*, 2002, 11 (2): 143-154.
③ Martin W. Bauer and George Gaskell (eds.), *Biotechnology. The Making of a Global Controversy*. Cambridge: Cambridge University Press, 2002; George Gaskell and Martin W. Bauer (eds.), *Biotechnology 1996-2000, The Years of Controversy*. London: Science Museum, 2001.

越来越多的新闻学研究者认识到，系统理论提供了一个理解这些变化的有力工具。通过系统理论，研究者可以识别新闻系统如何在复杂环境中保持其独特性，以及如何在变动中调整自身以继续履行其社会功能。除了德国学者之外，芬兰、丹麦、挪威、美国等国的学者也加入这个阵营中，相关的讨论文章开始出现在 *Journalism Studies*、*Digital Journalism*、*Communication Theory*、*Journal of Sociocybernetics* 等主流新闻学、社会学研究期刊中。

在一篇被广泛引用、发表于《数字新闻学》的综述性文章《数字时代的新闻学理论：探索与介绍》中，系统理论作为理解数字化时代新闻学变化的一个重要理论工具被提及。作者认为，过去的规范性理论"没有足够的灵活性来应对新的媒体和传播世界"，因为它们是以政治理解为框架的，而今天这些理解的相关性正在减弱。随着文化研究（英国和美国）和系统理论（德国）的影响变得显著，对新闻学研究的社会学方法变得更加批判和多样化。系统理论、文化理论（如批判理论、唯物主义、语言学和符号学理论）以及"综合社会理论"（如结构化理论、场域理论和交往行动理论）都"为新思想和概念的改进提供了相当大的空间"。

在牛津大学出版社出版的权威在线参考工具《传播学牛津研究百科》（*Oxford Research Encyclopedia of Communication*）中，也有专门的"系统理论与新闻学"条目。[①] 此条目提出：观察、描述和分析作为社会一部分的新闻需要宏观层面的理论。与批评新闻业在社会中的成就和失败的规范理论不同，系统理论在非规范意义上以功能概念运作。尼克拉斯·卢曼的方法建立在社会系统的功能分化、自主运作、结构耦合、观察等基本框架之上。在当前的新闻学研究中，卢曼的系统理论已被应用于作为社会系统的新闻学领域。在确定系统运行的基本特征方面，已经开发几种对所观察系统（新闻、大众媒体或公共领域）具有不同观点的竞争方法。尽管存在差异，但它们有一个共同点：新闻业不被视为个体记者及其（个体）工作方式的总和，

---

① Scholl, A. and Malik, M., "Systems Theory and Journalism," In Scholl, A. and Malik, M. (eds.), *Oxford Research Encyclopedia of Communication*. Oxford University Press, 2019.

相反，系统理论视角是整体的。与同样是一个整体概念的专业主义理论相比，系统论既没有将新闻学等同于新闻专业，也没有将其归于新闻专业。相反，新闻业的结构是灵活的，即只要它的功能得到满足，它在功能上就是等价的。这个功能可以具体说明：新闻业定期向社会提供最新的、独立的、真实的和相关的信息。从经验研究上讲，系统理论依据功能来帮助定义记者群体。与从未知人群中任意抽取样本的单纯经验方法不同，这种方法可以清楚地区分新闻与其他形式的公共传播，例如公共关系、广告、宣传或非专业传播。

（二）概念与改写：具体的新闻研究

在这一阶段，新闻研究者们在借鉴卢曼理论的同时改写相关概念（如系统分化、结构耦合、媒介等），以讨论新闻学研究中的具体问题如媒介化、边界、算法等。

1. 媒介化与媒介问题

"媒介化"（mediatisation）表明在全球化和"后民主"社会中媒体机构的影响力越来越大，因为它们决定了公众讨论问题的框架方式。因此，其他机构参与者（政治、科学、宗教）不得不内化"媒体逻辑"以维持其权力和使他们的行动合法化。有学者综合了哈贝马斯和卢曼的理论来讨论"媒介化"的问题。[①] 文章重点引用了哈贝马斯关于生活世界和系统需求之间关系的理论，以及他对媒介化过程中理性批判和沟通行动的强调。随后，文章讨论了卢曼关于社会系统自我指涉和系统媒介的理论，以及他对社会分化和媒介特定性的看法。文章强调，要理解媒介化，就需要关注媒体控制的资源（或布尔迪厄所说的"资本"），而不仅仅是媒体遵循的规则。在此基础上，作者对卢曼关于大众媒体系统媒介（传散媒介）的观点进行了改写，认为媒体机构的"媒介"是"注意力"（或注意力的控制），这是一种能够在社

---

① Risto Kunelius and Esa Reunanen, "The Medium of the Media," *Javnost-The Public*, 2012, 19 (4): 5-24.

会中广泛流通的"冷静"媒介，它通过加强潜在联系和鼓励组织努力以获得和控制注意力，增强其他领域的复杂性。四年后，两位作者在"新闻业危机"的语境中进一步推进了这个观点。作者认为，当前对媒介化的理解，特别是政治媒体化的理解，主要源于大众媒体时代的想象，这些概念在当前更为分散的媒体环境中的有效性值得怀疑。文章强调，媒体系统的核心是管理公共注意力的能力，其构建改变了其在协调制度行动中的作用，这在新闻业的自我合法化中起着关键作用。随着数字网络的发展，传统媒体机构在定义公共议程方面面临更多挑战。①

2. 边界与分化问题

新闻业的传统边界正在变得模糊，这影响了新闻业的内容、组织结构和与社会的关系。互联网的发展导致新闻业与娱乐、公关、广告之间的边界模糊，从而影响了新闻业的专业身份和出版物。"模糊边界"（blurring boundaries）这一概念已成为描述互联网时代新闻业显著变化的时髦标签。有学者基于卢曼的社会系统分化理论来探讨这种无边界性的理念，并讨论了这是不是社会传播环境变化和转型过程中对新闻业的一个笼统诊断。② 在此，无边界性作为一项提议首先得到了更具体的定义。其中，分化，即划定界限是基本要素。分化理论强调在社会系统中划定边界的重要性，而边界模糊现象则挑战了这一理论。文章显示，系统理论为表征非分化形式或"模糊边界"提供了不同的可能性。在系统理论中，边界模糊可以被解释为新闻业的进化性出现、与环境的共同进化过程，以及与其他社会系统的相互渗透。文章证明，新闻业的变化在分化与非分化之间震荡，因此可以被描述为一个（去）分化现象。作者得出结论，尽管新闻业在结构上出现了非专业化的趋势，但其对社会的功能保持稳定。因此，边界模糊现象并不是自动威胁新闻业的功能，而是需要在变化与持久之间找到平衡。

---

① Risto Kunelius and Esa Reunanen, "Changing Power of Journalism: The Two Phases of Mediatization," *Communication Theory*, 2016, 26 (4): 369-388.

② Wiebke Loosen, "The Notion of the Blurring Boundaries," *Digital Journalism*, 2015, 3 (1): 68-84.

3. 算法与分化问题

在《社会的算法分化》一文中，作者借用卢曼的系统分化理论，探讨了数字媒体是否触发一种新的社会分化形式这一问题。① 文章回顾了卢曼描述的历史分化形式，即社会结构如何随着时间的推移而演变，从简单形式逐渐发展到复杂形式，这涉及从机械团结到有机团结的转变，以及从等级分化到功能分化的过渡；并讨论了沟通媒介作为触发因素的非决定性方式。在此基础上，作者认为，功能分化可能正在被一种新的基于算法的社会分化形式所超越。这种新形式的分化利用大数据、机器学习和人工智能等数字媒体的计算能力，对个体进行实时的监控、预测、分配和引导，这种形式可能更加高效但也可能引发新的问题，对个体和社会结构都有深远的影响。

四　结语

总体来说，由于新闻业持续面临来自市场、技术和社会变革的多重挑战，以评判新闻业在社会中的成败为特征的规范理论受到越来越多的质疑。在当前的新闻学研究中，卢曼的系统理论成为日益困窘的新闻学规范理论的替代品。卢曼的系统理论为新闻学研究提供了一个重要的理论框架，能够帮助学者们更好地理解新闻系统的复杂性及其与其他社会系统的互动。其特征如下：首先，新闻业不能被视为个体记者及其工作方式的总和，相反，系统理论视角是整体的。新闻专业所具有的典型趋势如特有的培训、职业指称、自我颁布的属于"做得好"的特有评判标准，是大众媒体系统演化的成果附属物。其次，系统理论拒绝了大众媒体可以代表或反映现实的想法。相反，新闻业被建构为社会的自治机构（系统），它不是被动地传递信息，而是根据自己的符码（特征值）生成信息，以便为社会提供方向。系统理论路径指出，新闻业通过在其规则和操作的帮助下构建和减少世界的复杂性来

---

① Jesper Tække, "Algorithmic Differentiation of Society – a Luhmann Perspective on the Societal Impact of Digital Media," *Journal of Sociocybernetics*, 2022, 18（1）：2-23.

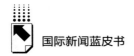

提供意义和方向。最后，诸多学者根据自己对系统理论和当下社会现实的理解，从不同角度对卢曼的媒介和社会理论进行改写和重新表述。比如，作为应对整合或至少是同步的社会需求而生的新系统"公众"，将媒体机构的"媒介"改造为"注意力"或者管理公共注意力的能力、算法触发新社会分化形式等。这显示了系统理论在不断变换的社会语境和新闻业变革中的适用性和解释力。通过系统理论，学者可以更深入地探讨新闻业的运作机制及其在现代社会中的作用，进而为新闻学研究的发展提供新的视角和方法。

另外，目前新闻学界对卢曼系统理论的借用也存在明显的问题。主要表现在：对相关理论存在误读。如前所述，有学者使用"功能"定义来区分新闻业与其他类似的社会现象，而卢曼用"传散媒介"统合了整个大众媒体系统，按照这种标准，"新闻业"能否构成独立的社会系统值得怀疑。更重要的是，目前的理论借用集中在功能分化、结构耦合、系统媒介等基础方面。实际上，随着卢曼写作和思考的深化，"区分"以及随之到来的"观察"和"悖论"取代"自创生"成为晚期卢曼系统理论的重点。"区分"连通了"沟通"，也开启了二元符码、（二阶）观察、悖论等一系列越来越复杂和精密的分析技术，将"自创生"系统改造为一个高度抽象的形式化动态网络。目前，欧美新闻学界对"观察""悖论"等知识论问题的深入探讨基本缺席，而这两个概念对当下新闻专业理念、合法性危机的解释其实极具潜力。

总之，系统理论强化了对新闻业运作机制及其社会作用的深入理解，为新闻学研究的演进贡献了重要的理论支持，使新闻学观察者对自组织的、自主的、自创生的系统运作过程更加敏感，促使他们谨慎对待决定论或规范性规定。而在新闻学研究的知识论探讨方面，卢曼的系统理论仍有深入挖掘的空间。

B.5
对西方数字断连研究的理论反思

王 月 李佳伟*

摘　要： 媒介的深度社会化使得人们在日益依赖媒介的同时，也感受到被媒介使用所累。近年，不断有用户思考过度数字连接对情绪和主体性的影响，主动与通信设备或平台断开连接，用数字断连的方式试图维护自身的主体性。本报告主要梳理了 2023 年西方数字断连研究的总体趋势、数字断连的影响因素、数字断连的实践路径，并对数字断连进行理论反思。数字断连根据断连目标可分为预防性断连和改善性断连。数字断连的实践路径主要有三种：时间管理型、环境隔离型和行为替代型。数字断连并不是与连接二元对立的概念，数字连接不代表主体性卷入，关照主体性不代表一定要数字断连，在工作和生活需要的时候选择数字连接，在不需要时断开连接，便为主体性的体现。

关键词： 数字断连　媒介使用　主体性

随着社交媒体的出现，媒介深度介入人们日常生活中的衣、食、住、行，形成一个随时随地将个人联系在一起的网络化社会。媒介的深度社会化，使得人们使用媒介的时间不断增加，人们在日益依赖媒介的同时，也感受到被媒介使用所累。近年，不断有用户思考过度使用媒介对情绪和主体性的影响，主动与通信设备或平台断开连接，用数字断连的方式试图维护自身的主体性。

---

* 王月，博士，上海社会科学院新闻研究所副研究员，主要研究方向为媒介文化和媒介理论；李佳伟，上海社会科学院新闻研究所硕士研究生，主要研究方向为媒介文化。

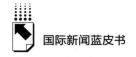
本报告以 2023 年以来的英文文献为研究样本，利用"digital disconnect" "digital detox" "social media non-use" "social media refusal" 等关键词进行检索，以滚雪球的方式遴选出 40 篇相关论文，进一步总结梳理数字断连研究的整体趋势、数字断连的影响因素、数字断连的实践路径，呈现西方数字断连研究的新进展，并对数字断连研究展开进一步的理论思考。

一 数字断连研究的总体趋势

（一）数字断连研究成为一个显性主题

随着数字连接继续塑造社会，学术话语越来越关注我们控制使用数字媒体或断开与数字媒体连接的愿望。人们正在从多种不同的视角研究数字断连，这些角度都试图阐释数字媒体用户如何应对断开连接的压力，以及保持连接的挑战。[1] Vanden Abeele 等指出数字断连在西方从边缘现象逐渐转变为学界的重要关注点。[2] Syvertsen 指出，这些随时随地在连接中挣扎的人们通过数字断连，"重新获得控制权"和"驯服技术"，维持数字健康。Nina Hager，Fabian J. Stangl 和 René Riedl 等学者指出，全球范围内技术的发展和日益广泛的使用可能会对个人的福祉和工作效率造成潜在的负面影响。为了消除负面影响，科学研究和实践都对数字断连研究表现出越来越大的兴趣，这是一种正在兴起的节制、暂时或完全脱离数字技术的现象。[3]

出现关于数字断连的综述性研究。Nina Hager，Fabian J. Stangl 和 René

① Altmaier, Nina, Victoria A. E. Kratel, Nils S. Borchers, and Guido Zurstiege, "Studying Digital Disconnection: A Mapping Review of Empirical Contributions to Disconnection Studies," *First Monday*, 2024, 29 (1).

② Vanden Abeele, M. M., Vandebosch, H., Koster, E. H., et al., "Why, How, When, and for Whom does Digital Disconnection Work? A Process-based Framework of Digital Disconnection," *Communication Theory*, 2024, 34 (1): 3-17.

③ Hager, N., Stangl, F. J. and Riedl, R., "Digital Detox Research: An Analysis of Applied Methods and Implications for Future Studies," *Wirtschaftsinformatik*, 2023: 5.

Riedl 等学者对数字断连研究进行系统的文献综述，检索梳理了 65 篇相关研究，重点关注现有实证性数字断连研究的方法论。他们梳理出五个不同的研究领域：交流、教育、旅游、幸福与健康、工作环境，并分析了相关领域中关于应用研究、研究方法和样本量的实证研究。最后在分析应用方法的基础上对数字断连未来的研究进行了思考。Altmaier，Kratel 和 Borchers 等学者，分析了 138 篇数字断连主题的实证研究，梳理了断开连接行为的类型、抽样的用户以及运用的研究方法。并指出两种方法论倾向，一种是通过访谈和调查生成一次性数据，另一种是通过研究和分析一次性生成数据。[①] 学者 Anandpara 等从数字断连与当代健康和幸福的视角，对数字断连研究进行综述，梳理数字断连对社交媒体和智能手机使用、成瘾程度以及个体整体健康的影响。研究指出，参与者发现数字断连并没有预期中那么困难，许多人甚至表示感到愉悦和解脱。尽管有少数人经历了孤立和孤独的感觉，但大多数人能够适应互联网受限的生活。经过数字断连后，测量结果显示成瘾和健康相关的数据都有正面或中性的改善。定量研究结果表明，人们提高了对在线行为的认识并采取自我调节策略。受访者提出的具体建议包括减少严格的时间限制、实施个性化的限制措施以及制定管理通知和使用方法。[②]

（二）数字断连研究更加细化

数字断连实践增加的同时，学界对数字的研究与认识也进一步深化。

以更加辩证的思维关照数字断连与数字连接，以及自愿断连和被动断连。Kuntsman，Miyake 和 Syvertsen 等学者指出，连接和断开连接不是二元的，而是数字媒体用户用来处理连接性的过程的一部分。另外，现有的数字

---

① Altmaier, Nina, Victoria A. E. Kratel, Nils S. Borchers, and Guido Zurstiege, "Studying Digital Disconnection: A Mapping Review of Empirical Contributions to Disconnection Studies," *First Monday*, 2024, 29 (1).

② Anandpara, G., Kharadi, A., Vidja, P., Chauhan, Y., Mahajan, S., Patel, J., "A Comprehensive Review on Digital Detox: A Newer Health and Wellness Trend in the Current Era," *Cureus*, 2024, 16 (4).

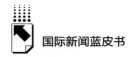

断连研究大多关注到，根据用户主观意愿不同，数字断连分为"数字排斥"（被动断连）和"数字断开"（自愿断连），但鲜少尝试厘清二者之间的关系。Kate Mannell等指出人们在数字断连时存在自愿和非自愿因素的相互作用。研究以参与数字融入倡议的澳大利亚低收入家庭为例，发现部分家庭仍拒绝使用项目免费提供的互联网连接服务和笔记本电脑，其中既有自愿因素，如父母担心孩子使用时间过长或接收有害信息；也有非自愿因素，主要包括多方面的经济压力。这些因素共同导致低收入人群与社会的进一步脱节。研究同时指出，参与者不使用外部提供的技术并不一定是消极的事情，因为这也是其根据个人偏好实现数字化融入的一种方式。[1]

1. 从"过程"视角关注数字断连

Vanden Abeele等从过程框架的视角界定"数字断连"，呼吁学术研究将数字断连的原因、方式、时间、对象纳入议程。其提出了一个基于连接过程的分析框架，区分了造成数字不良体验的四种主要危害：时间错位、连接干扰、角色模糊和暴露效应，以此为出发点，该框架可以解释人们为什么会主动断开数字连接，具体的断开策略（例如限制连接的时间、渠道、内容、互动和功能等）将如何帮助用户，以及这些策略的有效对象和生效条件。[2] Sophia C. Volk等探析了个体可能采取哪些策略应对不同类型的信息过载。这一宏观的外部现象在个体经验中可分为内容过载、来源过载、设备过载三种类型，并在新闻、娱乐、个人交流等不同媒介情境中表现出来。通过焦点小组访谈，研究发现人们在上述三种环境下对信息过载的感知和反应非常相似，均倾向于采取选择、绕过、断连策略来调整自己的信息接收"架构"以处理信息过载问题。

---

① Mannell, Kate, Estelle Boyle, Jenny Kennedy, and Indigo Holcombe-James, "'Taking the Router Shopping': How Low-income Families Experience, Negotiate, and Enact Digital Dis/Connections," *New Media & Society*, March 2024.

② Vanden Abeele, M. M., Vandebosch, H., Koster, E. H., et al., "Why, How, When, and for Whom does Digital Disconnection Work? A Process-based Framework of Digital Disconnection," *Communication Theory*, 2024, 34 (1): 3-17.

2. 关注参与数字断连实践用户断连效果的差异性

Nguyen 等借鉴数字媒体的（不）使用与满足理论，探讨自愿断开连接与主观幸福感之间的关系，以及数字技能在这种关系中所扮演的角色。作者将数字断连的做法（如远离电子设备并将通知静音）与片刻性的幸福体验联系起来，收集了 105 位用户在一周内的 4028 条反馈数据。多层次回归分析表明，数字断连对幸福感、社会联系或生活满意度没有显著效应，断连与主观幸福感之间的关系也不会因人们的数字技能水平变化而变化。然而，探索性分析表明，数字断连对幸福感的影响在参与者中存在很大差异，而且这种影响取决于断连时是否有他人的共同物理在场。[①]

二　数字断连的影响因素

通过文献梳理发现，主动进行数字断连行为的原因主要可以分为两类，一类是出于对当前过度数字连接状况的担忧和改善愿望，为了避免其负面影响而采取的预防性行为；另一类则是出于对更好生活状态的追求和实现愿望，追求断连后的积极效果而进行的改善性行为。

（一）预防性断连

数字媒体的使用往往导致"时间错位"（time displacement）现象，即个体原本应投入睡眠、运动、社交和个人发展等有益活动的时间被数字媒体占据。[②] 这种"时间错位"有可能孕育心理健康隐忧、身体活动量减少以及睡眠障碍等问题。意识到这些潜在风险，许多人选择采取预防性措施，主动实施数字断连，提前规避可能出现的健康问题。研究发现，定期的数字排毒有

① Nguyen, M. H. and Hargittai, E., "Digital Disconnection, Digital Inequality, and Subjective Well-being: A Mobile Experience Sampling Study," *Journal of Computer-Mediated Communication*, 2023, 29 (1): zmad044.

② Vanden Abeele, M. M., Vandebosch, H., Koster, E. H., et al., "Why, How, When, and for Whom does Digital Disconnection Work? A Process-based Framework of Digital Disconnection," *Communication Theory*, 2024, 34 (1): 3-17.

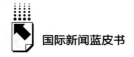

助于减少数字媒体对日常生活的过度渗透，使个体能够更加合理地规划时间，提高生活质量。①

一些人开始意识到长时间使用社交媒体会导致注意力分散，影响工作或学习效率，因此他们会选择定期进行数字排毒，以便重新集中精力。Bohdana Doskaliuk 等人的研究表明，通过定期的数字排毒，人们可以重新调整心态，提高专注力，进而提升工作或学习效率。②

相反，职场人士常常面临工作与生活界限模糊的问题，即使在非工作时间也需要随时待命处理工作任务。这种长时间工作待命的状态，一方面会引起职业倦怠，另一方面也会影响生活质量。因此，部分职场人士会通过数字断连的方式，帮助自己减少对工作的过度投入，从而维持工作状态，提高生活满意度。③

此外，随着社交媒体平台频繁更新隐私政策，用户发现自己难以跟上变化的步伐，担心个人信息可能被不当使用。这种隐私泄露的风险使得越来越多的人选择减少在线活动，保护个人隐私安全。例如，Gupta，Sharma 和 Mahaur 等人的研究表明，数字断连干预措施能够帮助用户更好地管理他们的数字足迹，确保个人信息的安全。④

（二）改善性断连

数字断连不仅是解决过度依赖数字设备带来的相关问题的方法，也是个体追求更深层次个人成长的表现。数字断连首先呈现为个人化的责任，这意

① Hager, N., Stangl, F. J. and Riedl, R., "Digital Detox Research: An Analysis of Applied Methods and Implications for Future Studies," *Wirtschaftsinformatik*, 2023: 5.
② Doskaliuk, B., "Digital Detox: A Holistic Approach to Mental and Physical Well-being with Anti-aging Benefits," *Anti-Aging Eastern Europe*, 2023, 2 (4): 193-196.
③ Imran, H., Akhtar, S. and Mehmood, T., "Development and Psychometric Properties of Digital Detoxification Scale," *Journal of Development and Social Sciences*, 2023, 4 (3): 1113-1125.
④ Gupta, A., Sharma, P., Mahaur, C., "Digital Detox: Investigating Social Media Addiction in Delhi NCR-Unmasking the Phenomenon and Proposing Preventive Measures," *Journal of Southwest Jiaotong University*, 2024, 59 (1): 757-778.

味着重新获得控制、专注和生产力的特定责任，在于个人用户。① Gupta，Sharma 和 Mahaur 等人将数字断连视为个人成长的机会，个体通过数字断连的行为进行自我反思，重新评估生活目标，并发展新的兴趣爱好或技能。②

自我实现和提高幸福感也是个体进行数字断连的目的。通过断开社交媒体的连接，参与者获得了自我意识的提升，重新评估了自己的优先事项，并对社交媒体在其生活中的位置做出更有意图的选择。③ Nguyen 和 Hargittai 在其研究中也发现自愿的数字断连与提高个体的主观幸福感有关，断连使个体能够从数字媒体的压力中解脱出来，专注于提升生活质量和个人满足感。④关于数字断连的研究结果并不一致，但确实表明，数字断连可能会使个体体验到更强的幸福感。⑤

此外，数字断连还可以帮助个人更专注于工作或学习任务，提高效率，减少因频繁分心导致的效率低下。⑥ 提升工作效率的同时，个体也能体验到正念及深度放松的状态，这对于心理健康有着积极作用。研究表明，经过为期两周的社交媒体断连后，参与者的智能手机和社交媒体成瘾情况得到改善，同时在睡眠质量、生活满意度、压力水平、感知健康状况和支持性人际

① Van Bruyssel, S., De Wolf, R. and Vanden Abeele, M., "Who Cares about Digital Disconnection? Exploring Commodified Digital Disconnection Discourse through a Relational Lens," *Convergence*, 2023.

② Gupta, A., Sharma, P., Mahaur, C., "Digital Detox: Investigating Social Media Addiction in Delhi NCR-Unmasking the Phenomenon and Proposing Preventive Measures," *Journal of Southwest Jiaotong University*, 2024, 59 (1): 757-778.

③ Skow, R., *Digital Media Detox: A Transformative Learning Approach to an Undergraduate Digital Media Class*. Master's thesis, Oklahoma State University, 2024.

④ Nguyen, M. H. and Hargittai, E., "Digital Disconnection, Digital Inequality, and Subjective Well-being: A Mobile Experience Sampling Study," *Journal of Computer-Mediated Communication*, 2023, 29 (1): zmad044.

⑤ Lindell, J., Lindvig, K. E., Stenalt, M. H., Madsen, L. M., Ursbak-Bamberg, K., Nielsen, S. B., "Digital Detox: Forbedrer det Studerendes Aktivitet og Trivsel?" *Dansk Universitetspædagogisk Tidsskrift*, 2024, 19 (36): 50-69.

⑥ You, Y. and Karlsen, F., "Gamification and Undesign: Exploring the Affordances of Digital Detox Apps with Game Features," *Proceedings of DiGRA* 2023, 2023.

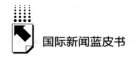
关系等方面均有所提升。①

因此，数字断连不仅仅是简单地关闭设备，而是转向更加有意义的生活方式的一个步骤。它帮助个体认识到数字技术在现代生活中的双刃剑性质，并促使人们寻找一种既能享受数字技术带来的便利，又能避免其潜在负面影响的生活方式。②

三　数字断连的实践路径

数字断连可以帮助人们重新掌握自己的虚拟生活方式。通过推广积极的数字行为、培养数字素养以及创建有利于数字断连的环境，数字断连有助于引导人们形成更健康的行为模式。③ 经过梳理发现，数字断连的实践路径主要有三种：一是时间管理型，强调时间规划和自控力，鼓励人们合理安排时间，从而减少对数字设备的依赖；二是环境隔离型，注重现实世界的体验和沉浸感，通过增加现实世界中的互动，帮助人们脱离虚拟环境；三是行为替代型，鼓励通过多样化的活动来丰富生活，通过引导人们参与不同的活动，减少对数字设备的过度使用。

（一）时间管理

一个明显的数字断连策略是针对实际或感知的时间错位，限制屏幕使用时间。此类时间限制可能是短期的，也可能涉及一个更长的时间段，例如一个完全戒断数字产品的时期。这些时间限制措施可以在设备级别上应用，限制总的屏幕使用时间；也可以在平台级别上应用，例如在特定时间段或工作

① Coyne, P. and Woodruff, S. J., "Taking a Break: the Effects of Partaking in a Two-week Social Media Digital Detox on Problematic Smartphone and Social Media Use, and Other Health-related Outcomes among Young Adults," *Behavioral Sciences*, 2023, 13 (12): 1004.

② Vialle, S. J., Machin, T. and Abel, S., "Better than Scrolling: Digital Detox in the Search for the Ideal Self," *Psychology of Popular Media*, 2023, 13 (4): 687-695.

③ Chaudhari, R., Sharma, N., "World Digital Detox Day: A Global Movement to Address Digital Dependency," April 10, 2024.

时间内限制社交媒体的使用时间。[①]

人们尝试设立"无数字日"来减少手机使用或完全戒除手机依赖，即在特定日期完全不使用手机等电子设备，强迫自己进行数字断连。例如，墨西哥的一所私立大学发起"拔掉插头日"（unplugged day）倡议，鼓励学生每月一次从电子设备中断开连接。[②] 年轻犹太成人则会在遵守安息日传统期间，即从周五傍晚到周六夜幕降临这段时间，脱离数字设备。[③] Rekha Chaudhari 等提出"世界数字排毒日"（world digital detox day）的全球化倡议，希望提高人们对数字技术过度使用所带来的负面影响的认识，鼓励采纳更好的技术使用习惯，并通过教育、行为改变以及社区支持的方式，帮助个人重获对其数字生活的掌控权，重视自身的身心健康。[④]

使用"锁定应用"功能也是一种辅助的数字断连方法。通过设置特定的时间段，在此期间手机的部分或全部功能将被禁用，从而减少使用者接触潜在干扰源的机会。例如，参与者之一的 Leah 就描述了她在手机上设置过滤器、定时器以及在特定时段内阻止开启手机等功能，以此来控制自己的手机使用习惯。她意识到如果没有这些措施，她可能会无意识地频繁查看手机，浪费大量时间，并且可能会影响她的社交行为。通过实施这些自我控制机制，Leah 和其他参与者试图重新获得对自己生活的掌控感并减少不必要的数字干扰。[⑤]

---

① Vanden Abeele, M. M., Vandebosch, H., Koster, E. H., et al., "Why, How, When, and for Whom does Digital Disconnection Work? A Process-based Framework of Digital Disconnection," *Communication Theory*, 2024, 34（1）: 3-17.

② Hosseini, S., Camacho, C., Donjuan, K., Pego, L., Escamilla, J., "Unplugging for Student Success: Examining the Benefits of Disconnecting from Technology during COVID-19 Education for Emergency Planning," *Education Sciences*, 2023, 13（5）: 446.

③ Scheiner, N., "An Interpretative Phenomenological Analysis of Young Jewish Adults' Experience of having a Digital Detox during Shabbat," Middlesex University / New School of Psychotherapy and Counselling, 2023.

④ Chaudhari, R., Sharma, N., "World Digital Detox Day: a Global Movement to Address Digital Dependency," April 10, 2024.

⑤ Talukder, M. B., Kabir, F., Kaiser, F. and Lina, F. Y. "Digital Detox Movement in the Tourism Industry: Traveler Perspective," In *Business Drivers in Promoting Digital Detoxification*. IGI Global, 2024: 91-110.

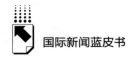

（二）环境隔离

为了寻求一种更加纯粹与自然的旅行体验，"数字断连假期"（digital detox vacation）作为一种新兴的旅行趋势逐渐兴起，它涵盖无数字旅游、不插电旅游、断连旅游以及"技术死区"等概念，旨在将人们从日常的数字束缚中解放出来。这一趋势的核心在于创造一种"无数字旅游空间"（digital-free tourism space），即那些远离互联网和手机信号干扰，或是对数字技术使用进行严格控制的旅游环境。在这样的空间里，游客能够彻底摆脱对数字设备的依赖，体验一种回归自然、专注当下的生活方式。[①]

进一步地，无数字旅游（Digital-Free Tourism，DFT）作为这一趋势的具体实践方式，鼓励旅行者自愿在旅行期间切断与数字设备的联系。在度假前，旅行者可以设定电子设备使用的规则，比如规定某些时间段内不使用设备，或者在用餐、观光等活动期间禁止使用手机。[②] 这种选择不仅设定了清晰的家庭生活与旅行之间的界限，更帮助人们在度假期间重新连接自我，恢复内心的平静与幸福感。DFT 不仅限于特定类型的旅游目的地，如森林、海岸或乡村，还可以通过在各类旅游服务场所（如餐馆、酒店、休闲中心）设立无手机区域等创新方式融入现有的旅游业态，从而在日常的休闲活动中也促进更加真实的人际互动和深度体验。[③]

在 DFT 的过程中，正念也被视作一种帮助旅行者减少对数字设备依赖的策略。通过冥想或深呼吸等正念练习，人们能够保持镇定，更加专注于当下的经历，提高体验的质量。正念的核心在于培养对当前环境的专注力和觉

① Talukder, M. B., Kabir, F., Kaiser, F. and Lina, F. Y., "Digital Detox Movement in the Tourism Industry: Traveler Perspective," In *Business Drivers in Promoting Digital Detoxification*. IGI Global, 2024: 91-110.

② Talukder, M. B., Kabir, F., Kaiser, F. and Lina, F. Y., "Digital Detox Movement in the Tourism Industry: Traveler Perspective. In *Business Drivers in Promoting Digital Detoxification*. IGI Global, 2024: 91-110.

③ Cai, W. and McKenna, B., "Digital-free Tourism: The State of the Art and Future Research Directions," In *Routledge Handbook of Trends and Issues in Global Tourism Supply and Demand*, 2024: 199-208.

察力，它鼓励人们放下手机和平板电脑，投入周围的环境中。旅行时，远离科技产品有助于旅行者专注于眼前的人、物，而不是被电子设备分散注意力。

例如，越南的 Z 世代非常清楚地认识到过度使用数字设备所带来的负面影响，并且许多人每天花在电子设备上的时间超过 6 小时。为了减少这种依赖，"慢旅游"成为一个有效的解决方案。"慢旅游"强调旅行者应该放慢脚步，更多地沉浸在途中的文化、环境和社区当中，而不是匆匆忙忙地赶往一个又一个景点。这些 Z 世代旅行者希望通过"慢旅游"获得一些独特的体验，与自然和当地文化建立联系，而不是沉迷于电子设备。①

（三）行为替代

对个体来说，仅靠自制力的时间管理策略和环境隔离并不足以支撑其数字断连的目的，还需要其他的行为分散注意力，以实现断连目的。例如，上文提到的"拔掉插头日"倡议期间，学校还鼓励学生参与到运动、爱好培养及自我反思等有助于身心健康的活动中去。为了支持这一倡议，学校组织了一系列时长为 30~60 分钟的可选活动，通过网络研讨会或直播的形式进行指导。同时，还推荐一些学生可以自行安排的活动，比如手工艺制作、桌面游戏、脑力锻炼以及身体和心理上的放松练习。②

断连行为还经常与积极投身户外活动、创意追求及其他非数字活动相结合。这类活动能够促进个体的身体健康，增强创造力，同时也提供了一种与自然和谐共处的机会。比如，徒步、园艺、绘画等活动不仅能够帮助个体放松心情，还能在没有数字干扰的情况下，让人更加专注于当下的体验，从而

---

① Tran，G.，"Slow Tourism as a Digital Detox for Vietnamese Generation Z：A Case Study of Northern Region of Vietnam，" Jamk University of Applied Sciences，2024.
② Hosseini，S.，Camacho，C.，Donjuan，K.，Pego，L.，Escamilla，J.，"Unplugging for Student Success：Examining the Benefits of Disconnecting from Technology during COVID-19 Education for Emergency Planning，" *Education Sciences*，2023，13（5）：446.

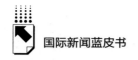

达到心灵与身体的和谐统一。①

在探讨个体如何管理其智能手机使用习惯以优化数字生活与心理健康的议题中，研究参与者普遍表达了对制定明确计划的需求，这一需求与减肥过程中采纳的定制化饮食计划相比，通过定期的任务设定与反馈循环，替代无规律的数字连接行为，促进用户的持续参与和自我监控。Aoife 和 Claire 等参与者选择采用智能手表作为智能手机的替代品，即通过减少设备的多功能性来限制潜在的分心因素，从而更加专注于当前任务或享受无数字干扰的闲暇时光。②

四　数字断连的理论思考

（一）数字连接与主体性卷入

作为一种符号的媒介存在与放弃身体的在场。新媒介在延伸人身体的一些功能时，也削弱了这些器官的能力。轮子延伸了脚的功能，但也减少了对脚的锻炼与使用，削弱了脚的能力。网络媒介帮助人们打破空间的限制，实现异域交流，实则网络交流中人的身体是"不在场"的，其是借助各种符号实现的。也就是说，媒介帮助人们打破身体和空间的限制进行交流的同时，人们是以放弃身体的在场为代价的。身体的不在场，容易形成主体性失去寄居之所的错觉。

多元连接与多元主体性的呈现。伴随媒介技术的发展，媒介成为交往的中介，社会日益媒介化，媒介卷入人们的日常生活，改变了人们的衣、食、住、行等生存方式，以及交往方式。网络媒介使得人们在交往上所受的时空

---

① Vanden Abeele, M. M., Vandebosch, H., Koster, E. H., et al., "Why, How, When, and for Whom does Digital Disconnection Work? A Process-based Framework of Digital Disconnection," *Communication Theory*, 2024, 34（1）: 3-17.

② Vialle, S. J., Machin, T., Abel, S., "Better than Scrolling: Digital Detox in the Search for the Ideal Self," *Psychology of Popular Media*, 2023, 13（4）: 687-695.

限制较少，缩短了交往中的时空距离，创建了更多的连接。在多元的连接与多元的互动中，逐渐呈现多元的主体性。多元的主体性，甚至以矛盾冲突的形式呈现，增强了主体的撕扯感，表现出越多的连接，越难以把持主体性的趋势。从而造成主体性随媒介被卷入的误解，实则是多元主体性难以有机协调统一的焦虑。

（二）关照主体性与数字断连

过度连接与抵抗数字连接。日常生活中过度使用媒介技术导致日益增加的抵抗数字技术运动。越来越多的用户尝试借助断连类 App，以及群体监督力量进行数字断连。同时，出现了数字断连后如何打发断连的时间，断连期间做什么的问题。在西方国家，无数字旅游已成为越来越受欢迎的现象，这一新兴旅游形式旨在限制或排除数字技术的使用，以减少人们对电子设备的过度依赖。目前关于 DFT 研究的重点主要放在消费者方面，如千禧一代和数字福祉、逃避、个人成长、正念、技术压力、放松和情绪等。

开始寻找主体性与数字断连。当人们意识到媒介的深度卷入后，开始重思主体性，从而通过数字断连的方式，试图找寻主体性。但数字断连后出现的剩余时间如何利用，不知道做什么的时候主体性如何寄托？人们会放下手机，走出房间，找些线下的事情做。相较与人交流的精力消耗，与山水自然风光的交流更加容易，于是一部分断连用户便选择无数字旅游这一方式实现数字断连，并借此重新找寻自己的主体性，重新体验身体在场地与人交流，与自然交流；限制网络符号的使用，重新运用语言、手势等身体机能进行交流。数字断连是中断外界干扰的一种方式，但减少了外界干扰不等于就找寻到了主体性。

（三）数字连接与保持主体性

在需要的时候连接。数字连接与数字断连都只是人们与媒介建立关系的一种表现方式。连接的时候是主体性意在连接，断连的时候也是主体性意在断开连接。并不是数字连接就交出了主体性，也不是断开连接就找回了主体性。连接与断开连接，主体性都在。所以，我们在需要的时候进行数字连

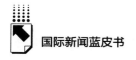

接，延伸我们的感官，和家人、朋友、同事及周围的人事建立联系，让数字技术服务于我们的主体性。

在不需要的时候断开连接。数字连接与数字断连本身并无对错，因为偏执于一方，过度的数字连接或过度的数字断连，才引发对与错的思辨。而过度的数字连接和过度的数字断连同样是主体性的体现。把数字连接作为一种工具是主体性的体现，把数字连接作为一种感官延伸也是主体性的体现，把数字连接作为一种传播仪式还是主体性的体现；断开连接参加无数字旅游是主体性的体现，断开连接卸载软件是主体性的体现，断开连接回归纸张是主体性的体现，断开连接使用时间管理工具是主体性的体现，断开连接回避线上社交是主体性的体现……

因此，我们无需粘着于数字连接，也无需排斥数字连接，随事务、工作和生活所需，选择数字连接，在不需要时断开连接，便为主体性的体现。主体性同时呈现在数字连接与数字断连之中。

参考文献

Altmaier, Nina, Victoria A. E. Kratel, Nils S. Borchers, Guido Zurstiege, "Studying Digital Disconnection: A Mapping Review of Empirical Contributions to Disconnection Studies," *First Monday*, 2024, 29 (1).

Vanden Abeele, M. M., Vandebosch, H., Koster, E. H., et al., "Why, How, When, and for Whom does Digital Disconnection Work? A Process-based Framework of Digital Disconnection," *Communication Theory*, 2024, 34 (1).

Hager, N., Stangl, F. J. and Riedl, R., "Digital Detox Research: An Analysis of Applied Methods and Implications for Future Studies," *Wirtschaftsinformatik*, 2023.

Anandpara, G., Kharadi, A., Vidja, P., Chauhan, Y., Mahajan, S., & Patel, J., "A Comprehensive Review on Digital Detox: A Newer Health and Wellness Trend in the Current Era", *Cureus*, 2024, 16 (4).

Mannell, Kate, Estelle Boyle, Jenny Kennedy, Indigo Holcombe-James, " 'Taking the Router Shopping': How Low-income Families Experience, Negotiate, and Enact Digital Dis/ Connections," *New Media & Society*, March 2024.

Nguyen, M. H., Hargittai, E., "Digital Disconnection, Digital Inequality, and Subjective Well-being: A Mobile Experience Sampling Study," *Journal of Computer-Mediated Communication*, 2023, 29 (1).

Doskaliuk, B., "Digital Detox: A Holistic Approach to Mental and Physical Well-being with Anti-aging Benefits," *Anti-Aging Eastern Europe*, 2023, 2 (4).

Imran, H., Akhtar, S., Mehmood, T., "Development and Psychometric Properties of Digital Detoxification Scale," *Journal of Development and Social Sciences*, 2023, 4 (3).

Gupta, A., Sharma, P., Mahaur, C., "Digital Detox: Investigating Social Media Addiction in Delhi NCR – Unmasking the Phenomenon and Proposing Preventive Measures," *Journal of Southwest Jiaotong University*, 2024, 59 (1).

Van Bruyssel, S., De Wolf, R. and Vanden Abeele, M., "Who Cares about Digital Disconnection? Exploring Commodified Digital Disconnection Discourse through a Relational Lens," *Convergence*, 2023.

Skow, R., *Digital Media Detox: A Transformative Learning Approach to an Undergraduate Digital Media Class*. Master's thesis, Oklahoma State University, 2024.

Lindell, J., Lindvig, K. E., Stenalt, M. H., Madsen, L. M., Ursbak-Bamberg, K. and Nielsen, S. B., "Digital Detox: Forbedrer det Studerendes Aktivitet og Trivsel?" *Dansk Universitetspædagogisk Tidsskrift*, 2024, 19 (36).

You, Y. and Karlsen, F., "Gamification and Undesign: Exploring the Affordances of Digital Detox Apps with Game Features," *Proceedings of DiGRA 2023*, 2023.

Coyne, P. and Woodruff, S. J., "Taking a Break: the Effects of Partaking in a Two-week Social Media Digital Detox on Problematic Smartphone and Social Media Use, and Other Health-related Outcomes among Young Adults," *Behavioral Sciences*, 2023, 13 (12).

Vialle, S. J., Machin, T. and Abel, S., "Better than Scrolling: Digital Detox in the Search for the Ideal Self," *Psychology of Popular Media*, 2023, 13 (4).

Chaudhari, R., Sharma, N., "World Digital Detox Day: A Global Movement to Address Digital Dependency," April 10, 2024.

Hosseini, S., Camacho, C., Donjuan, K., Pego, L., Escamilla, J., "Unplugging for Student Success: Examining the Benefits of Disconnecting from Technology during COVID – 19 Education for Emergency Planning," *Education Sciences*, 2023, 13 (5).

Scheiner, N., "An Interpretative Phenomenological Analysis of Young Jewish Adults' Experience of having a Digital Detox during Shabbat," Middlesex University / New School of Psychotherapy and Counselling, 2023.

Talukder, M. B., Kabir, F., Kaiser, F. and Lina, F. Y., "Digital Detox Movement in the Tourism Industry: Traveler Perspective," In *Business Drivers in Promoting Digital Detoxification*. IGI Global, 2024.

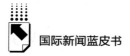
Cai, W. and McKenna, B., "Digital-free Tourism: The State of the Art and Future Research Directions," In *Routledge Handbook of Trends and Issues in Global Tourism Supply and Demand*, 2024.

Tran, G., "Slow Tourism as a Digital Detox for Vietnamese Generation Z: A Case Study of Northern Region of Vietnam," Jamk University of Applied Sciences, 2024.

B.6

探索"量化自我":传播学视阈下数字自我追踪研究[*]

张早早^{**}

摘　要：　随着数字化进程的不断加速,数字自我追踪技术已渗透至人类生活的诸多方面,提升个体对行为数据的收集、分析和应用能力,从而推动知识生产。本报告采用文献计量的分析方法,系统审视了海外关于数字自我追踪技术的传播学研究。当前的研究主要围绕四个核心领域展开:技术交互与适应性、智能物质性与自我监控、数字自主与技术政治经济学、数据资本与技术伦理的反思。初期研究侧重于技术接受与用户效能,随着数字自我追踪技术在健康监测、运动追踪、情绪记录、工作日志等多种场景中的应用,研究重点逐渐转向数字自主与数据共享的政治学分析、技术融入日常的"生活"研究以及个体对数据的自我意识与行为转变等,并引发关于数据主权、技术决定论、社会公平等的争议性思考。未来相关研究将集中在跨文化比较、数据主权与数字资本主义、技术政治经济学以及政策与规制设计等领域,着重探讨量化自我技术如何在全球范围内重塑信息、权力与资源的分配。

关键词：　数字自我追踪　文献计量　数据主权　技术伦理　数字资本主义

在数字化的时代浪潮之下,数字自我追踪(self-tracking)已成为一

---

  *　本文系2024年上海社会科学院招标课题"互联网经济背景下社交平台劳动过程机制研究"的阶段性成果。

**　张早早,文学博士,上海社会科学院新闻研究所助理研究员,主要研究方向为社交媒体、文化研究。

种普遍实践。此技术不仅使人们能够以前所未有的精确度观察、记录并分析自己的方方面面，还延续并加强了人类长久以来通过自我反思以增进个人理解的传统，如"吾日三省吾身"哲学、日记写作、自画像与回忆录等形式。这些方法本质上都是一种创造个人知识的形式，帮助人们更深入地了解自我。随着互联网、人工智能和大数据等技术的飞速发展，自我反省的目的被推向一个新的高度——构建"数字自我"。然而，量化自我运动和数字自我追踪技术的普及也带来了新的心理和社会问题，包括数据的持续收集和分析可能导致个人信息的泄露，对数据可靠性的质疑以及由过度监控所引发的焦虑等。这类技术的应用触发了包括传播学领域在内的广泛学术讨论，议题范畴由个体行为影响扩展到生产互动模式、具身认知路径、社会控制等方面，并形成了多角度的研究成果。本报告在厘清数字自我追踪的概念与背景的同时，从主题理论视角与未来研究趋势等方面对现有研究进行述评与展望，探索其深层次的经济文化意涵及潜在的社会变迁动力。

一　数字时代的个人知识生产：量化自我与自我追踪技术

量化自我（quantified self）是指通过数字技术进行自我跟踪的文化现象，它以"通过数字进行自我认知"为核心理念。这一现象中，用户利用自我跟踪工具，将数据记录、技术整合与数据采集融入其日常生活中，主要目的是改善自身的身体、心理和情绪状况。随着 Fitbit、智能手表等可穿戴健身和睡眠追踪器的广泛使用，以及医疗保健与运动设备中物联网技术的普及，越来越多的人开始参与到自我追踪的活动中。这种使用自我追踪数据来优化日常功能的行为也被称为自主分析（auto-analytics）[1]、身体黑客（body hacking）、自我监视

---

[1]　J. Wilson, "You, by the Numbers," *Harvard Business Review*, https：//hbr. org/2012/09/you-by-the-numbers, July 22, 2024.

（self-surveillance）① 和个人信息学（personal informatics）② 等。

实际上，使用传感器与可穿戴设备进行自我追踪并非新兴事物，其历史最早可追溯至 20 世纪 70 年代。③ 2001 年，哈里森（Ellie Harrison）等媒体艺术家开始探索不侵犯隐私的自动化劳动密集型自我跟踪新方向。④ 直到 2007 年，《连线》杂志（Wired）的编辑沃尔夫（Gary Wolf）和凯利（Kevin Kelly）正式提出了"量化自我"的概念，并定义为"用户和工具制造商合作以通过自我跟踪更好地了解自我"。⑤ 沃尔夫还建议商业机构应该利用手机、平板电脑、信用卡等收集的数据，来定向投放广告或推荐产品，从而为处理医疗问题、改善睡眠或饮食提供新方法。与此同时，"个人科学"（personal science）的概念也应运而生，这是一种"通过使用结构化的经验方法对个人问题进行 N-of-1 研究的实践"。⑥ 科技的进步使得数据收集变得更加容易和廉价，允许个人采用在科学和商业中使用的定量方法。因而量化自我的应用领域不断扩大，涵盖睡眠健康⑦、药物与情绪关系⑧、提升个人

① H., Kashmir, "Adventures in Self-Surveillance, aka The Quantified Self, aka Extreme Navel-Gazing," *Forbes*, https://www.forbes.com/sites/kashmirhill/2011/04/07/adventures-in-self-surveillance-aka-the-quantified-self-aka-extreme-navel-gazing/, July 22, 2024.

② "Counting Every Moment," *The Economist*, https://www.economist.com/technology-quarterly/2012/03/03/counting-every-moment, July 22, 2024.

③ M. Riphagen, et al., "Learning Tomorrow: Visualising Student and Staff's Daily Activities and Reflect on it," ICERIE2013, 2013.

④ A. Frigo, & M. Villarroel, "Self Trackers-Eight Personal Tales of Journeys in Life-Logging," *North Charleston: Create Space*, 2017.

⑤ G. Wolf, & M. De Groot, "A Conceptual Framework for Personal Science," *Frontiers in Computer Science*, 2020 (2): 21.

⑥ S. Riggare, M. Hägglund, L. Bredenoord, A., M. de Groot., & R. Bloem, B., "Ethical Aspects of Personal Science for Persons with Parkinson's Disease: What Happens When Self-tracking Goes from Selfcare to Publication?" *Journal of Parkinson's Disease*, 2021, 11 (4): 1927-1933.

⑦ H. Timothy, "The Rise of the 'Quantified Self' in Health Care," *The Wall Street Journal*, https://www.wsj.com/articles/BL-VCDB-13239, July 22, 2024.

⑧ J. Blaauw, F., M. Schenk, H., F. Jeronimus, B., L. van der Krieke, P. de Jonge, M. Aiello, & C. Emerencia, A., "Let's Get Physiqual-An Intuitive and Generic Method to Combine Sensor Technology with Ecological Momentary Assessments," *Journal of Biomedical Informatics*, 2016 (63): 141-149.

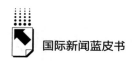

或专业生产力、绘制工作日志与互动轨迹以及教育等方面①。近年来，量化自我趋向游戏化（gamification），即通过各种自我追踪技术，使用点数或金币奖励将日常活动变成游戏，同时鼓励参与者在各种平台上分享他们的自我追踪经验，从而在个体叙述与大量数据之间建立一种共生关系。

随着"量化自我"运动的日益普及，其内在局限性也引发了广泛的社会和学术关注。这些争议主要集中在用户数据的使用、隐私保护以及在工作环境中对员工的监视与控制等方面。社会学家利普顿（Deborah Lupton）通过对自我追踪设备日常使用的分析，进一步细分了自我追踪的多种类型：从自愿的、私人的自我监控，扩展到共同追踪——一种汇集与分享数据和想法的模式，再到受外部影响、被强加或被利用的追踪方式。利普顿还探讨了自我追踪的颠覆性和解放性潜力。在颠覆性使用中，用户不仅认识到数据的构造性和潜力，而且通过采取不一致行为和重新设定目标来抵制主导话语，这包括对"标准"日常步数的批判或对某些"健康"体态的营销话语的挑战。② 除了从建构性理论视角认识这一现象外，也涌现了许多批评和评估的声音，特别是围绕"数据拜物教"（data fetishism）③、健康素养（health literacy）话语④以及由量化和追踪引发的劳动异化与边界线模糊等问题。本报告旨在审视近年通过自我追踪技术实现的个体认知和量化自我实践的传播学研究脉络，通过界定不同的理论视角和观点类别，探索该领域的学术现状及其未来发展趋势。

为了实现这一目标，研究主要依据 Web of Science 数据库中关于"自我追踪"的文献。通过筛选与传播学相关的文献，着重于主题、标题、摘要和关键词中含有"自我追踪"的研究，同时排除那些仅聚焦技术方面

① B. Joseph, M., "When IoE Gets Personal: The Quantified Self Movement!" https://blogs.cisco.com/digital/when-ioe-gets-personal-the-quantified-self-movement, July 22, 2024.

② D. Lupton, *The Quantified Self*. Cambridge: Polity Press, 2016.

③ T. Sharon, & Z. Dorien, "From Data Fetishism to Quantifying Selves: Self-tracking Practices and the Other Values of Data," *New Media & Society*, 2017, 19 (11): 1695-1709.

④ K. Sorensen, "Health Literacy and Public Health: A Systematic Review and Integration of Definitions and Models," *BMC Public Health*, 2012, 12 (80): 80.

的研究，最终整理得到 354 篇相关文献。随后，利用 Bibliometrix① 工具进行文献计量分析，从发表总体趋势、研究主题类别等多个维度，系统地描绘了数字自我追踪领域的研究现状。此外，本报告还深入分析了各种理论视角，为揭示当前的研究焦点及指导未来的研究方向提供了翔实的数据和洞见。

二 研究现状：数字自我追踪的研究概览与主题视角

（一）数字自我追踪的研究概况

文献发表数量趋势显示（见图 1），关于数字自我追踪的传播学研究呈增加趋势，年增长率达到 10.65%。该研究领域的一个早期标志性成果是学者 Eun Kyoung Choe 团队在 2014 年第 32 届 ACM 计算机系统中人为因素年会上发表的研究报告《理解量化自我在收集和探索个人数据中的实践》。该研究详细探讨了人们如何使用自我追踪技术，以及他们在这一过程中遇到的诸多挑战，如数据冗余、缺乏语境联动和科学的严谨性问题，并对量化自我的未来研究方向进行了展望。② 同年，该领域还涌现了其他几项重要研究，这些研究包括探讨个人信息学在大规模应用中的长尾效应③、用户如何使用追踪工具制订个性化行为计划的过程④，以及开发用于监测和理解用户生活习

---

① M. Aria, C. Cuccurullo, "Bibliometrix: An R-tool for Comprehensive Science Mapping Analysis," *Journal of Informetrics*, 2017, 11 (4): 959−975.

② K. Choe, E., B. Lee, N., B. Lee, W. Pratt, & A. Kientz, J., "Understanding Quantified-selfers' Practices in Collecting and Exploring Personal Data," *Proceedings of the SIGCHI Conference on Human Factors in Computing Systems*, 2014: 1143−1152.

③ A. Cuttone, & E. Larsen, J., "The Long Tail Issue in Large Scale Deployment of Personal Informatics," *Proceedings of the 2014 ACM International Joint Conference on Pervasive and Ubiquitous Computing: Adjunct Publication*, 2014: 691−694.

④ J. Lee, E. Walker, W. Burleson, & B. Hekler, E., "Exploring Users' Creation of Personalized Behavioral Plans," *Proceedings of the 2014 ACM International Joint Conference on Pervasive and Ubiquitous Computing: Adjunct Publication*, 2014: 703−706.

惯的自我追踪工具①。这些初期研究主要集中于通过技术开发、习得和接受，如何形成个体数据库来改善用户的行为模式。

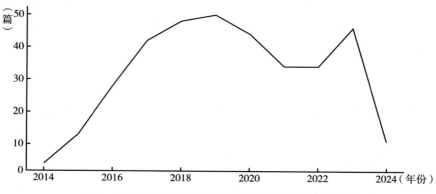

图1　2014~2024年数字自我追踪研究文献数量统计

随着自我追踪工具的广泛开发和普及，相关的学术研究也不断增加。自2017年起，相关研究的年产出基本维持在40篇左右，并在2019年达到50篇的峰值。截至2024年7月，当年已有11篇论文发表。随着时间的推移，自我追踪研究的主题和领域显示出更加多样和丰富的趋势。本报告对收集到的文献进行统计，并绘制主题趋势图（见图2）。可以看出，关于数字自我追踪的研究主题集中在以下几个方面。

首先是个体互动体验与行为变革的主题。例如，《认识你自己：个人信息学的自我理论》突出了自我追踪技术与多模态互动模式的结合。这项研究探讨了自我追踪技术如何通过视觉、听觉和触觉等多种感官通道与用户交互，并进一步影响用户的认知和行为模式。② 从理论角度来看，这些研究利用人机交互领域的知识，强调交互设计的复杂性及其对用户体验的深刻影

---

① C. Rughinis, & R. Razvan, "Influence of Daily Smoking Frequency on Passive Smoking Behaviors and Beliefs: Implications for Self-Tracking Practices and Mobile Applications," *Revista de Cercetare si Interventie Sociala*, 2014 (44): 116.

② A. Rapp, & M. Tirassa, "Know Thyself: A Theory of the Self for Personal Informatics," *Human-Computer Interaction*, 2017, 32 (5-6): 335-380.

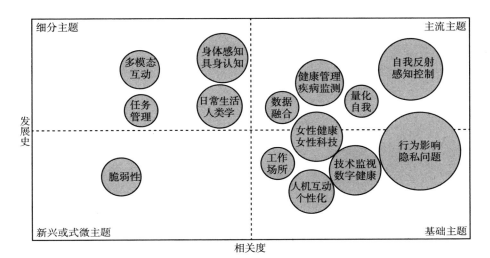

图2 数字自我追踪研究主题趋势

响。此外，具身认知理论和人与媒介互动理论（如使用与满足理论）也被用来分析技术如何改变用户对自身生理和心理状态的感知，并进一步调节个体的行为模式。另一个研究案例《运动时的自我追踪：使用个人信息学工具的运动员的舒适、动机、注意力和生活方式》则探讨了运动员如何利用自我追踪工具来提升运动表现和生活质量。① 这些研究揭示了自我追踪技术在促进个体行为改变和增强自我认知方面的潜力。

其次是健康管理与疾病监测主题。自20世纪70年代心率监测设备被纳入量化身体的讨论以来，这一领域逐渐深化，研究集中于如何利用自我追踪技术来管理健康和监测疾病。健康沟通理论（如计划行为理论）帮助理解个体如何利用这些工具来改善健康行为。在人工智能的推动下，相关研究已细化到特定群体和场景，尤其是从性别研究角度探讨 FemTech（女性科技）如何影响女性健康。例如《重新想象月经：自我跟踪经期应用程序和月经

---

① A. Rapp, & L. Tirabeni, "Self-tracking while Doing Sport: Comfort, Motivation, Attention and Lifestyle of Athletes Using Personal Informatics Tools," *International Journal of Human-Computer Studies*, 2020 (140): 102434.

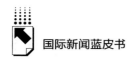

授权的互动》，研究揭示了技术如何通过其交互设计影响女性对自己周期的理解和体验，也对女性的身体意识和自我赋权的概念提出了挑战和机遇。①

再次是数据应用与技术融合主题。主要探索自我追踪技术如何与日常生活的数据化过程相结合。例如《日常生活的个人信息学：没有自我跟踪经验的用户如何处理个人数据》一文通过实证研究揭示了缺乏个人信息学经验的用户在使用自我追踪工具时遇到的挑战。② 这些发现凸显了在设计自我追踪工具时，必须考虑优化用户体验和交互设计，以确保这些技术的有效性和实用性。

最后是技术交互的伦理与隐私问题。这一类别涵盖在工作环境中自我追踪技术的使用及其伦理隐私的影响，例如《自我追踪的伦理：文献的全面回顾》一文综述了自我追踪技术相关的伦理问题，涉及隐私、赋权、福祉、数据权利和自主性等方面，展示了这些技术可能带来的社会危害和伦理挑战。这一领域的研究不仅揭示了问题，也为未来的研究提供了方向，强调在技术设计和应用中需要更深入地考虑伦理和隐私保护。③

图 2 还揭示了数字自我追踪研究领域一些新兴和核心的主题。新兴的研究主题主要涉及技术依赖性和脆弱性，探讨在长期使用自我追踪技术过程中，用户可能出现的依赖问题及其对个体心理健康的潜在影响。这种关注点反映了对技术介入日常生活深远影响的批判性考察。基础主题则集中在人机互动体验、技术监视以及这些互动如何塑造或改变个体行为模式的探讨上。此外，隐私治理也是一个重要的研究方向，特别是在用户数据暴露和使用的背景下，如何有效管理和保护个人隐私成为关键议题。主流主题围绕数据融合、健康管理和疾病监测以及自我追踪技术在数据认知和自我认知中的应用。这些主题探讨了自我追踪技术如何促进个体对健康状况的理解和监控，

---

① B. Tylstedt, M. Normark, & L. Eklund, "Reimagining the Cycle: Interaction in Self-tracking Period Apps and Menstrual Empowerment," *Frontiers in Computer Science*, 2023 (5): 1166210.

② A. Rapp, & F. Cena, "Personal Informatics for Everyday Life: How Users without Prior Self-tracking Experience Engage with Personal Data," *International Journal of Human-Computer Studies*, 2016 (94): 1-17.

③ M. Wieczorek, F. O'Brolchain, Y. Saghai, & B. Gordijn, "The Ethics of Self-tracking. A Comprehensive Review of the Literature," *Ethics & Behavior*, 2023, 33 (4): 239-271.

以及这些技术如何被整合到日常健康管理实践中。细分主题则更详细探讨了日常生活中的具体应用场景，例如健身、睡眠质量监控、任务管理，以及多模态的人机互动如何影响用户的体验。此外，技术融入的人类学观察以及数据与身心变化的对位感知等研究，进一步拓展了对数字自我追踪技术在社会文化层面的深入理解。本报告将以这些洞见为基础，深入分析数字自我追踪技术在传播学领域的发展轨迹，探讨其当前的学术实践和对未来研究方向的启示。

（二）数字自我追踪技术在传播学视阈中的主题视角

在完成研究概览后，下文将对数字自我追踪技术在传播学领域所涉及的理论视角和研究主题进行归纳和分析。

1. 技术交互与用户适应性：自我追踪技术的用户动机、使用模式与效果研究

在当前的数字时代，自我追踪技术受到健康管理和赋能保健专业人员的广泛关注，这些技术的实质在于通过与系统的互动、自我监控以及社交网络中的交流，显著影响个人行为，并由动机和技术功能共同塑造其应用效果。[1] 首先，自我追踪技术的主要价值在于通过数据驱动加强对个体生理和心理状态的洞察与控制。这种持续的数据积累与分析帮助用户更精准地理解自身的身体和情绪状态，例如睡眠质量[2]、饮食习惯和健康日志[3]等，也推动健康行为的改进与习惯的形成。此外，这项技术也被应用于提升个人效率

---

[1] S. Lomborg, & F. Kirsten, "Self-tracking as Communication," *Information, Communication & Society*, 2016, 19（7）：1015-1027.

[2] K. Choe, E., B. Lee, M. Kay, W. Pratt, & A. Kientz, J., "SleepTight: Low-burden, Self-monitoring Technology for Capturing and Reflecting on Sleep Behaviors," *Proceedings of the 2015 ACM International Joint Conference on Pervasive and Ubiquitous Computing*, 2015：121-132.

[3] F. Cordeiro, E. Bales, E. Cherry, & J. Fogarty, "Rethinking the Mobile Food Journal: Exploring Opportunities for Lightweight Photo-Based Capture," Cordeiro, Felicia, et al., "Rethinking the Mobile Food Journal: Exploring Opportunities for Lightweight Photo-based Capture," *Proceedings of the 33rd Annual ACM Conference on Human Factors in Computing Systems*, 2015：3207-3216.

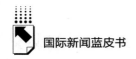

和优化日常工作行为，通过有效的时间和任务管理来提高生产力。① 尽管如此，用户在实际应用自我追踪技术时经常面临诸多挑战，如时间与动机的缺乏、数据的整合及解释困难。特别是信息冗余和缺乏严谨科学依据的解释问题尤为明显。② 尽管已有的追踪工具在提升用户体验方面取得了一定进展③，但仍需根据个人信息学与行为理论，进一步发展集数据收集、整合与反馈于一体的模型，以促进技术的日常融入和应用④。此外，自我追踪对用户授权和数字福祉问题的影响在文献中被广泛提及，包括可以通过增加用户认知能力来"开发新感官"，并克服人体的局限。⑤ 尽管自我跟踪技术可以强化用户的自主选择，但其不能改变物质环境。因此，收入更高、生活机会更多的用户可能会从自我跟踪技术的自主性增强效果中受益。⑥

自我追踪技术的应用不局限于数据的简单收集，其在社会和心理层面的深远影响亦值得深入探讨。从社会心理学的视角看，这项技术提供了一种新的自我表达和身份构建方式。用户通过追踪健康数据，如步数或睡眠质量，并将这些数据分享至社交网络，不仅维护了健康，也塑造了一个积极管理自身健康的社会形象。这不仅强化了个体的社会身份感，还促进了社会互动。此外，技术与个人目标间的潜在不匹配可能导致用户体验挫败，

① H. Kim, Y., H. Jeon, J., K. Choe, E., B. Lee. K. Kim, & J. Seo, "imeAware: Leveraging Framing Effects to Enhance Personal Productivity," *Proceedings of the 2016 CHI Conference on Human Factors in Computing Systems*, 2016: 272-283.

② K. Choe, E., B. Lee, N., B. Lee, W. Pratt, & A. Kientz, J., "Understanding Quantified-selfers' Practices in Collecting and Exploring Personal Data," *Proceedings of the SIGCHI Conference on Human Factors in Computing Systems*, 2014: 1143-1152.

③ A. Cuttone, & E. Larsen, J., "The Long Tail Issue in Large Scale Deployment of Personal Informatics," *Proceedings of the 2014 ACM International Joint Conference on Pervasive and Ubiquitous Computing: Adjunct Publication*, 2014: 691-694.

④ F. Sarzotti, I. Lombardi, A. Rapp, A. Marcengo, & F. Cena, "Engaging Users in Self-reporting Their Data: A Tangible Interface for Quantified Self," *Universal Access in Human-Computer Interaction. Access to Interaction: 9th International Conference*, 2015: 518-527.

⑤ D. Lupton, "Quantifying the Body: Monitoring and Measuring Health in the Age of MHealth Technologies," *Critical Public Health*, 2013, 23 (4): 393-403.

⑥ J. Owens, & C. Alan Cribb, "My Fitbit Thinks I can do Better! Do Health Promoting Wearable Technologies Support Personal Autonomy?" *Philosophy & Technology*, 2019 (32): 23-38.

甚至放弃使用。① 这提示我们在设计自我追踪工具时，应更加关注用户的实际需求、生活习惯及情感接纳。② 有效的设计策略应强化目标设定和反馈机制，以提升用户参与度和满意度，更好地服务于用户的长期健康与福祉。为了克服自报数据收集的困难，如情绪状态的追踪，可以采用更为人性化和互动性的用户界面设计，例如通过物理对象或增强现实技术简化数据输入过程，从而提高用户的参与度和数据的准确性。③ 在行为优化方面，自我追踪技术的应用不仅可以帮助用户形成健康习惯，还可以通过智能手机应用等工具，提供基于事件的提示和正面强化，从而更有效地支持习惯的养成和长期行为的改变。

总的来看，自我追踪技术的研究在融入与交互方面主要依托计算机科学与社会心理学的跨学科合作。这一研究领域不仅关注技术开发，特别是那些以用户动机和使用效果为核心的创新，而且着眼于技术的日常应用与整合。在当前全面数字化的社会背景下，理解并优化自我追踪技术对个体生活的深远影响显得尤为重要。这种研究不仅有助于提升个体的自我管理能力，还可能改变人们的生活方式和社会互动，表明综合技术优化和社会理解的必要性。

2. "智能物质性"与自我监控：自我追踪设备的可供性与设计优化研究

在数字技术日益普及的今天，自我追踪设备已成为塑造公众网络生活、社交互动、自我认同以及群体成员和技能学习体验的关键。随着可穿戴自我追踪设备的市场渗透，人们可以不间断地监控自己的行为，收集关于自身的

---

① A. Lazar, C. Koehler, J. Tanenbaum, T. & H. Nguyen, D., "Why We Use and Abandon Smart Devices," *Proceedings of the 2015 ACM International Joint Conference on Pervasive and Ubiquitous Computing*, 2015: 635-646.

② A. Epstein, D., H. Jacobson, B., E. Bales, W. McDonald, D., & A. Munson, S., "From 'Nobody Cares' to 'Way to go!' A Design Framework for Social Sharing in Personal Informatics," *Proceedings of the 18th ACM Conference on Computer Supported Cooperative Work & Social Computing*, 2015: 1622-1636.

③ R. Gulotta, J. Forlizzi, R. Yang, & W. Newman, M., "Fostering Engagement with Personal Informatics Systems," *Proceedings of the 2016 ACM Conference on Designing Interactive Systems*, 2016: 286-300.

数据。随着个人信息系统（Personal Informatics，PI）工具的发展，这些设备使用户能够收集自身行为数据，增强自我意识或推动行为变化，尽管普及度提升，但普通用户通常对这类技术不够熟悉。首先，为了确保收集到关于用户行为的可靠数据，这些设备必须保持持续活跃，并能够适应各种社交环境中的持续佩戴要求。其次，设备应通过直观的数据展示方式增强用户的自我意识，使用户能够直接观察到行为数据，从而更好地理解自身行为模式。最后，这些设备应设计成能够激励用户有效改变其习惯，通过具体的行为触发点促进行为的持续改进等。[①] 在此背景下，可供性（affordances）的概念变得尤为重要，它通过关注设备的"智能物质性"（smart materiality）来重新定义可穿戴设备的设计。

从可供性的理论视角出发，技术与用户之间的互动是通过其物理和虚拟属性实现的。Rapp 和 Cena 的研究提供了一个关于如何通过探索可穿戴设备的物质属性来理解这些设备如何支持个人信息系统的实证基础。他们的研究强调了设计中的"智能物质性"如何使设备通过图标、指针和物理状态变化（如光、声、震动）来激励用户的行为改变和社会适应。也有研究从用户群体特征的角度出发，在青少年这一特定用户群体中，自我追踪技术揭示了与成人使用模式截然不同的行为特征和需求。青少年在使用这些技术时，显示出对数据的社会控制和对同龄人的比较具有更高的敏感性，这为技术的设计和应用提供了新的视角。研究表明，青少年倾向于通过这些设备在社交群体中构建自我形象和竞争地位，这需要设计者在开发新设备时考虑更多关于隐私保护和社交功能的因素。[②] 此外，可供性理论也促使设计者思考如何通过增强设备的物质属性来优化用户体验。在 Awari 睡眠规划应用的开发案例中，研究者通过分析设计过程，不仅关注功能的实现，更重视设备与用户的

---

① A. Rapp, & C. Federica, "Affordances for Self-tracking Wearable Devices," *Proceedings of the 2015 ACM International Symposium on Wearable Computers*, 2015：141-142.

② L. Freeman, J., & G. Neff, "The Challenge of Repurposed Technologies for Youth: Understanding the Unique Affordances of Digital Self-tracking for Adolescents," *New Media & Society*, 2023, 25 （11）：3047-3064.

生理节律如何相协调，从而优化睡眠质量和日常表现。这种方法强调了设计过程中的用户中心思想和对具体使用情境的深入理解。① 随着自我追踪技术的普及，对这些设备的批评也不断增加，尤其是关于数据隐私和监控的问题。设备如何在不侵犯用户隐私的前提下有效收集和利用数据，成为设计和政策制定中的一个重要议题。② 此外，这些设备的普及也引发关于数字鸿沟的讨论，特别是在不同年龄和社会经济群体间的技术获取不平等问题。③

总的来看，研究探讨了自我追踪设备的物质性和可供性如何在现代技术设计中发挥作用，及其对用户行为的影响。通过深入理解设备的智能物质性，设计者可以创建更加人性化和更符合个体需求的自我追踪技术。

3. "数据作为人类行为中介"：数字自主与自我追踪技术的政治经济学研究

数字时代，自我追踪技术正深刻地改变我们的生活方式和社会结构。作为健康管理、个人表现和社交互动的工具，这些技术不仅提供了前所未有的便利和自我认知，也引发了关于隐私、控制和数据权力的复杂讨论。当前的学术研究，跨越人类学、社会学、科技研究及媒体和传播学等多个领域，正在探索自我追踪技术如何通过"数据化的力量"、"数据与人类的共存"以及"数据作为人类行为中介"这三大主题，横跨金融、技术和地理的数字鸿沟，并与数据激进主义及其他数据化领域相互作用。④

特别值得注意的是，这些研究挑战了对数据崇拜主义的传统看法，揭示了量化自我成员如何通过正念练习、抵制社会规范及作为叙事和交流工具的方式，赋予自我追踪数据新的价值，从而挑战了对数据的传统看法。这表

---

① K. Karlgren, & M. Donald Mcmillan, "Sleep Planning with Awari: Uncovering the Materiality of Body Rhythms using Research through Design," *Proceedings of the 2023 CHI Conference on Human Factors in Computing Systems*, 2023: 1-17.

② E. Noji, K. Karolin, & V. Uwe, "Situating Conventions of Health," *Historical Social Research/ Historische Sozialforschung*, 2021, 46 (1): 261-284.

③ K. Crawford, L. Jessa, & K. Tero, "Our Metrics, Ourselves: A Hundred Years of Self-tracking from the Weight Scale to the Wrist Wearable Device," *European Journal of Cultural Studies*, 2015, 18 (4-5): 479-496.

④ M. Ruckenstein, & S. Natasha, D., "The Datafication of Health," *Annual Review of Anthropology*, 2017, 46 (1): 261-278.

明，要全面理解大数据的吸引力，需要考虑其背后的深层文化动因。① 此外，通过"讲述数据"的案例分析，研究者探索了声音在数字化健康实践中的批判性使用。这种方法不仅仅是数字化记录，而是通过声音的"数据流"和情感扩展，将数字化介导的身体可能性扩展到传统生物特征量化的形式之外，为理解身体数据提供了新的感官维度。② 同时，也有研究从尼古拉斯·罗斯的《生命本身的政治》出发，分析了分子政治背景下的新型社会技术控制，并将其与可穿戴设备的快速普及相比较。这种对比揭示了治理和优化的新基础及其对日常行为习惯的影响，以及"生命"的显著转变：它的重点是"生命本身"，其形式是新的日常社会技术纠葛及其超越人类的（自我）治理合理性。③

在新自由主义与后女性主义的背景下，研究还关注了数字自我追踪如何被应用于理解这些议题。美妆应用的案例显示了这些技术如何重新塑造外貌政治，结合数字自我监控与后女性主义主体模式，形成一种新型性别技术。这些应用不仅加强了对女性的监管，而且扩展了监控的范围和心理化特征，研究提出了对"监视姐妹会"现象的批判。④ 月经作为一个文化和社会议题被关注也反映了数字隐私与自我追踪背景下，女性主义辩论的深化和对性别平等的追求。通过"隐私共享"的概念，月经讨论挑战了传统禁忌，使得这一议题在虚拟社交空间中更易于接近和讨论。⑤ 此外，Fitbit 等可穿戴技术对残疾文化观念的影响也被批判性地分析。尽管这些技术在广告中展示了

① T. Sharon, & Z. Dorien, "From Data Fetishism to Quantifying Selves: Self-tracking Practices and the Other Values of Data," *New Media & Society*, 2017, 19 (11): 1695-1709.

② L. Hughes, K., "'Speaking the Data': Renegotiating the Digitally-Mediated Body Through Performative Embodied Praxis, Sound and Rhythmic Affect," *Cultural Studies: Critical Methodologies*, 2021, 21 (5): 372-380.

③ P. Lindner, "Molecular Politics, Wearables, and the Aretaic Shift in Biopolitical Governance," *Theory, Culture & Society*, 2020, 37 (3): 71-96.

④ S. Elias, A., & G. Rosalind, "Beauty Surveillance: The Digital Self-monitoring Cultures of Neoliberalism," *European Journal of Cultural Studies*, 2018, 21 (1): 59-77.

⑤ J. Søndergaard, M. L, & K. Hansen, L., "PeriodShare: A Bloody Design Fiction," *Proceedings of the 9th Nordic Conference on Human-Computer Interaction*, 2016: 1-6.

包容性，但其实际应用中存在的法律担忧，如对《美国残疾人法案》（ADA）和《遗传信息无歧视法案》（GINA）的潜在冲突，表明残疾应成为健康追踪技术社会文化影响分析的核心类别。① 通过这些研究，自我追踪技术如何在现代社会中塑造和重塑性别认同、健康观念和社会互动被深入探讨，同时揭示了这些技术实践中存在的挑战与机遇。这些研究为理解数字时代个体与社会互动的新视角提供了丰富的理论基础，并强调了对这些互动持续批判与分析的必要性。

4. 数据资本与技术伦理反思：自我追踪技术的工具控制与传播批判研究

在当代数字化转型的背景中，自我追踪技术透过智能设备和应用程序，对个人的健康、行为和生理数据进行实时监测和分析，已成为日常生活不可分割的部分。这些技术虽带来前所未有的便利，却也引发一系列关于个人自主性、隐私保护以及数据使用的伦理和社会问题。特别是在数据资本主义（data capitalism）的影响下，个人数据的商品化和市场化问题尤为突出，这不仅触及数据权力的重新分配，还关系深层的社会伦理和正义问题。

学界对相关问题的探讨主要集中在以下几个方面：一是社会伤害与健康规范。自我追踪技术可能强化和再生产某些社会规范和期望②，如对体重和体型的过度关注，这种情况可能导致对用户心理健康的负面影响③，并增加社会压力④。这种技术对个人身体形象的塑造，可以视为对福柯的生命政治（biopolitics）的现代应用，其中技术成为规训身体和行为的工具。二是隐私侵犯与监视扩展。自我追踪设备收集大量的个人健康、行为和生理数据，可

---

① P. Elman, J., "'Find Your Fit': Wearable Technology and the Cultural Politics of Disability," *New Media & Society*, 2018, 20 (10): 3760-3777.

② E. Kleinpeter, "Four Ethical Issues of 'E-health'," *IRBM*, 2017, 38 (5): 245-249.

③ A. Oravec, J., "Digital Iatrogenesis and Workplace Marginalization: Some Ethical Issues Involving Self-tracking Medical Technologies," *Information, Communication & Society*, 2020, 23 (14): 2030-2046.

④ A. Baker, D., "Four Ironies of Self-quantification: Wearable Technologies and the Quantified Self," *Science & Engineering Ethics*, 2020, 26 (3): 1477-1498.

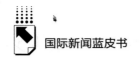

能因安全措施不足而导致数据泄露。云存储和网络连接的普及，进一步加剧
了个人隐私安全风险。[①] 在工作场所，通过健康计划和可穿戴设备监测员工，
反映了福柯全景敞视监狱（panopticon）概念的现代变种，即通过自我监控实现
社会控制和规范执行。[②] 三是数据所有权与商品化。在目前的数据资本主义
框架下，自我追踪数据的所有权界定模糊，常常使企业能够自由决定数据的
使用和共享方式。[③] 这种对个人数据的控制和商品化，转变身体信息为"数
字生物资本"（digital biocapital）[④]，加剧了数据资本主义的扩张。四是对个人
自主性的影响。自我追踪技术通过推荐的健康和行为标准，可能无意中限制了
个人的自主性，使用户面临来自技术的压力和可能的羞耻感。[⑤] 这种依赖设备
的决策过程可能削弱了个人根据自身需求做出独立决策的能力。[⑥] 此外，由
于用户体验旨在最大限度提高参与度，用户可能会对他们的自我跟踪设备上
瘾。[⑦] 五是数据可解释性与知识生产。自我追踪技术以数字化形式定义自我
知识，可能忽略了知识生产的具象、直观和经验性质。这种对数字化数据的
侧重可能误导用户对其监测现象的理解，降低了用户的认知自信。[⑧] 六是对

---

① K. Kreitmair, & K. Cho, M., "The Neuroethical Future of Wearable and Mobile Health Technology," In J. Illes (ed.), *Neuroethics: Anticipating the Future.* Oxford: Oxford University Press; Scopus, 2017: 80-107.

② A. Lifkova, "Digital Power: Self-tracking Technologies through Michel Foucault Lens," *Politické Vedy*, 2019, 22 (4): 81-101.

③ B. Ajana, "Digital Health and the Biopolitics of the Quantified Self," *Digital Health*, 2017 (3): 1-18.

④ D. Lupton, "The Diverse Domains of Quantified Selves: Self-tracking Modes and Dataveillance," *Economy and Society*, 2016, 45 (1): 101-122.

⑤ P. Moore, *The Quantified Self in Precarity: Work, Technology and What Counts in the Neoliberal Workplace* (1st ed.). London: Routledge, 2017: 166.

⑥ A. Baker, D., "Four Ironies of Self-quantification: Wearable Technologies and the Quantified Self," *Science & Engineering Ethics*, 2020, 26 (3): 1477-1498.

⑦ A. Oravec, J., "Digital Iatrogenesis and Workplace Marginalization: Some Ethical Issues Involving Self-tracking Medical Technologies," *Information, Communication & Society*, 2020, 23 (14): 2030-2046.

⑧ J. Danaher, J., S. Nyholm, & D. Earp, B., "The Benefits and Risks of Quantified Relationship Technologies: Response to Open Peer Commentaries on 'The Quantified Relationship'," *The American Journal of Bioethics*, 2018, 18 (2): 3-6.

自我认知和人际关系等的负面影响。自我追踪可能导致用户对其健康结果和与所谓"正常"或"健康"标准的关系感到焦虑或压力，从而产生负面情绪。① 同时一些研究认为，自我追踪促进了一种彻底的自恋或自我中心主义②，这将进一步影响他们的人际关系。

综上所述，自我追踪技术在现代社会中具有多重复杂性，它不仅体现了科技的前进，更显现出全球化数据资本主义背景下个体与社会动态之间的深刻联系。这些技术的广泛应用和普及触及从个体自主性的微观层面到宏观社会结构的多个维度，展现了社会、政治及经济力量的复杂交互作用。自我追踪技术作为信息时代的产物，不仅重新定义了数据的角色，也重新塑造了个体与社会的关系，使得个体数据转化为全球资本主义机制中的一种重要资产。这种技术的扩散反映了现代社会对效率与控制的追求，同时也暴露了在全球数据经济中权力结构的重新分配与紧张关系。

三 研究展望：数字自我追踪技术主题流变与未来方向

随着移动网络和数字自我追踪应用的日益普及，全球学术界对数字自我追踪和量化自我的研究已经从初期的计算机信息科学与技术开发应用，拓展到更为深入的学科领域，如媒介人类学、具身认知、技术批判以及劳动异化等，显示出研究议题的多样性和学科交叉的复杂性。从传播学的视阈来看，研究不再仅仅集中于技术本身的开发与应用，而是更加深入地探讨了媒介伦理、隐私保护、人机界限及"数据拜物教"等现象的社会影响和理论批评。特别重视媒介技术在塑造和维持社会关系、文化认同和权力结构中的核心作

---

① N. Li, & F. Hopfgartner, "To Log or not to Log? SWOT Analysis of Self-tracking," In S. Selke (ed.), *Lifelogging: Digital Self-tracking and Lifelogging—Between Disruptive Technology and Cultural Transformation.* Wiesbaden: Springer Fachmedien Wiesbaden, 2016: 305-325.

② C. Cederström, & A. Spicer, A., *The Wellness Syndrome.* New Jersey: John Wiley & Sons, 2015: 107.

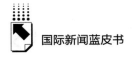

用。数字自我追踪技术不仅增强了个体的自我管理与自我认知能力,还重塑了个体与社会的互动方式,对社会结构和个体行为产生根本性的影响。在此背景下,学术界的关注焦点已从技术的简单应用和效能,转向涉及技术媒介化的社会效应和伦理考量的更广泛议题。这种研究转变体现了对平衡技术进步带来的益处与潜在风险之间关系的深入探索的必要性。通过批判性地分析这些技术可能引发的政治经济问题和伦理问题,传播学提供了一个独特且必要的视角,以理解和评估数字自我追踪技术与社会融合的复杂过程。

对于未来的研究方向,以下几个关键领域值得进一步探讨:首先是技术与社会结构的相互作用。未来的研究应深入探讨自我追踪技术在不同社会、经济和文化背景下的接纳与应用方式,及其对社会结构和个体行为的影响。特别是在全球南方等发展中国家和地区,这些技术的社会影响可能与西方发达国家存在显著差异,这涉及更广泛的社会公正和不平等问题。其次是数据主权与伦理议题的深化。随着个人数据逐渐转化为重要的平台/媒介资本和资源,研究应关注如何在加强个体健康管理与保障个人隐私权之间找到平衡。此外,关于数据所有权、控制权和利益分配的问题也需在未来的平台研究中得到更深入的理论阐释与分析。再次是技术的政治经济学。在数字化和信息化快速发展的当代,自我追踪技术与广泛的社会政治经济结构紧密相关。研究应关注这些技术如何在全球范围内重新配置信息、权力和资源,特别是这些技术如何通过其实践形塑和反映权力关系,以及这些关系在全球不平等的背景下如何再生产和巩固。最后是跨学科方法的运用。鉴于自我追踪技术的复杂性,未来的研究应采用跨学科方法,融合传播学、社会学、人类学、计算机科学、健康科学等领域的理论和方法,其有助于全面理解自我追踪技术的社会影响,并为理论模型的构建和实践策略的制定提供更精细化的支持。

综上所述,量化自我现象及其在数字时代个人利用自我追踪技术进行知识生产的应用,已经成为传播学界关注的焦点。相关研究不仅揭示了数字技术如何深入渗透人类日常生活的微观层面,还探讨了这些技术在更广阔的宏观层面如何重塑社会结构与文化认知。数字自我追踪作为技术革新的产物,同时也标志着文化与社会结构的转型。尽管自我记录的实践随时间演变形态多样，其核心目的——促进自我理解与个人成长——始终未变。现代技术的介入不仅赋予了传统自我反思方式以新的力量和形式，也重新定义了个体行为模式和社会互动方式。然而，数字自我追踪技术的广泛应用所引发的隐私侵犯、数据安全、心理健康挑战以及社会不信任等问题亦不应被忽视。因此，未来的研究应深入探讨技术与社会结构的交互作用、涉及数据主权和个人数字自由的政治经济学问题，特别是在全球不平等结构中对权力与资源的重新配置。研究还需要关注在推动技术进步的同时，如何有效地保护和提升人类福祉。这要求未来的研究不仅要关注技术本身，还要深入理解这些技术背后的社会、文化和政治动因，以及它们如何影响我们的生活方式和社会秩序。

行业发展篇

B.7
网络空间国际治理研究报告
（2023~2024）*

戴丽娜　刘逸南　李函芮　李佳伟**

摘　要： 回顾2023~2024年，全球网络空间治理进程显著加快，联合国围绕人工智能治理、《全球数字契约》、网络犯罪及跨境数据流动等关键议题展开了紧密磋商。此外，主要国际组织，如七国集团、二十国集团及经合组织等，在网络空间治理中也发挥了积极作用，推动多项重要治理成果落地。大国间的网络空间博弈态势加剧，美国竭力维护网络空间霸权，欧盟则持续扩大"布鲁塞尔效应"，加强数字主权能力建设。本报告通过对2023~2024年网络空间国际治理的发展及成果进行分析，重点梳理了联合国层面的重要进展、主要国际组织的重要治理行动，以及主要大国的网络空间博弈

---

　* 本报告统计数据和参考资料截止时间为2024年9月30日，且不包含中国单独为网络空间国际治理所做的努力。
　** 戴丽娜，上海社会科学院新闻研究所副研究员、副所长，主要研究方向为网络空间国际治理、社交媒体规制、美欧数字政策等；刘逸南、李函芮、李佳伟，上海社会科学院新闻研究所硕士研究生，主要研究方向为国际传播。

态势，以期推动构建更加公正、合理的网络空间国际治理体系。

关键词： 网络空间治理　数字主权　人工智能治理

近年来，百年未有之大变局加速演进，不仅地缘冲突明显加剧，科技竞争也日趋激烈，网络空间已成为国家间竞争与合作的新领域。在此背景下，网络空间国际治理作为全球性议题逐步进入国际社会的视野并受到广泛关注。如今，各大政府间组织均成为互联网治理的重要参与者，在全球人工智能治理、网络犯罪、跨境数据流动等领域展开了深入磋商和激烈博弈，共同应对数字鸿沟、网络安全、数据隐私等全球性挑战，并取得积极进展。在各国国内，互联网治理也已成为关乎国家安全、数字经济发展和政治稳定的跨领域、跨部门议题，多个部门均密切参与治理实践。

一　联合国层面的重要进展

（一）《全球数字契约》①

《全球数字契约》是 2024 年国际社会讨论的焦点之一。联合国大会在 2020 年 9 月通过的《纪念联合国成立 75 周年宣言》中呼吁加强全球数字合作。作为后续行动，联合国秘书长古特雷斯于 2021 年 9 月发布《我们的共同议程》报告，并提出在 2024 年 9 月召开联合国未来峰会，而《全球数字契约》则计划作为《未来契约》的一部分在未来峰会上通过。随后几年，国际社会针对这一议题展开了广泛讨论，先后发布《全球数字契约》零案文和四次修改稿。

---

① 联合国（UN）：《全球数字契约》，https：//www.un.org/global－digital－compact/sites/default/files/2024－09/Global%20Digital%20Compact%20－%20English_0.pdf。

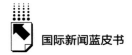

2024 年 9 月 22~23 日，联合国未来峰会于联合国总部纽约召开，会议通过了《全球数字契约》。该契约旨在构建包容、开放、可持续、公平、安全及稳定的数字未来，提出五大目标、13 项原则，以及相关承诺和行动方案，覆盖数字鸿沟弥合、数字经济发展、数字人权保障、数据治理与人工智能治理等多个关键领域。

《全球数字契约》作为联合国参与网络空间治理取得的里程碑式进展，虽然得到了广泛响应，但是由于联合国会员国在数字领域存在理念差异、利益冲突、优先事项分歧与治理能力鸿沟，加之联合国内部层层表决的决策机制，联合国数字治理进程的推进较为困难。因此，国际社会部分专家认为该契约作用有限。

（二）《联合国打击网络犯罪公约》①

《联合国打击网络犯罪公约》已于2024 年 8 月由联合国打击网络犯罪公约特设委员会（AHC）投票通过。该公约首次建立了全球层面的网络犯罪和数据访问法律框架，旨在"更高效、更有效地预防和打击网络犯罪"。在联合国层面达成公约对全球网络犯罪治理具有深远意义：一是通过强化各国间合作与协调，共享犯罪信息，共同应对跨国网络犯罪；二是构建全球统一的网络犯罪法律框架，弥补各国网络犯罪立法差异，促进全球有效打击网络犯罪，提升执法能力；三是打击威胁数字经济的网络犯罪行为，保障经济健康发展，保护个人隐私，规范信息使用，防范滥用泄露。但部分科技公司如微软和 Meta，认为公约会损害数字环境与人权，指出公约在人权保护及数据隐私上的不足。除企业外，有的国家，如俄罗斯，则批评该公约"过度强调人权保障"。

（三）人工智能治理

人工智能治理是网络空间国际治理领域近年兴起的热点议题之一。2024

---

① 联合国（UN）：《联合国打击网络犯罪公约》，https://www.eff.org/files/2024/08/12/v2405506-final.pdf。

年，联合国在该领域取得了多项进展：联合国教科文组织在 2 月与 8 家科技公司或机构签署了一项与人工智能相关的开创性协议。联合国大会在 3 月一致通过首项关于人工智能监管的决议，呼吁推动开发"安全、可靠和值得信赖的"人工智能系统，以促进可持续发展，这也是联合国大会首次就监管人工智能这一新兴领域通过决议。该决议由美国发起，并得到包括中国在内的 123 个国家的支持。6 月，第 78 届联合国大会一致通过由中国主提的"加强人工智能能力建设国际合作"决议。决议强调，人工智能发展应坚持以人为本、智能向善、造福人类的原则，鼓励通过国际合作和实际行动帮助各国特别是发展中国家加强人工智能能力建设，增强发展中国家在人工智能全球治理中的代表性和发言权，倡导开放、公平、非歧视的商业环境，支持联合国在国际合作中发挥中心作用，实现人工智能包容普惠可持续发展，助力实现联合国可持续发展议程。联合国人工智能高级咨询机构在 9 月发布最终报告《为人类治理人工智能》。作为广泛磋商的结果，该报告概述了如何应对人工智能相关风险和治理差距，并提出以下建议：一是呼吁成立一个小组，提供有关人工智能的公正可靠的科学知识，并解决人工智能实验室与世界其他地区之间的信息不对称问题；二是就人工智能治理展开新的政策对话；三是建立人工智能标准交流和全球人工智能能力发展网络，以提高治理能力；四是建立一个全球人工智能基金，以缩小能力和合作方面的差距；五是建立一个全球人工智能数据框架，以确保透明度和问责制；六是设立一个小型人工智能办公室来支持和协调这些建议的实施。①

尽管联合国在人工智能治理方面已取得诸多进展，但遗憾的是，这些治理举措并无强制性约束力，而人工智能正越来越多地卷入地缘战略冲突和军事领域。无论是俄乌冲突，还是新一轮巴以冲突，基于互联网的无人机被用于侦察和进攻行动、摄像头被黑客用作军事侦察的入口、人脸识别技术精准杀死目标等事例已屡见不鲜。全球人工智能治理仍是一个棘手的难题。

---

① 联合国（UN）：《为人类治理人工智能》，https：//www. un. org/sites/un2. un. org/files/governing_ai_for_humanity_final_report_en. pdf。

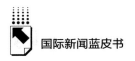

（四）联合国信息安全开放式工作组（OEWG）

联合国信息安全开放式工作组（OEWG）第二届开始于 2021 年，并计划于 2025 年结束。截至 2024 年 9 月底，已经开展了八次实质性磋商会议。各国普遍认为联合国未来需常设一个谈判平台来关注网络安全问题，但对于应采用何种形式一直存在分歧。美国、法国等西方国家希望启动"行动纲领"，来集中实施联合国信息安全政府专家组（UNGGE）于 2015 年达成的 11 条网络安全规则。中国和俄罗斯等国则希望让 OEWG 获得永久性地位，授权其就新规范进行谈判，并将规范转化为具有约束力的"联合国网络安全公约"。目前，联合国大会第一委员会已于 2022 年 11 月通过由法国主导，并获得美国等 48 个国家支持的"推进从国际安全角度使用信息和通信技术的国家负责任行为的行动纲领"（PoA）的决议。该决议建议在第二届 OEWG 结束后建立一个 PoA，将其作为联合国框架下永久的、包容的、以行动为导向的机制。

二 主要国际组织重要治理行动

（一）七国集团（G7）

作为较早参与网络空间治理的政府间国际组织，G7 在 2024 年的重要动向有：在 3 月 15 日召开的数字部长年度会议上，同意调整人工智能发展规则，并决定成立一个常设工作组以确保半导体等关键行业的供应链安全。轮值主席国意大利表示，希望重点关注人工智能对就业以及加剧不平等方面的影响。在 6 月 13~15 日举行的意大利普利亚 G7 峰会上，发布《七国集团领导人普利亚公报》，其中包含对人工智能和网络安全议题的讨论。

（二）二十国集团（G20）

21 世纪的第二个十年，G20 开始加快参与网络空间治理的步伐，影响力迅速增强。截至 2024 年 9 月底，G20 数字经济工作组召开了四次会议，并在 9 月召开数字经济部长级会议，G20 峰会于 11 月在巴西里约热内卢举行。在数字经济部长级会议上，通过《关于全民数字包容的部长级宣言》。该宣言内容包括：一是数字包容性，通过数字连接（尤其是发展中国家）缩小全球数字鸿沟，计划于 2030 年将性别差距缩小一半；二是信息完整性，提高数字平台透明度，以打击虚假信息并加强对民主制度的信任；三是人工智能，发展安全可信赖的人工智能，支持利用人工智能应对全球挑战，减少全球不平等。

（三）经济合作与发展组织（OECD）

在传统的政府间国际组织中，经济合作与发展组织一直在互联网治理的前沿领域发挥着重要的作用。2024 年 5 月，经合组织部长级理事会（OECD MCM）正式通过对其《人工智能原则》的修订。修订版原则致力于解决通用和生成式人工智能带来的隐私、安全、知识产权和信息完整性等挑战。作为人工智能领域的第一个政府间标准，OECD 所发布的原则体现出较强的"敏捷"性。一方面，非强制约束性是该原则得以广泛扩散的重要因素。自 2019 年提出以来，该原则陆续被联合国、欧盟、G20、美国、日本等 47 个国际行为体吸收采用。由于设计颇具灵活性与变通性，相关主体可根据自身产业与政治背景，对其进行选择性采纳与本土适配。由此，该原则成为 OECD 促进人工智能国际治理合作的重要抓手。另一方面，迭代性是该原则能够持续适用的关键原因。为顺应人工智能技术发展，该原则共经历 2023 年和 2024 年两次修订。本次修订聚焦生成式人工智能带来的社会风险，致力于推动负责任的人工智能发展。该原则或再次成为各国制定生成式人工智能政策的参考模板。[1]

---

[1] 经济合作与发展组织（OECD）：《人工智能原则》，https：//www. oecd. org/en/about/news/press-releases/2024/05/oecd-updates-ai-principles-to-stay-abreast-of-rapid-technological-developments. html。

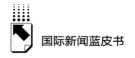

（四）NETmundial 十周年①

在全球互联网治理进程中，NETmundial 是支持多利益相关方参与治理的典型机制之一，但因缺乏支持，一共只举办了两次正式会议。首届会议召开于 2014 年，"棱镜事件"的曝光推动了 NETmundial 的召开，因此首届会议以"全球互联网治理"为议题。

2024 年 4 月 29~30 日，NETmundial 十周年会议在巴西圣保罗召开，并发布名为《NETmundial+10 多方利益相关者声明：强化互联网治理和数字政策进程》的成果文件。文件重申了 2014 年确立的互联网治理十项原则，强调了多利益相关方参与、开放性、包容性和透明度的重要性。面对数字技术带来的机遇与挑战，文件呼吁全球各方共同努力，确保技术进步的同时符合国际法和人权法，促进实现可持续发展目标。文件还提出《圣保罗多利益相关方指南》，以改善多边进程参与和决策制定情况。同时，文件还呼吁加强互联网治理论坛（IGF）等现有的审查机制，避免互联网治理碎片化，推动全球数字政策的协调与发展。

三　主要大国网络空间博弈态势分析

（一）美国：竭力维护网络空间霸权

1. 加快网络空间国际战略转型

2024 年是拜登政府任期的最后一年，为加强外交在国际数字竞争中的作用，强化美国在全球数字治理中的领导地位，美国政府于 2024 年 5 月发布《美国国际网络空间和数字政策战略：迈向创新、安全和尊重权利的数字未来》。这是继奥巴马政府 2011 年和 2016 年两次提出网络空间国际战略后，美国政府第三次发布关于网络空间的国际战略。从其核心内容判断，这

---

① NETmundial+10：《NETmundial+10 多方利益相关者声明：强化互联网治理和数字政策进程》，https：//netmundial.br/pdf/NETmundial10-MultistakeholderStatement-2024.pdf。

是美国网络空间国际战略的一次重要转型，其中有三点值得关注。第一，美国将"优先考虑网络、数字和新兴技术问题上的能力和专业知识建设，并将其作为实现外交现代化努力的一部分……在整个数字生态系统中使用适当的外交手段和国际政治手段。数字生态系统包括但不限于硬件、软件、协议、技术标准、供应商、运营商、用户和供应链，以及电信网络、海底电缆、云计算、数据中心和卫星网络等基础设施"。第二，战略中提出了一个重要概念——"数字团结"（digital solidarity），在此概念指导下，美国除了继续加强同既有盟友的合作外，还将加强对"新兴经济体"的帮助，以确保用美国的价值观塑造全球数字世界的未来。第三，在战略中，将中国、俄罗斯、朝鲜、伊朗塑造为网络威胁来源国。5月6日，美国国务卿布林肯出席全美信息安全会议（RSA Conference 2024）并发表了题为《技术与美国外交政策的转变》演讲，宣布要在全球推进"数字团结"原则，建立"网络空间负责任的国家行为"国际联盟。

2. 保持对华遏制的网络战略取向

尽管中美关系整体看似有所缓和，但在网信领域依旧呈紧张态势。美国自称对华贸易政策为"小院高墙"，即"对少数真正重要的敏感技术产品进行严格控制，但其他的贸易关系不受影响"。然而，美国正在稳步扩大其所标定的"小院"围墙范围。与此同时，美国继续向盟友施压，尤其是欧洲盟友，要求其配合美国，联合实施对华管制措施，主要表现为：在出口管制方面，美国进一步扩大了对华半导体等关键竞争行业的制裁范围，不仅限制本国半导体公司对华的芯片出口，还试图联合盟友实行联合管制；在数据及应用领域，进一步限制中美合作，并以推进立法的方式加大对TikTok的打压力度；在对华定位方面，《美国国际网络空间和数字政策战略》中将中国视为头号网络安全威胁国，称"对美国政府和私营部门网络构成最广泛、最活跃、最持久的网络威胁"。具体遏华举措如表1所示。

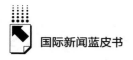

表 1　2024 年美国遏华网络举措统计

时间	举措内容	主要涉及领域
1 月	众议院"中美战略竞争特设委员会"主席和该委员会民主党领袖就通信与半导体事项向美国联邦机构提出质询,试图阻止美国对中国生产的基础芯片产品的依赖,维护所谓"美国供应链安全"	芯片、供应链
	国防部将十多家中企列入"中国军方企业名单",包括存储芯片制造商长江存储、人工智能公司旷视科技、激光雷达制造商禾赛科技以及科技公司东方网力等	芯片、人工智能等
2 月	拜登总统签署《关于防止受关注国家获取美国人大量敏感个人数据和美国政府相关数据的行政令》。同日,美司法部发布行政令拟议规则预通知,明确实施细则	数据、平台等
3 月	商务部宣布对嵌入外国敌对信息通信技术或服务的网联汽车启动国家安全审查	智能网联汽车
	商务部工业和安全局(BIS)限制超威半导体公司(AMD)向中国市场销售定制版人工智能处理器芯片 MI309	半导体
	围绕对华半导体出口管制,美国政府已要求日本和荷兰扩大对象范围并加强监管。此前销售限制仅限于尖端产品的制造设备,如今已扩大至部分中高端机型	半导体
	众议院通过《保护美国数据免受外国对手侵害法案》	数据
4 月	美国将敦促荷兰阿斯麦(ASML)公司停止向中国芯片工厂提供售后服务	芯片
5 月	商务部将 37 家中国实体新增列入所谓的"实体清单",其中包括中国电子科技集团旗下的多个研究所、中电科芯片技术(集团)有限公司、中国科学技术大学,以及多家量子技术研究机构和卫星导航、无人机技术企业	研究机构、高等院校、芯片、量子、卫星、无人机等
8 月	商务部拟禁止在自动驾驶和网联汽车中使用中国软件。商务部发言人表示,因担心网联汽车带来的国家安全风险,拜登政府计划发布一项拟议规则,禁止在美国 3 级及以上的自动驾驶汽车中使用中国软件	网联汽车
9 月	众议院中国问题特别委员会主席,及多名共和党众议员共同提出《保护基础设施免受对手侵害法案》,拟禁止美国交通部通过拨款、贷款或直接收购的方式,使用公共资金采购中国和其他"外国对手"制造的激光雷达设备	基础设施

3. 美欧数字协调演进情况

拜登上任后,一直致力于改善在特朗普任期曾受重创的跨大西洋联盟。如今,在深化跨大西洋数字合作、打造共同标准方面,"跨大西洋 G2"格局已初显。1月12日，美国与欧盟签署"关于消费者标签计划的联合路线图"协议，保护消费电子产品的网络安全。1月31日，欧盟内部市场专员访美，与美国国土安全部部长发表联合声明，在重申双方合作应对不断变化的网络威胁形势的重要性基础上，进一步强调要强化相互间的网络弹性，打造安全的全球网络空间。通过讨论"欧盟—美国联合网络安全产品行动计划"，为双方设定互联网连接产品的网络安全标准，建立跨大西洋市场。4月4~5日，美国—欧盟贸易和技术理事会（TTC）第六次部长级会议在比利时召开，会议回顾了三年来TTC的工作进展，主要探讨议题如下：一是推进跨大西洋在人工智能、量子、6G、半导体等关键和新兴技术等方面的领导地位；二是促进可持续发展和贸易投资新机遇；三是推动贸易、安全与经济繁荣；四是在地缘政治数字环境变化中捍卫人权和价值观。此外，在进出口管制方面，双方将在传统芯片领域共同应对中国的"市场垄断"行为。此外，双方还发布了《美欧人工智能术语与分类（第二版）》。

4. 美国与其他盟友动向

2024年美国继续加强与中国周边国家的网信合作，试图加强在网信领域的地缘战略布局。具体表现为：一是"美日韩三边印太对话"。美国、日本与韩国于1月5日在华盛顿召开首次三边印太对话。此次对话是2023年8月戴维营三边领导人峰会的后续，未来每年将继续举行三边对话，针对信息和通信技术、网络安全和新兴技术等问题进行深入交流，包括支持韩国举办2024年人工智能安全峰会和全球人工智能论坛，以及启动美日韩尖端量子合作。二是美日数字合作。为进一步深化美国和日本在数字经济与先进技术领域的合作，4月10日，两国发表了《面向未来的全球合作伙伴》联合声明，指出在数字技术领域，双方将加强研究机构与私营部门的协作，以促进人工智能和网络安全产业发展。三是澳英美安全合作框架。5月8日，美国商务部工业和安全局发布了一项"增强澳大利亚、英国、美国三边安全伙伴关系（AUKUS）的出口管制修订"的临时最终规则，以便于三国之间的出口、再出口、再转让或临时进口。四是"美印关键和新兴技术倡议"（iCET）。6月17日，美国和印度在新德里举行"美印关键和新兴技术倡

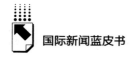
议"第二次会议。相较于 2023 年 1 月第一次会议的联合声明，本次联合声明单独新增了"量子、人工智能和高性能计算"与"生物技术和制造"板块，并增加了清洁能源相关事项。

（二）欧盟：持续扩大"布鲁塞尔效应"

欧盟持续推进网络空间立法，试图持续扩大"布鲁塞尔效应"，并加强维护数字主权的能力建设，谋求全球数字治理领导者地位。主要表现为：一是 2024 年初以来，欧盟委员会持续向超大型在线平台和搜索引擎发送信息请求，推进实施《数字服务法案》。二是 1 月 11 日，欧盟《数据法案》生效，定义了在所有经济部门访问和使用欧盟生成的数据的权利，并将促进数据共享，特别是工业数据。三是《人工智能法案》通过。欧盟理事会于 5 月 21 日正式批准通过《人工智能法案》，该法案是全球首部关于人工智能的区域性法规。四是制定《人工智能、人权、民主和法治框架公约》。该公约由欧洲委员会制定，9 月 5 日，美国、英国和欧盟等签署。① 该公约提供了涵盖人工智能系统整个生命周期的法律框架，旨在确保人工智能系统生命周期内的活动完全符合人权、民主和法治，同时有利于技术进步和创新。作为全球首个具有法律约束力的框架性文件，该公约为人工智能领域的监管提供了一个可参考的范本，以应对可预见的技术危机和伦理风险。尽管该公约宣称"具有法律效力"，但也有批评者指出，该公约缺少更为强势的制裁措施，缔约方大会监督执行的方式相对较弱。且由于各国政治体制和法律体系不同，具体原则如何落实还需要各个签约主体根据本国实际情况制定新规定或调整现有规定。

（三）其他重要国别动向分析

1. 英国

近年来，英国一直保持着网络空间国际治理的积极参与态势。2024 年，

---

① 欧洲委员会：《人工智能、人权、民主和法治框架公约》，https：//www.coe.int/en/web/artificial-intelligence/the-framework-convention-on-artificial-intelligence。

英国的主要行动包括：一是举办关于间谍软件与雇佣黑客的国际会议。2月6日，英国和法国在伦敦主办了首届关于间谍软件与雇佣黑客的国际会议，35国签署间谍软件监管协议——"颇尔迈进程"，旨在打击对间谍软件等网络入侵工具的滥用与不负责的使用。二是加入欧盟半导体研究计划。2023年，英国重新加入"地平线欧洲"科学计划；2024年3月，英国表示将加入欧盟的半导体研究计划，并向总额约14亿美元的研究与创新基金提供4500万美元的支持。

2. 法国

2024年法国主要治理动向有：发布首份适用于《通用数据保护条例》（GDPR）的人工智能使用说明。该说明由法国国家信息自由委员会发布，旨在支持在人工智能相关的法律和技术领域应用GDPR。6月3~5日召开"2024巴黎网络峰会"，此次峰会以"人工智能是否会改变网络政策的游戏规则"为主题，重点讨论了数字、科技、网络空间和信任等领域的相关问题，应对在新世界中保持欧盟实力的挑战。会议还寻求起草一种针对网络空间的欧洲方法，加强基于共同价值观的关系。

3. 德国

每年在德国举办的慕尼黑安全会议已成为讨论网络空间国际治理问题的重要平台之一。第60届慕尼黑安全会议于2024年2月16~18日召开，议题包括网络安全、虚假信息、开源情报、半导体供应链、人工智能竞赛、联合国安理会改革等，并发布《2024年慕尼黑安全报告》。该报告以"双输"（lose-lose）为主题，指出在地缘政治紧张局势加剧和经济不确定性上升的情况下，各国政府不再关注全球合作的绝对利益，而是愈发强调自身获益是否高于他国的相对利益。该报告在第八章"技术"部分指出，当下中美竞争人工智能主导地位并探索人工智能的军事化运用，各国寻求半导体供应链去风险并陆续实施进出口管制，各国武器化5G、海底电缆等数字基础设施并进行硬件替代，全球技术合作已让位于地缘政治竞争。

此外，德国联邦政府还于2024年2月发布《国际数字政策战略》。该战略提出了九项指导原则：保护基本权利和人权（包括线上与线下）；倡导开放、自由与安全的全球互联网；加强价值观一致的技术合作伙伴关系；发展以人为本和创新友好的数字空间规则；促进安全可信赖的跨境数据流动；积极支持制定国际规范与标准；加强安全、可持续发展的全球数字基础设施建设；降低技术价值链风险；利用数字化应对全球挑战。此外值得关注的是，该战略还提出扩大与非洲国家的双边数字对话。

4. 日本

自 2023 年 5 月 G7 在日本启动广岛人工智能进程以来，日本继续努力寻求参与全球人工智能国际规则制定的机遇。2024 年 5 月 2 日，日本首相岸田文雄出席经合组织部长级理事会，并宣布发起"广岛人工智能进程之友"小组（Hiroshima AI Process Friends Group）。该小组将作为广岛进程国家自愿框架，推动落实人工智能国际指导原则和行为准则，以发展安全、可靠、可信的人工智能。目前，已有 49 个国家和地区参与该小组。此外，岸田文雄表示日本将设立全球人工智能伙伴关系（GPAI）东京中心，致力于通过技术方案解决生成式人工智能风险。

5. 韩国

近年来，为加快提升韩国在网络空间国际治理中的影响力，韩国开始借力美欧建立的国际平台（如民主峰会和人工智能安全峰会等）。2024 年 3 月 18 日，第三届"民主峰会"在韩国首尔召开，在以"人工智能、数字技术和民主"为主题的部长级会议上，与会者讨论了迅速发展的新技术对未来民主的影响，以及国际社会的应对方案等问题。5 月 21~22 日，英国与韩国合作在首尔主办了人工智能峰会。该会议以 2023 年在英国举办的首届人工智能安全峰会为基础，聚焦人工智能安全问题，重点探讨了先进大模型的潜力与风险，提出推动《广岛进程先进人工智能系统开发组织国际行为准则》与《前沿人工智能安全承诺》等国际规则的落地实施，以确保人工智能设计、开发、部署和使用的安全可靠。

四　结语

综上所述，2024年网络空间国际治理发展趋势呈现五大特征：一是地缘政治紧张局势加剧和经济不确定性上升等成为全球技术监管和数字技术合作的阻碍因素；二是面对网络空间失序加剧和大国博弈激烈态势，联合国试图加快推进网络空间国际治理进程；三是全球人工智能治理行动仍处于高度活跃态势，国际组织和主要大国积极开展人工智能治理规则制定实践；四是全球虚假问题愈演愈烈，美国、澳大利亚及联合国等纷纷推进国际治理合作，以确保"信息完整性"；五是网络安全、网络空间国际合作与国际治理等相关议题在各国领导人会晤时出现的频率和分量有所增加。除此之外，在一些高级别国际进程中，数字治理议程规划已成为常态。

B.8
全球人工智能伦理治理的全景谱系研究报告

方师师　叶梓铭*

摘　要： 全球人工智能伦理治理已经形成一轮政策浪潮。各国家与地区因应伦理治理情境的基本诉求与复杂现实，正依照自身角色定位平衡发展与治理，立足以联合国为代表的国际组织开展国际合作与标准制定，通过治理创新实现以自律为主、他律为辅的伦理治理。随着人工智能技术不断发展，新的伦理治理将面临更加复杂的挑战。未来，全球人工智能伦理治理仍然需要各国与国际组织努力超越自身治理角色，立足伦理治理的基本路径提高治理能力，推促人类社会形成发展与治理合力。

关键词： 人工智能　伦理治理　治理规则

2016年，基于深度学习的人工智能围棋模型AlphaGo在与李世石的围棋对决中一战成名，人类社会的注意力再度聚焦人工智能（Artifical Intelligence，AI）。但多数观察者未能预料的是，仅一年后，2017年6月，来自美国谷歌公司的八位研究者发布的论文"Attention is All You Need"成为生成式人工智能广泛应用于人类社会的基石。[①] 美国人工智能实验室OpenAI于2022年11月基于该论文提出的Transformer模型发布生成式人工

---

* 方师师，上海社会科学院新闻研究所互联网治理研究中心主任、副研究员，主要研究方向为智能传播、数字修辞、内容治理；叶梓铭，上海社会科学院新闻研究所硕士研究生，主要研究方向为算法新闻、内容治理。

① Vaswani, A., et al., "Attention is All You Need," *arXiv preprint arXiv*：1706.03762, 2017.

智能应用 ChatGPT，甫一问世便迅速成为史上增速最快的消费级应用，开启生成式人工智能广泛应用的先河。随着模型的不断更新迭代，最新一代模型能够完成从自动生成文本到生成简短视频的多模态任务。迄今为止，十余种大型高性能模型和更多基于特定场景的小模型不断推出，人工智能的应用正从想象中落地，引领新一轮改变人类社会的科技革命。然而对于这一进程的复杂忧思同时兴起，在人工智能的研究、应用与产业扩散进程中，其涉及的社会议题与法律难题日益引发关切，包括但不限于数据隐私安全、算法透明度、知识产权、伦理道德以及技术滥用等，但是包括人工智能在内的新技术引发的就业替代等社会问题向来需要各方的实践应对。

本报告基于这一背景，对全球范围内的人工智能伦理治理进行研究，目的在于梳理不同国家伦理治理的特征与偏向，为理解当前人工智能伦理治理的全球实践提供参照系，为构建更大范围的治理共识提供对话基础。

一　全球人工智能伦理治理实践与研究概述

（一）人工智能伦理治理的发展历程与概念界定

人工智能的发展以人的智能为目标，自发展初期就不可避免地涉及伦理这一关乎人类良善生活的漫长思索与实践：数十年前，当人工智能的发展尚处于萌芽阶段时，其伦理讨论以前沿学者的思辨讨论和科幻作品中的未来想象为主导，比如阿西莫夫、库布里克的文学与电影作品描绘技术替代人取得主导权的可能图景。但当人工智能离开实验室，以意料不到的速度演变为一股强劲的发展力量时，作品所指认的可能性便不再遥远：自动驾驶汽车已经在城市街头长期营运；医疗领域，智能诊断系统正在帮助医生识别疾病；各阶段教育领域，智能问答正为学生的知识学习提供辅助；而在商业领域，智能化的服务机器人近年已经成为客户服务的常态。

上述种种发展根植于近十年来以模拟人类神经元为核心思想的机器学习技术的革新：2014 年前，人工智能的技术发展以单一功能面向的技术突破

为主导，尚处于视觉、语音识别、机器人学等多领域分化的阶段，有限的人工智能应用局限于单一且明确的范围内，比如计算机视觉技术应用于人脸识别等领域。因此，相关的治理实践基本归属于更大范围的数据治理、隐私归属等领域，围绕人工智能的治理实践尚未成型。

2016 年起，随着人工智能前沿产业发展的勃兴态势，各国人工智能的治理实践以发展为基调，逐步探索初步的治理路径，重在推进社会科学多重视角下对人工智能的前沿研究。随着人工智能应用能力增强，其表现的特质逐渐超越简单的工具，能够代替人类行动乃至决策的可能性逐渐提升，机器学习的过程作为"黑箱"，难以被理解，甚至不受控的风险引发各界对伦理问题与伦理治理的关注，在这一阶段各方重视形成治理能力，人工智能治理的"浪潮"已经初具雏形。

2020 年至今，人工智能的应用日益嵌入各社会场景，各国家与国际组织在政策实践中重点关注人工智能的相关问题，围绕人工智能的治理实践文本迅速增加。人工智能的治理实践日益多元化，在约束力的不同层次与治理类型的多样化方面不断推进，人工智能治理的"潮头"已经形成。

因应人工智能给人类世界带来的复杂挑战，当前全球普遍采纳基于伦理原则实现的人工智能伦理治理。伦理治理意在确保人工智能的研究、开发和应用过程中，遵循伦理原则和规范，保障人权，促进公平公正，保护个人隐私，确保技术的可控性和透明度，强化责任意识，并提升整个社会对人工智能伦理的认识和素养。

人工智能伦理治理属于科技伦理治理，是各相关主体以伦理原则为指导，解决科技发展面临的伦理与社会问题，促进科技有益发展的方式总和[1]，其核心是促进人工智能朝向有益人类福祉和社会安康的方向发展。[2]虽然表述和执行力度存在差异，但"以人为本"是不同国家、不同场景的伦理治理实践所具有的基本共识。由于人工智能的创新扩散尚处于早期，公

---

[1] 樊春良：《科技伦理治理的理论与实践》，《科学与社会》2021 年第 4 期。
[2] 樊春良、吴逸菲：《人工智能伦理治理的三维分析框架：核心要素、创新过程与主体责任》，《自然辩证法研究》2023 年第 10 期。

众对人工智能的伦理认知尚且不足。在人工智能全方位融入社会生活的过程中，随着人工智能系统变得更加智能和自主，如何确保它们在没有人类直接监督的情况下仍然能够"自主地"做出符合人类利益的决策，人工智能享有多少比例的"人权"等，这些伦理问题对于人工智能技术的健康发展而言是不可忽视的。因此，以"人"为首要责任主体是世界范围内推进伦理治理的共识，比如学术出版要求作者始终坚守人类主体地位，并且人类承担的责任也意味着人类在与人工智能的交往中享有更高的基本人权如生命权等。

当前，人工智能伦理治理的对象正从单一甚至是封闭系统内的数据扩展至生成式人工智能应用，新型人工智能应用基于移动互联网迅速扩散并联结社会各领域，涌现一系列复杂问题亟须各方解决。比如自动驾驶领域，是选择全系统无人还是有人无人混合的交通方式，对于伦理原则的需求完全不同。未来的伦理治理是选择伦理复杂性相对最小化甚至经济效益相对最大化的治理路径，还是选择尊重各方权益的帕累托改进是亟待观察的发展议程。

（二）人工智能伦理治理汇集全球参与者

因应人工智能的复杂和深远挑战，全球各国、主要国际组织与跨国公司不断出台或更新伦理政策文件。2023 年 3 月，联合国教科文组织号召各国立即执行其于 2021 年 11 月发布的《人工智能伦理问题建议书》①，并推促一系列以伦理原则为核心的非正式合作；2023 年 5 月，美国国会发布《生成式人工智能和数据隐私的初步报告》，2023 年 10 月，白宫办公室发布《关于安全、可靠、值得信赖地发展和使用人工智能的行政命令》；2024 年 1 月，欧盟委员会、欧洲议会和欧盟理事会共同完成了《人工智能法案》的定稿；2023 年 11 月，在英国召开的人工智能安全峰会发布《布莱切利宣言》，围绕 AI 全球机遇和挑战提出多项议程，支持以全球合作的方式设立 AI

---

① 《教科文组织：各国应立即实施全球伦理框架以应对人工智能挑战》，https：//news. un. org/zh/story/2023/03/1116697。

安全的研究网络，并通过维持该对话机制服务于全人类利益；2024 年 7 月 4 日，2024 世界人工智能大会暨人工智能全球治理高级别会议发表《人工智能全球治理上海宣言》，呼吁推动制定和采纳具有广泛国际共识的人工智能伦理指南与规范，引导人工智能技术的健康发展，防止其被误用、滥用或恶用。

截至 2024 年 8 月，全球范围内多达 106 个国家、国际组织与地区推出了人工智能的相关治理规则，以联合国为平台的全球治理覆盖面则更加广泛（见表 1）。虽然全球合作广泛展开，但各方在监管的优先事项上存在差异，人工智能学界和业界也争论激烈。本报告第二部分基于浦江人工智能实验室 OpenEGlab 开放数据库，截至 2024 年 8 月，该数据库去重后共收纳 1617 篇相关规则文本，涵盖自 20 世纪 50 年代至今的人工智能政策、标准化文件乃至合作协议等相关文档，这为从宏观视角管窥全球人工智能伦理治理的总体变迁与主要趋势提供了观测窗口，结合自动化内容分析，以治理规则的文本为"后视镜"梳理全球人工智能伦理治理的多维特征与核心要素。

表 1　全球发布伦理治理规则的国家与国际组织

单位：个

分类		规则数	分类		规则数
国家	马耳他	3	国家	墨西哥	2
	瑞典	3		荷兰	6
	澳大利亚	2		爱沙尼亚	2
	奥地利	5		西班牙	6
	黎巴嫩	1		乌拉圭	2
	捷克	1		越南	1
	土耳其	1		挪威	3
	罗马尼亚	1		俄罗斯	3
	英国	74		加拿大	16
	阿根廷	1		埃及	2
	波兰	1		保加利亚	6
	爱尔兰	4		多边	6
	葡萄牙	2		泰国	1
	马来西亚	1		冰岛	2

分类		规则数	分类		规则数
国家	巴西	5	国家	阿拉伯联合酋长国	7
	中国	172		法国	7
	匈牙利	1		新加坡	17
	斯洛伐克	1		塞尔维亚	3
	拉脱维亚	1		智利	1
	意大利	10		哈萨克斯坦	1
	比利时	2		美国	275
	肯尼亚	3	国际组织	经济合作与发展组织（OECD）	27
	立陶宛	1		欧盟（EU）	126
	印度	14		东盟（ASEAN）	6
	丹麦	3		世界银行（WB）	1
	韩国	4		partnership on AI	1
	哥伦比亚	5		人工智能全球合作伙伴（GPAI）	10
	日本	41		联合国（UN）	48
	新西兰	5		亚太经合组织（APEC）	3
	瑞士	4		世界经济论坛（WEF）	8
	德国	32		电气电子工程师学会（IEEE）	15
	芬兰	8		国际标准化组织（ISO）	44
	希腊	1		七国集团（G7）	6
	哥斯达黎加	3		国际电工委员会（IEC）	42
	秘鲁	1			

二　全球人工智能伦理治理的主导进程与基本路径

（一）全球人工智能伦理治理的主导进程

1. 刚柔并济：全球人工智能伦理治理的核心趋势

对于人工智能这一仍在高速发展的技术，各方均认识到，其引发的科技革命尚在早期，直接立法限制无法充分应对其复杂的发展态势，甚至可能造成发展停滞的巨大代价，但放任技术发展可能带来的隐私泄露、劳动力替代等问题也已引发全民关切，因而"软性"的伦理治理成为人工智能治理的重要方式。相比具有国家强制力的"硬法"，"软法"是指那些不具有任何约束力或约束力比传统硬法更弱的准法律文件，包括国际组织的非条约性协议，以及各国国内由政府、社会组织提出的具有约束力的社会规范。① 各国普遍优先采纳以伦理原则为核心的软性约束，因其不易压制技术活力，能够较好地保护人工智能的产业发展，通过行业自律公约、伦理规范、标准指南等软法程序实现治理目标也有更好的敏捷性，能够较快地实现应用和修订，以应对人工智能伦理风险快速扩散、难以追踪的特点。②

在落实人工智能治理进程中，从"软"至"硬"的规则文本包括伦理原则、发展战略与政策计划、标准化文件与法律法规，基于数据集分别描述统计不同类型人工智能治理文本的发布情况发现：自2016年起的人工智能治理浪潮中，以推促发展为目的的政策原则在全球范围内普遍展开，与之同步的是伦理宣言、共识文件的密集签署与发布；2020年后，与发展和伦理相关的行动已经告一段落，而更具强制力的法律法规和产业界执行落实的标准化文件推出密度迅速增加，在2021年达到历史性的新高。

2. 治理角色：人工智能伦理治理的国别竞合

差不多经历一轮伦理治理浪潮，当前全球范围内的人工智能规则秩序仍在形成阶段，而不同国家伦理治理规则实践在文本量上呈现显著的马太效应：从政策发布量的角度，规则密度（相同时间段内的政策数目）前十名的国家与国际组织占比超过总规则数的一半，作为关键的前沿科技，人工智能的发展水平与治理水平预期能够提升各国竞争能力，在竞争人工智能伦理治理的过程中，在其他相关领域具有领先地位的组织往往能够取得显著的先

---

① 曾雄、梁正、张辉：《人工智能软法治理的优化进路：由软法先行到软法与硬法协同》，《电子政务》2024年第6期。

② 张凌寒、于琳：《从传统治理到敏捷治理：生成式人工智能的治理范式革新》，《电子政务》2023年第9期。

发优势，而其他组织则被迫居于落后地位。当前，美国、中国、欧盟的政策实践密度显著高于其他所有国家与国际组织，呈现"三足鼎立"的发展态势（见表2）。

表2　全球人工智能伦理治理政策实践密度前十名的国家与国际组织

单位：篇

来源	美国	中国	欧盟	英国	联合国	ISO& IEC*	日本	德国	OECD	新加坡
数量	275	172	126	74	48	44	41	32	27	17

* 国际标准化组织与国际电工委员会，双方共同提出人工智能相关的国际标准化文件。

注：数据截至2024年8月20日。

资料来源：OpenEGlab治理规则集。

　　为更进一步对人工智能伦理治理的主导特征进行描摹，基于政府在人工智能技术发展中的积极或被动角色，以及政府是集中于规范潜在风险还是优先发展人工智能两个维度，国家或国际组织的治理角色可以区分为市场导向型（被动—发展）、发展型（积极—发展）、监管型（积极—规范）与自我调节型（被动—规范）四种理想类型（ideal type）。[①]比较治理图谱的伦理治理倾向与治理规则文本，可依照其政策取向定位每个国家属于其中的一种或两种类型，参考全球伦理治理政策实践密度的情况，本报告选取美国、欧盟与中国作为代表性的国家和地区进行比较分析。

　　美国作为本轮人工智能浪潮的诞生地，其人工智能技术与产业发展位于世界顶尖位置，为维护其在产业发展中的领先地位，其治理角色介于市场导向型与自我调节型，倾向于推进人工智能发展，国家在军事等关键领域干预，依赖市场机制和各州自行立法驱动技术创新（见图1）。表现为"总统发布战略、美国国家科学技术委员会布局发展、美国国家标准技术研究所主

[①] Djeffal, C., Siewert, M. B., & Wurster, S., "Role of the State and Responsibility in Governing Artificial Intelligence: A Comparative Analysis of AI Strategies," *Journal of European Public Policy*, 2022, 29 (11): 1799–1821.

责伦理风险管理标准"的相对稳定的框架。① 同时，部分代表产业界的观点认为应秉持非必要不干预的原则，对基于伦理自律外的法律监管持有较强的排斥态度②，强调对政府的监管范围施加限制。

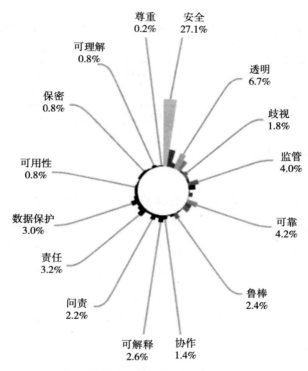

图1 美国人工智能伦理治理维度偏向

欧盟向来高度重视隐私保护等人格权益的法律保障，近年来在人工智能发展中并未进入第一梯队，为发挥其在国际法与国际组织中的治理传统，寻求国际影响，欧盟以管控风险为主导形成自我调节与监管并重的治理角色（见图2）。早在2021年4月，欧盟委员会就提出关于AI的监管框架草案，

① 顾登晨：《静水流深：美国人工智能治理的特征、趋势与启示》，网易，https：//www. 163. com/dy/article/IPAISITE0511DDOK. html，2024年1月25日。

② "Pelosi Statement in Opposition to California Senate Bill 1047，" https：//pelosi. house. gov/news/ press-releases/pelosi-statement-opposition-california-senate-bill-1047，August 16，2024.

尝试基于"风险"视角对 AI 系统进行分类与横向监管。欧洲议会及时跟进生成式人工智能的发展动态并迅速开启规范化讨论，试图提出有效的监管措施。在 2022 年《数字权利和原则的欧洲宣言》中，强调数字化转型应以人为中心，倡导团结与包容等关键原则。并在全球首先立法实践人工智能治理①，充分彰显其敏捷的实效，对全球各国的伦理治理实践具有较强的影响力。

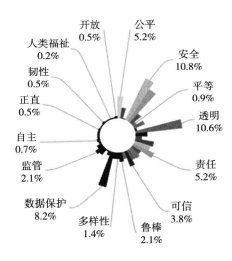

图 2　欧盟人工智能伦理治理维度偏向

中国兼具发展型与监管型的角色特质，高度重视伦理治理与人工智能发展的平衡，采纳积极政策推进先进人工智能服务社会，同时持续推进伦理原则的细化与落实（见图 3）。《人工智能伦理治理标准化指南》（2023 版）从技术框架出发，为 AI 伦理标准体系提供了明确的界定以指导 AI 伦理治理的具体实践。《生成式人工智能服务管理暂行办法》率先就生成式人工智能监管这一议题提出特定的伦理规范，将备案程序与算法治理内容融合，要求企业发挥能动性为用户提供举报渠道，强化了伦理治理在技术法规中的作用，体现了中国在 AI 服务管理方面迅速跟进的治理能力。

---

① "EU Artificial Intelligence Act," https：//artificialintelligenceact. eu/the-act/.

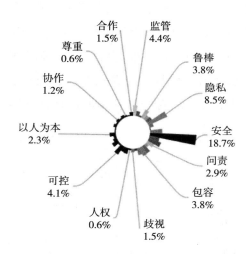

图 3　中国人工智能伦理治理维度偏向

3. 汇集合力：联合国等国际组织推进伦理治理全球合作

各国在伦理治理中的角色自主有助于维护独立的治理主权，但受制于国家角色差异，国际伦理治理政策的不平衡也在监管套利等方面留下了隐患，面对各种独自治理难以覆盖的难题，以联合国为代表的政府间国际组织对于汇集人工智能伦理治理合力，加强国际对话有着不可或缺的作用。

联合国的人工智能伦理行动旨在成为全球治理的关键中介（见图 4），其行动关涉议题多元，影响广泛，在形塑全球合作方面具有三大突出作用：一是通过全球倡议呼吁关注伦理议题。《人工智能伦理问题建议书》得到联合国教科文组织 193 个会员国一致通过，这一规范能够为人工智能的全球治理提供必要的伦理框架。[①] 二是通过组织分工多层次推进落实伦理规范。2023 年 10 月 26 日，联合国组建高级别人工智能咨询机构，就人工智能可能产生的偏见歧视等关键问题展开讨论。三是调用既有机制构筑伦理治理合

[①]　《人工智能：教科文组织号召各国政府立即实施全球伦理框架》，https：//www.unesco.org/zh/articles/rengongzhinengjiaokewenzuzhihaozhaogeguozhengfulijishishi quanqiulunlikuangjia，2023 年 3 月 31 日。

作平台。以教科文组织为代表的联合国相关机构积极推进国家与全球科技公司的伦理共识，协同八大全球性科技公司签署开创性协议，落实《人工智能伦理问题建议书》中的伦理原则。

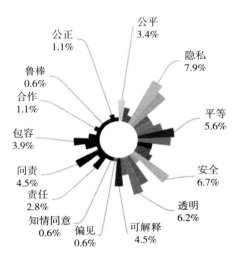

图4　联合国人工智能伦理治理维度偏向

经济合作与发展组织（OECD）的出版物和统计数据库是全球各国与国际组织研究经济、社会、环境等多方面问题的重要资源。在人工智能伦理治理领域，OECD的伦理治理实践倾向于发展议题，相对较少讨论隐私等风险性问题，重点实践包括聚焦伦理原则以实现可信任的AI[1]，汇集力量关注AI引致的就业替代等经济与社会领域的关键问题[2]（见图5）。

（二）政策创新和主动参与：全球人工智能伦理治理的基本路径

虽然受限于决策博弈的影响和国际合作机制的缺乏，当前伦理治理全球合作的统一协调存在较多阻碍，不过伦理治理的基本路径高度相似：生成式

---

[1]　"OECD AI Principles Overview," https：//oecd. ai/en/ai-principles.

[2]　"Demand for AI Skills in Jobs：Evidence from Online Job Postings," Demand for AI Skills in Jobs ｜ OECD.

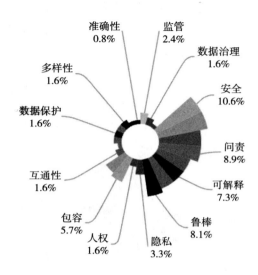

图5 OECD 人工智能伦理治理维度偏向

人工智能的泛用特征要求各方采纳相近的治理逻辑，而通用人工智能方兴未艾的发展现状与难以准确预测的发展前景，致使包括企业在内的利益攸关方以自律为核心关注安全，主动参与伦理治理实践。

1. 治理创新：寻求发展与安全兼顾的政策模式

发展人工智能，尽可能让人工智能应用赋能社会各界是多数国家的主要需求，而安全是各国与国际组织关心的首要治理目标，具体表现为坚守以人为本的伦理原则，有效管控人工智能的权责归属、隐私保护、偏见等伦理风险，适当监管人工智能的算力、算法与数据。近年，人工智能的迅速发展与变迁呼唤各方开展充分的治理创新，包括采纳鼓励符合伦理原则的技术发展策略以充实治理工具箱。

首先，以软法为核心的治理路径替代硬性立法。以伦理原则为代表的软法不易压制技术活力，能够较好地保护人工智能的产业发展，成为各国在当下推进人工智能伦理治理的普遍选择，各国通过行业自律公约、伦理规范、标准指南等软法程序实现治理目标也有更好的敏捷性，能够较快地实现应用和修订，以应对人工智能伦理风险快速扩散、难以追踪的特点。[①]

其次，以创新治理应用的方式开展伦理治理。由于生成式人工智能带来的伦理问题，过去的单一治理工具常常无法应对，需要不断探索标准化、算法审计与价值对齐等技术与非技术治理模式。比如，新加坡信息通信与媒体发展局开发人工智能核查（AI Verify）治理工具包，帮助组织通过标准化测试验证其人工智能系统的功能，确保它们符合国际认可的人工智能伦理原则。同时，新加坡政府支持隐私强化技术（PETs）的研究和开发，并在实践中推广。

2. 主动参与：探索自律与他律结合的安全策略

由于人工智能的发展迅速且不可预测，采用事后的技术评估治理人工智能往往为时已晚，以技术治理技术的尝试反倒可能引发更复杂的伦理问题。当前的人工智能发展阶段，研发者的自律，也就是负责任的研究和创新是安全策略的首要要求，各方普遍要求开发人员在采取高风险的行动之前（如将新型智能应用上线测试）必须主动准备好控制风险的相关措施。

为实现开发者自律，快速响应、透彻理解技术的相关机构监督开发人员是实现自律的必要前提。各国政府正认真对待跨国科技公司对伦理治理的参与性和主动性。比如，美国国会邀请 OpenAI 首席执行官与 IBM 首席隐私和信任官参与听证会以了解人工智能潜在风险，避免重蹈社交媒体监管失当的覆辙。[②] 中国发展具有特色的网络空间约谈制度以调和矛盾，坚持问题导向，确定权责主体，以监督企业履行主体责任。[③]

为探索更加清晰明确，涵盖更多参与方的安全策略，各方重视以流程开放、标准透明为治理的先导：英国政府要求组织在使用人工智能时提供清晰

① 张凌寒、于琳：《从传统治理到敏捷治理：生成式人工智能的治理范式革新》，《电子政务》2023 年第 9 期。

② 《像监管核武器一样监管 AI，OpenAI 高层发文探讨"超级智能"监管》，https://www.thepaper.cn/newsDetail_forward_23191922，2023 年 5 月 24 日。

③ 李佳伦、谢新洲：《互联网内容治理中的约谈制度评价》，《新闻爱好者》2020 年第 12 期。

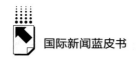
的相关信息，以增强公众信任。① 2023 年 8 月，我国发布的《网络安全标准实践指南——生成式人工智能服务内容标识方法》② 已具体到提供键值对格式的明确要求，确保服务提供者可遵循。

三 任重道远：迈向人工智能善治的漫长征程

世界各方的人工智能伦理治理规则体系正形成刚柔并济的治理模式，相关细节逐步完善，但展望未来，人工智能的能力出现革命性跃升的可能性难以预测，多重地缘政治挑战下，全球范围的人工智能治理实践仍然任重道远。未来，全球人工智能伦理治理仍然需要各国与国际组织努力超越自身治理角色，立足伦理治理的基本路径提高治理能力，推促人类社会形成发展与治理合力。

（一）增强治理能力以应对人类与智能体共存的未来社会

在促进发展与保障安全相互平衡的基本路径下，不断权衡、动态调整是可预期的未来人工智能伦理治理主旋律。但随着人工智能逐渐成为完备的智能体嵌入人类生活各方面，各国的人工智能伦理治理还将应对各类难以充分预期的挑战。

首先，当前被视为显而易见的治理主体、路径、场景间的关系并非绝对稳定的，人工智能不会在发展至与人同等的智能水平后自动停止，未来人工智能伦理治理必然需要考虑人工智能本身日益显著的能动性，治理对象也可能成为新的治理主体。

其次，随着人工智能融入社会生活各领域，社会治理的各维度逐渐

---

① GOV. UK, "AI Regulation: A Pro-innovation Approach," https://www.gov.uk/government/publications/ai-regulation-a-pro-innovation-approach, August 3, 2023.

② 全国信息安全标准化技术委员会秘书处：《关于发布〈网络安全标准实践指南——生成式人工智能服务内容标识方法〉的通知》，https://www.tc260.org.cn/front/postDetail.html?id=20230825190345，2023 年 8 月 25 日。

与人工智能治理议题重合，问题的复杂性提升。从影响的广度看，人工智能所影响的信息生态、交通通信与新型生物医学等伦理新议题将深度嵌入社会生活，部分"旧"问题将换上"新"颜，全新的议题涌现将引发复杂的治理挑战。

具体而言，当前技术创新引发的产业创新与组织创新方兴未艾，新的底层模型创新不可预知。人工智能仍然处于辅助人类工作的阶段，其独自应对复杂问题的能力较差，并且 Transformer 架构依赖算力和数据构建"护城河"，其投资热潮已经具有泡沫化的趋向。未来，注意力机制是否仍然作为人工智能发展的核心甚至"第一性原理"尚需检验，而当前小模型的运用与脑机接口等技术的突破性应用可能为人工智能伦理治理带来全新的问题情境。

因而，在伦理实践上，需要尽快提升伦理治理实效，伦理治理的走深细化更需要各方追踪潜在的人工智能核心技术突破，尤其关注研发者的自律水平。吸纳多方利益攸关者，以把握人工智能伦理的复杂情境，推促人工智能服务全社会的组织与制度设计。关注利用人工智能技术尝试数字永生等显著存在重大伦理风险的后生命技术，将此类存在极大争议的伦理议题从学术讨论落实至政策议程，维护以人为本的伦理治理核心原则。

（二）扩展合作机制以应对多元诉求相互竞争的伦理议题

与多数新技术一样，生成式人工智能正遵循技术周期的发展路径，一项技术的最初成功引发的科技泡沫可能会因为技术功能不及预期而破灭，后续随着技术迭代和各界的创新采纳，最后达到"生产力高原"[1]。在这一进程中，弥合各方的判断差异应始终立足于全球层面的有效合作。面对伦理治理的诉求，全球人工智能伦理治理需要运作良好的对话机制与相对稳定的国际环境，以平衡各方的主导诉求差异，增进对话与理解的同时，

---

① "Generative AI Hype is Ending – and Now the Technology Might Actually Become Useful," https://hashtag.net.au/the-conversation/92284-generative-ai-hype-is-ending-%E2%80%93-and-now-the-technology-might-actually-become-useful.

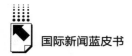
关注具有重大隐患但并不紧迫的伦理议题，比如部分组织以促进商业投资为目的，对人工智能创造经济效益的评估基于潜在的人力资本替代程度。并且，有必要避免价值相对主义，形成合力阻止单一国家或组织的话语基于自身政治经济利益无视以人为本为代表的基本伦理原则，维护人工智能良善发展。

对全球南方国家而言，决策资源缺乏、治理人才不足是阻碍其更广泛地参与人工智能伦理治理行动和促进人工智能良善发展的主要原因。根据联合国的数据统计，2023 年仍有超过 26 亿人无法使用互联网。[①] 伴随人工智能应用不断泛化，伦理治理的落实将与长期且系统性地弥合数字鸿沟进程并行。不过，虽然当前伦理治理的政策实践存在强者恒强的马太效应，但同时存在着多方参与的长尾效应，在发展人工智能中不占据充分优势的中小国家正根据本国国情制定人工智能的战略政策和法律法规，未来的伦理治理研究也需要关注全球南方国家提出的伦理方案，未来的全球合作有必要推动支持人工智能先发国家负责任的开放创新和伦理治理领域的知识共享和开源，[②] 吸纳全球南方国家的治理诉求，共创全球人工智能"善治"的共同愿景。

参考文献

陈小平：《人工智能伦理体系：基础架构与关键问题》，《智能系统学报》2019 年第4 期。

樊春良、吴逸菲：《人工智能伦理治理的三维分析框架：核心要素、创新过程与主体责任》，《自然辩证法研究》2023 年第 10 期。

许洁、肖谦：《学术出版中的人工智能应用伦理治理框架与措施——基于 49 项国际

---

① UN, "Final Report-Governing AI for Humanity," https：//www.un.org/en/ai－advisory－body，October 26, 2023.

② World Economic Forum, "The Presidio Recommendations on Responsible Generative AI," In *Collaboration with AI Commons*，June 2023.

出版政策的扎根研究》,《编辑之友》2024 年第 8 期。

朱明婷、徐崇利:《数据伦理全球治理初探:现状、问题与对策——以各类文件为样本分析》,《海南大学学报》(人文社会科学版)2024 年 6 月 20 日。

Djeffal, C., Siewert, M. B., & Wurster, S., "Role of the State and Responsibility in Governing Artificial Intelligence: A Comparative Analysis of AI Strategies," *Journal of European Public Policy*, 2022, 29 (11).

B.9
全球人工智能治理进展报告
（2023~2024）

唐巧盈*

摘　要： 自1956年达特茅斯会议首次提出人工智能的概念以来，人工智能在理论、技术与应用方面取得了重要突破。特别是随着ChatGPT等生成式人工智能快速发展，人工智能正在成为新一轮科技革命和产业变革的重要驱动力量。同时，这一技术带来了算法、数据、内容、伦理等各类风险挑战，引发国际社会加快推进治理进程。主要国家和地区层面，美国鼓励创新发展，意在维持人工智能领导地位；中国统筹发展与安全，不断完善人工智能治理体系；欧盟出台人工智能统一立法，抢占全球治理规则主导权；英国开展软性监管，试图扮演人工智能治理新角色。多边/多方平台层面，联合国推进构建人工智能治理机构和机制，经济合作与发展组织为人工智能治理提供指导原则，二十国集团深化《G20人工智能原则》，七国集团发起和推动"广岛人工智能进程"，重要会议/论坛促成全球人工智能治理共识形成规范。技术社群和科技企业层面，技术社群加快制定人工智能国际标准和伦理规范，科技企业推动人工智能治理原则落地。

关键词： 人工智能　安全风险　全球治理　治理机制

　　人工智能的起源几乎与电子计算机技术发展同步。早在20世纪40年代，随着第一台电子计算机的出现，科学家们开始思考是否可以创造出能够

---

* 唐巧盈，上海社会科学院新闻研究所助理研究员，主要研究方向为网络空间国际治理、数据治理。

模仿人类思维过程的机器。1950 年，被誉为"人工智能之父"的阿兰·麦席森·图灵（Alan Mathison Turing）提出了图灵测试，这是一种用于评估机器智能的方法，并且预见了智能机器的出现及其评判标准。[①] 1956 年，约翰·麦卡锡（John McCarthy）、马文·明斯基（Marvin Minsky）、克劳德·香农（Claude Shannon）等人在达特茅斯会议上首次确定了"人工智能"术语的概念。

此后的 60 多年，人工智能在数次起伏发展中获得了理论、技术与应用方面的重要突破。其中，标志性的三大事件分别为深蓝超级计算机战胜国际象棋世界冠军（1997 年）、AlphaGo 战胜围棋世界冠军（2016 年）、ChatGPT 问世风靡全球（2022 年）。特别是随着 ChatGPT 等生成式人工智能快速发展，人工智能技术不断往通用人工智能方向跃迁，正在成为新一轮科技革命和产业变革的重要驱动力量。然而，人工智能也带来了个体层面（如健康和隐私问题）、群体层面（如数字鸿沟和社会公平问题）、社会层面（如虚假信息和政治选举问题）、经济层面（如技术依赖和资源分配问题）、生态系统层面（如关键基础设施安全和环境压力）、价值观和规范层面（如伦理道德和文化价值问题）[②] 等各类安全风险。

人工智能给人类社会带来的广泛而深刻的影响，不仅引起了国际社会对技术本身的关注，也推动了全球人工智能治理进程变迁，即国家、市场和技术社群行为体为实现人工智能在全球的安全发展与和平利用，而加快制定实施一系列原则、规范和制度。[③] 在此背景下，本报告以治理主体相关行动为研究对象，梳理 2023 年以来[④]主要大国、国际组织、技术社群、科技企业等行为体在人工智能治理领域的重要进展，以期分析全球人工智能治理现状、研判未来发展趋势。

---

① 腾讯安全管理部、赛博研究院：《人工智能赋能网络空间安全：模式与实践》，2018 年 9 月。
② 该风险分类参考联合国人工智能高级别咨询机构在 2023 年 12 月发布的《临时报告：为人类治理人工智能》。
③ 鲁传颖：《全球人工智能治理的目标、挑战与中国方案》，《当代世界》2024 年第 5 期。
④ 具体时间为 2023 年 1 月至 2024 年 6 月。

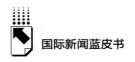

一　主要国家和地区的做法

近年来，人工智能技术影响大国力量平衡，日益成为大国竞相追逐的目标。根据统计，全球已有 69 个国家和地区制定多部人工智能相关政策，涵盖隐私保护、数据监管、伦理规范及人工智能治理等广泛主题，反映了各国和地区对人工智能技术发展的重视以及对其潜在风险的管理需求。① 其中，美国、中国、欧盟、英国等形成了各具鲜明特点的治理方案。

（一）美国：鼓励创新发展，意在维持人工智能领导地位

人工智能发展和治理是美国拜登政府的一个重要政策议题。2023 年以来，拜登政府通过加强国内监管、对外竞争和国际合作三个层面完善美国人工智能治理框架。总体来看，美国注重审慎监管，加强创新与软性治理，通过市场行业自律等方式实现多方协同共治，但在涉国家安全等领域采取强制监管。

在人工智能监管方面，美国围绕行政命令和立法提出一系列治理措施。白宫层面，拜登政府于 2023 年 10 月发布《关于安全、可靠、值得信赖地发展和使用人工智能的行政命令》，在安全标准、人才引进和技术研发等方面提出一系列指导原则，同时援引《国防生产法》，对所有可能对"国家安全、国家经济安全或国家公共健康和安全"构成风险的主要人工智能模型开展监管。② 立法层面，国会已围绕人工智能技术提出一系列有关政治选举、人脸识别、社交媒体监控、算法偏见、大模型透明度等的立法草案。仅 2023 年，美国参众两院共召开超过 30 场人工智能相关听证会。标准建设层

---

① 赛博研究院：《全球人工智能监管框架洞察与合规指引》，安全内参网，https：//www. secrss.com/articles/66753，2024 年 6 月 4 日。

② "Executive Order on the Safe, Secure, and Trustworthy Development and Use of Artificial Intelligence," Official Website of the White House, Oct. 30, 2023, https：//www.whitehouse. gov/briefing-room/presidential-actions/2023/10/30/executive-order-on-the-safe-secure-and-trustworthy-development-and-use-of-artificial-intelligence/.

面，美国国家标准与技术研究院（NIST）积极推进隐私保护、安全性、可信度等相关标准。2023 年 1 月，NIST 公布《人工智能风险管理框架 1.0》，指导组织机构在开发和部署人工智能系统时降低安全风险，提高人工智能可信度，保护公民的公平自由权利。

在对外竞争方面，美国不断填补其政策漏洞，优化制裁措施，继续利用其技术优势打压中国，试图遏制中国人工智能产业发展。如 2023 年 8 月，拜登签署行政令授权美国财政部监管美国企业在人工智能等敏感技术领域的对华投资。2023 年 10 月，美国商务部公布对华半导体出口管制的最新规则，停止向中国出口由英伟达等公司设计的先进人工智能芯片，以在硬件层面遏制中国人工智能产业发展。拜登的人工智能行政令则进一步强调了美国 IaaS 服务商的"最终用户信息通报"要求，未来或限制"云算力"租赁使用。

在国际合作层面，美国先后与多国发布联合声明，提升国际领导力。人工智能行政令提出，美国国务卿将与总统助理合作，加大美国在人工智能领域的国际合作力度，以促进盟友和合作伙伴对美国人工智能治理政策的理解与支持。2023 年 11 月，美国国务院与澳大利亚、英国、加拿大、芬兰、法国、德国、日本、荷兰、新加坡和韩国等 45 国共同启动实施《关于负责任地军事使用人工智能和自主技术的政治宣言》，以指导负责任地开发和使用人工智能和自主军事应用。同月，中美元首在美国旧金山会晤，同意建立人工智能政府间对话机制，拜登在会后新闻发布会上提到双方将召集专家讨论与人工智能相关的风险和安全问题。

（二）中国：统筹发展与安全，不断完善人工智能治理体系

中国统筹人工智能发展与安全，高度重视技术和产业发展，并以"小快灵"的立法路径，逐渐构建从法律、部门规章到技术标准的完善的监管体系①，加强开放合作，积极推进全球人工智能治理。

---

① 中国信息通信研究院：《全球数字治理白皮书（2023 年）》，2023 年 12 月。

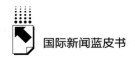

在技术和产业发展方面，2023 年以来，中国发布了一系列政府文件，涉及人工智能顶层设计、人工智能基础设施建设、人工智能场景应用、人工智能产业和智能经济发展、标准建设等方面。在国家层面，党的二十届三中全会提出完善推动新一代信息技术、人工智能等战略性产业发展政策和治理体系，引导新兴产业健康有序发展。① 工业和信息化部、中央网信办、发展改革委、国家标准委等四部门联合发布《国家人工智能产业综合标准化体系建设指南（2024 版）》，从基础共性标准、基础支撑标准、关键技术标准、智能产品与服务标准、赋能新型工业化标准、行业应用标准、安全/治理标准等方面明确标准化体系建设的重点方向。② 在地方层面，北京、上海、深圳、广东等地相继出台文件，推动人工智能芯片、大模型、新技术产品等发展。

在人工智能治理方面，《国务院 2023 年度立法工作计划》提出，人工智能法草案等预备提请全国人大常委会审议，加快中国人工智能立法进程。在分散立法上，国家互联网信息办公室等七部门在 2023 年 7 月联合发布《生成式人工智能服务管理暂行办法》，以服务提供者为治理主体，提出安全评估、算法备案、内容标识等要求。2023 年 10 月发布的《科技伦理审查办法（试行）》则将人机融合系统、算法模型、自动化决策系统研发共三项与人工智能密切相关的活动纳入"伦理审查复核的科技活动清单"。此外，中国还推出《针对内容安全的人工智能数据标注指南》《生成式人工智能服务安全基本要求》等技术标准，服务产业健康发展。③

在国际合作方面，2023 年 8 月，习近平主席在金砖国家领导人第十五次会晤上指出，"金砖国家已经同意尽快启动人工智能研究组工作"，并强调"要充分发挥研究组作用，进一步拓展人工智能合作，加强信息交流和技术合作，共同做好风险防范，形成具有广泛共识的人工智能治

① 《中共中央关于进一步全面深化改革 推进中国式现代化的决定》，中国政府网，https://www.gov.cn/zhengce/202407/content_6963770.htm，2024 年 7 月 21 日。
② 《四部门发文提出：我国人工智能产业将新制定 50 项以上国家标准和行业标准》，中国政府网，https://www.gov.cn/lianbo/bumen/202407/content_6960709.htm，2024 年 7 月 2 日。
③ 中国信息通信研究院：《全球数字治理白皮书（2023 年）》，2023 年 12 月。

理框架和标准规范，不断提升人工智能技术的安全性、可靠性、可控性、公平性"。① 2023 年 10 月，国家主席习近平在第三届"一带一路"国际合作高峰论坛开幕式主旨演讲上提出《全球人工智能治理倡议》。该倡议围绕人工智能发展、安全、治理三个方面系统阐述了人工智能治理中国方案。中美方面，2023 年 11 月中美元首会晤期间，中国和美国同意建立人工智能政府间对话机制，并建立人工智能风险和安全问题的专家磋商机制。2024 年 5 月，中美人工智能政府间对话首次会议围绕人工智能科技风险、全球治理、各自关切的其他问题深入交换了意见。② 中欧方面，2023 年 9 月，在第二次中欧数字领域高层对话中，中欧双方围绕包括人工智能在内的众多议题展开深入讨论，愿共同促进营造开放、包容、公平、公正、非歧视的数字经济发展环境，为推动全球数字化转型和经济恢复发展贡献力量。③ 此外，中国与俄罗斯、沙特阿拉伯、东盟等国家和地区深化了人工智能技术和产业合作。

（三）欧盟：出台人工智能统一立法，抢占全球治理规则主导权

近年来，欧盟提出数字主权，其人工智能战略的支柱之一为"建立与人工智能发展和应用相适应的法律和伦理框架"。其中，最具代表性的事件是欧盟大力推进人工智能统一立法，于 2024 年正式出台《人工智能法案》④，以确保人工智能设计、部署和使用符合欧盟的价值观和利益。

第一，采取基于风险的分级治理思路，推进人工智能安全治理。欧盟基

---

① 《习近平在金砖国家领导人第十五次会晤上的讲话（全文）》，新华网，http：//www.news.cn/politics/leaders/2023-08/23/c_1129819257.htm，2023 年 8 月 23 日。

② 《中美举行人工智能政府间对话首次会议》，观察者网，https：//www.guancha.cn/internation/2024_05_15_734807.shtml？s=zwyxgtjbt，2024 年 5 月 15 日。

③ 《第二次中欧数字领域高层对话举行》，人民网，http：//world.people.com.cn/n1/2023/0919/c1002-40080439.html，2023 年 9 月 19 日。

④ "Laying down Harmonised Rules on Artificial Intelligence and Amending Regulations（EC）No 300/2008，（EU）No 167/2013，（EU）No 168/2013，（EU）2018/858，（EU）2018/1139 and（EU）2019/2144 and Directives 2014/90/EU，（EU）2016/797 and（EU）2020/1828（Artificial Intelligence Act），" Official Website of the European Union，Jun. 13，2024，https：//eur-lex.europa.eu/legal-content/EN/TXT/？uri=OJ%3AL_202401689.

于不可接受的风险、高风险、有限风险、最小风险或无风险，将人工智能系统划分为禁止的人工智能行为、高风险应用、需承担透明度义务的系统以及风险最小或无风险的系统。例如，被确定为高风险的人工智能系统包括：①关键基础设施（如交通），可能危及公民的生命和健康；②教育或职业培训，可能会决定一个人的受教育机会和职业生涯（如考试评分）；③产品的安全部件（如机器人辅助手术中的人工智能应用）；④就业、工人管理和自营职业（如招聘程序中的简历排序软件）；⑤基本的私人和公共服务（如信用评分剥夺了公民获得贷款的机会）；⑥可能干涉人们基本权利的执法（如评估证据的可靠性）；⑦移民、庇护和边境控制管理（如自动审查签证申请）；⑧司法和民主进程（如搜索法院裁决的人工智能解决方案）。①

第二，提出针对高风险人工智能系统的监管要求，明确相关主体责任。一方面，《人工智能法案》对高风险人工智能系统提出风险管理制度和数据治理、技术文件、记录保存、透明度、人为监督、准确性和稳健性、网络安全性等七个方面的要求。② 另一方面，该法案划分了人工智能系统提供者（providers）、部署者（deployer）、进口商（importer）和分销商（distributor）等角色，并规定了不同的合规义务。

第三，创新人工智能沙盒监管，支持中小企业等创新发展。《人工智能法案》规定，欧盟成员国应建立至少一个人工智能监管沙盒，使得创新企业能够在人工智能技术投入市场应用之前，在内部小范围地进行开发、测试和应用，为企业提供良好的创新环境。③ 同时，欧盟还对科研活动、免费和开源人工智能进行适当监管豁免，以促进人工智能创新发展。

（四）英国：开展软性监管，试图扮演人工智能治理新角色

2023 年以来，英国通过推进监管创新、积极在联合国层面发声、加强

---

① "AI Act," Official Website of the European Union, Jun. 13, 2024, https：//digital-strategy. ec. europa. eu/en/policies/regulatory-framework-ai.

② 于智精、Enrique Capdevila：《欧盟〈人工智能法案〉简析》，《中国信息安全》2024 年第 4 期。

③ 唐巧盈：《欧盟人工智能监管特点及其对上海的启示》，《中国信息化》2024 年第 10 期。

与盟友的双多边合作等方式，试图在中美欧之外扮演人工智能治理领导者的新角色。

一方面，采取"支持创新"的监管方式。例如，2023 年 3 月，英国政府发布《支持创新的人工智能监管方式》白皮书，提出在人工智能领域建立路径清晰灵活、友好创新以及具有前瞻性的监管模式。这一模式是以发展人工智能技术为导向，在技术发展早期适当放松监管，促进产业发展和行业投资。值得注意的是，这份文件表示英国正在寻求避免所谓的"严厉立法"，并呼吁现有监管机构适用现行法律规范而非制定新法。① 具体地，英国政府将重点放在为人工智能的发展和使用设定预期上，同时授权英国信息专员办公室（ICO）、英国金融行为监管局（FCA）和英国竞争与市场管理局（CMA）等现有监管机构在其职权范围内发布指导意见并监管人工智能的使用。2023 年 8 月，英国议会发布《人工智能治理：中期报告》，原则上同意英国政府提出的"支持创新"的人工智能监管模式，并强调英国迫切需要一个强有力、透明的人工智能治理框架。

另一方面，积极开展人工智能治理国际合作。2023 年 6 月，美国和英国联合发布《二十一世纪美英经济伙伴关系大西洋宣言》，提出要确保安全和负责任地发展人工智能技术，共同支持联合国、七国集团、经合组织、全球人工智能伙伴关系（GPAI）、欧洲委员会、国际标准化组织等层面的人工智能治理进程。在 2023 年 7 月英国担任联合国安理会轮值主席国期间，英国将举行联合国安理会层面首次人工智能辩论会议作为其工作重点。在会上，英国提出开放性、负责任、安全、抗冲击等人工智能治理四项原则，同时倡导制定一个全球治理框架。2023 年 11 月，由英国发起的首届全球人工智能安全峰会在英国布莱切利庄园拉开帷幕，并通过了《布莱切利宣言》。

---

① "A Pro-innovation Approach to AI Regulation," Official Website of the UK Government, Mar. 29, 2023, https：//www.gov.uk/government/publications/ai－regulation－a－pro－innovation－approach/white-paper.

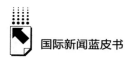

二 多边/多方平台的进程

人工智能多边/多方平台是全球人工智能治理进程的重要推动者。2023年以来，联合国、经济合作与发展组织、七国集团、全球人工智能安全峰会、世界经济论坛、世界互联网大会等平台以及各类技术社群在人工智能治理的原则、伦理规范、标准实践等方面取得了重大进展。

（一）联合国：推进构建人工智能治理机构和机制

联合国在全球人工智能治理中扮演着重要角色，如国际电信联盟（ITU）举办的人工智能向善全球峰会已成为全球人工智能领域交流对话的重要平台，联合国教科文组织则在2021年通过全球首份《人工智能伦理问题建议书》。2023年以来，联合国在人工智能治理领域的相关举措加速推进。

在机构设置上，2023年10月，联合国秘书长古特雷斯宣布成立一个由39名成员组成的人工智能咨询机构，为国际社会加强人工智能治理提供支持。2023年12月，该机构发布《为人类治理人工智能》临时报告，明确了人工智能治理应涵盖的几项职能，其中包括定期评估人工智能的状况与发展轨迹，协调标准、安全和风险管理框架，促进国际多方合作以增强全球南方的能力，监测风险和协调应急响应，以及制定具有约束力的问责规范。[1]

在标准制定上，2023年以来，ITU-T SG13、SG16等工作组推出相关人工智能标准，如《基于人工智能的多媒体知识图谱数据库结构构建要求》《人工智能/基于机器学习的软件作为医疗设备的质量评估要求》《人工智能云平台技术规范：数据标注》等，推进各方在人工智能数据使用、技术应用等领域共同制定人工智能治理的国际标准和最佳实践。

---

[1] "Interim Report：Governing AI for Humanity，" Official Website of UN，Oct. 26，2023，https：//www.un.org/zh/ai-advisory-body.

在推进合作上，2024 年联合国大会通过了由中国、美国分别牵头提出的"加强人工智能能力建设国际合作"决议、"抓住安全、可靠和值得信赖的人工智能系统带来的机遇，促进可持续发展"决议。其中，"抓住安全、可靠和值得信赖的人工智能系统带来的机遇，促进可持续发展"决议强调，要确保非军事领域的人工智能系统在整个生命周期内尊重、保护和增进人权，避免对人权构成过度风险，并敦促国际社会努力弥合各国间及国家内部在人工智能和其他数字技术方面的鸿沟，协助发展中国家公平获取相关技术和惠益。"加强人工智能能力建设国际合作"决议，鼓励通过国际合作和实际行动帮助各国特别是发展中国家加强人工智能能力建设，增强发展中国家在人工智能全球治理中的代表性和发言权，倡导开放、公平、非歧视的商业环境，支持联合国在国际合作中发挥中心作用，实现人工智能包容普惠可持续发展，助力推进联合国 2030 年可持续发展议程。[①]

（二）经济合作与发展组织：为人工智能治理提供指导原则

随着人工智能在全球经贸领域的影响力越发显著，经济合作与发展组织（OECD）作为经贸领域的主要治理主体，加快参与全球人工智能治理。

一是更新人工智能原则。OECD 于 2019 年通过的《关于人工智能的建议》，提出五项基本原则以及五项公共政策和国际合作建议，成为全球首部关于人工智能的政府间政策指导方针。[②] 2023 年 11 月，OECD 对该建议书进行修订，更新了"人工智能系统"的定义，以反映生成式人工智能方面的技术发展情况。2024 年 5 月，OECD 进一步更新了文件中有关技术和政策发展部分，以促进其进一步实施。[③] 其中，文件中关于人工智能系统及其生

[①] 《联大通过中国提出的加强人工智能能力建设国际合作决议》，中国政府网，https://www.gov.cn/yaowen/liebiao/202407/content_6960524.htm，2024 年 7 月 2 日。

[②] "Recommendation of the Council on Artificial Intelligence," Official Website of OECD, May 22, 2019, https://legalinstruments.oecd.org/en/instruments/oecd-legal-0449.

[③] "Recommendation of the Council on Artificial Intelligence," Official Website of OECD, May 3, 2024, https://legalinstruments.oecd.org/fr/instruments/oecd-legal-0449.

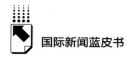

命周期的定义已被欧盟、日本和美国等政府采纳使用。①

二是发布人工智能监管建议。2023 年 7 月，OECD 发布《人工智能监管沙盒》报告，其立足于金融科技沙盒的经验，概述了人工智能沙盒面临的挑战以及解决方案，包括推动监管机构之间的多学科及多利益相关方合作；发展监管机构内的人工智能专业知识；促进人工智能国际治理互操作；推动拉齐综合资格和测试标准；评估对于创新、竞争的影响；探索与其他机制的合作。② 2023 年 9 月发布的《生成式人工智能的初步政策考虑》报告，则介绍了当前生成式人工智能的发展情况、未来趋势，以及政策制定者应关注的问题，并对生成式人工智能带来的风险挑战及风险缓解措施进行分析。③ 2023 年 11 月，OECD 发布《促进人工智能风险管理互操作性的通用指南》，分析了人工智能风险管理框架的共性，旨在促进针对人工智能风险和问责机制达成共识，最终目标是推动经合组织人工智能原则和负责任的商业准则指导在人工智能领域的实施。④

（三）二十国集团：深化《G20人工智能原则》

二十国集团（G20）是世界经济的宏观协调机制，人工智能作为数字经济和传统产业数字化领域的重要引擎，近年来频繁出现在二十国集团各大会议和文件的议程中。其中，2019 年 6 月发布的《G20 人工智能原则》提出"负责任地管理可信赖人工智能的原则"和"实现可信赖人工智能的国家政

---

① "OECD Updates AI Principles to Stay Abreast of Rapid Technological Developments," Official Website of OECD, May 3, 2024, https://www.oecd.org/en/about/news/press-releases/2024/05/oecd-updates-ai-principles-to-stay-abreast-of-rapid-technological-developments.html.

② "Regulatory Sandboxes in Artificial Intelligence," Official Website of OECD, Jun. 13, 2023, https://www.oecd-ilibrary.org/science-and-technology/regulatory-sandboxes-in-artificial-intelligence_8f80a0e6-en.

③ "Initial Policy Considerations for Generative Artificial Intelligence," Official Website of OECD, Sep. 18, 2023, https://www.oecd-ilibrary.org/docserver/fae2d1e6-en.pdf? expires = 1705571855&id=id&accname=guest&checksum=CD0B4BDC4CE096B935F05CA440A96946.

④ "Common Guideposts to Promote Interoperability in AI Risk Management," Official Website of OECD, Nov. 7, 2023, https://www.oecd-ilibrary.org/docserver/ba602d18-en.pdf? expires = 1705570306&id=id&accname=guest&checksum=8BC6F270031C97CBCFF69462DB506880.

策和国际合作"。此后，这一原则在历届 G20 峰会上被重申。

2023 年 9 月，在印度新德里 G20 峰会上，通过《二十国集团领导人新德里峰会宣言》。该宣言第 61 条"负责任地利用人工智能以服务全人类"指出：G20 致力于利用人工智能服务于公共利益，以负责任、包容和以人为本的方式解决挑战，同时保护人们的权利和安全。为了实现负责任的人工智能的开发、部署和使用，必须处理一系列问题，包括人权保护、透明度、可解释性、公平性、问责制、监管、安全、适当的人类监督、道德、偏见、隐私和数据保护等。G20 将进一步推动国际合作，探讨人工智能国际治理相关事宜。为此，G20 将重申对《G20 人工智能原则》的承诺，并积极分享关于如何利用人工智能支持数字经济解决方案的方法信息；采取支持创新的监管/治理方法，在使收益最大化的同时，控制人工智能风险；通过负责任的人工智能推动实现可持续发展目标。[1]

（四）七国集团：发起和推动"广岛人工智能进程"

七国集团（G7）每年峰会的首脑会晤和各部长会议就当下各国关心的全球治理议题进行磋商，人工智能由于极强的社会赋能性和风险性，近年来也被纳入 G7 的讨论议程。G7 已发布《人工智能未来的共同愿景》（2018年）、《开放、自由和安全的数字化转型的比亚里茨战略》（2019 年）等政策文件，并推动成立了全球人工智能伙伴关系（GPAI）。2023 年以来，G7启动"广岛人工智能进程"（Hiroshima AI process），旨在促进安全、可靠、值得信赖的人工智能发展。

2023 年 4 月，G7 数字和技术部长会议推出《促进值得信赖的人工智能工具之间的全球互操作性的行动计划》。[2] 2023 年 5 月，《G7 广岛峰会领导

---

① "G20 New Delhi Leaders' Declaration," Official Website of G20, Sep. 10, 2023, https：//japan. kantei. go. jp/content/000134241. pdf.

② "G7 Action Plan for Promoting Global Interoperability between Tools for Trustworthy AI," Official Website of G7, Apr. 30, 2023, https：//www. meti. go. jp/press/2023/04/20230430001/20230430001-ANNEX5. pdf.

人公报》提出了七国集团人工智能治理的优先事项，包括通过多利益相关方发展人工智能技术标准，增强人工智能治理框架的互操作性，确定生成式人工智能的机遇与挑战，支持相关计算技术的研发，推动负责任的人工智能的发展。同时，该公报提出 G7 将与 OECD、GPAI，建立"广岛人工智能进程"，讨论与生成式人工智能相关的知识产权、虚假信息、信息操纵、透明度，以及技术的负责任采用等问题。①

2023 年 10 月，G7 发布《G7 领导人关于广岛人工智能进程的声明》，强调基础模型和生成式人工智能的变革潜力，同时关注风险管理的重要性，提出要实施包容性的人工智能治理。基于联合声明，G7 同日发布《广岛进程先进人工智能系统开发组织国际指导原则》和《广岛进程先进人工智能系统开发组织国际行为准则》②，提出在系统发展全生命周期采取外部测试等防护措施、监测并缓解系统部署后滥用情况、发布透明度报告、开展信息共享、披露相关治理政策等建议，旨在在全球范围内促进安全、可靠和值得信赖的人工智能发展，并致力于为开发和采用最先进人工智能系统（基础模型和生成式人工智能系统）的组织提供指导。这两份清单作为动态文件，以现有的经合组织人工智能原则为基础，回应了先进人工智能系统的最新发展，适用于所有人工智能参与者以及先进人工智能系统的设计、开发、部署和使用，旨在帮助获得这些技术带来的益处并应对其带来的风险和挑战。

（五）重要会议/论坛：促成全球人工智能治理共识形成规范

近年来，一些重要会议和论坛，如全球人工智能安全峰会、世界经济论坛、世界互联网大会、世界人工智能大会，也在探索形成全球人工智能治理共识。

---

① "G7 Hiroshima Leaders' Communiqué," Official Website of the Japanese Government, May 20, 2023, https：//www.mofa.go.jp/ms/g7hs_s/page1e_000666.html.

② "G7 Leaders' Statement on the Hiroshima AI Process," Official Website of the White House, Oct. 30, 2023, https：//www.whitehouse.gov/briefing-room/statements-releases/2023/10/30/g7-leaders-statement-on-the-hiroshima-ai-process/.

2023 年 6 月，世界经济论坛成立人工智能治理联盟（AIGA）。该联盟由"安全系统和技术""负责任应用与转型""弹性治理和监管"三个核心工作组构成，旨在加速制定生成式人工智能的道德准则和治理框架，以促进生成式人工智能技术的负责任和包容性的全球开发与部署。2023 年 11 月，AIGA 举行首届人工智能治理峰会，并于 2024 年 1 月发布系列简报，为技术加速转型的时代背景下引领人工智能"负责任的转型"提供重要参考。

2023 年 8 月，世界互联网大会成立人工智能工作组，旨在促进人工智能发展与治理协同共进，并于 2023 年 11 月发布《发展负责任的生成式人工智能研究报告及共识文件》。该文件提出具有可操作性的共识意见，包括明晰归责体系、构建追溯机制、探索治理沙盒等创新友好型治理体系。

2023 年 11 月，来自中国等 28 个国家和欧盟的政府代表共同在全球人工智能安全峰会签署《布莱切利宣言》，达成首个人工智能安全国际性声明。2024 年的人工智能首尔峰会则通过三份文件：分别为由 16 家顶尖人工智能科技公司签署的《前沿人工智能安全承诺》、由领导人会议发布的《关于安全、创新和包容性人工智能的首尔宣言》、由部长级会议签署的《首尔人工智能安全科学国际合作意向声明》[①]，呼吁增强治理框架的互操作性，支持启动首个国际人工智能安全研究所网络。

三 技术社群和科技企业的实践

（一）技术社群：加快人工智能国际标准和伦理规范制定

技术社群在技术标准、伦理规范等领域积极推动发展负责任的人工智能。电气电子工程师协会（IEEE）、国际标准化组织（ISO）和国际电工委员会（IEC）、第三代合作伙伴计划（3GPP）等组织发布人工智能前沿技术

---

① 《美国观察 | 首尔峰会之后：全球 AI 安全治理的现状、权力与路线之争》，复旦发展研究院网站，https://fddi.fudan.edu.cn/_t2515/6c/53/c21253a683091/page.htm，2024 年 6 月 17 日。

标准、人工智能设计的伦理准则、人工智能系统管理指南等，引领人工智能数据、算法、应用等领域的标准化发展。

例如，IEEE 相继推出《人工智能操作界面标准》（2023 年）、《基于人工智能的医疗器械性能和安全评估标准：术语》（2023 年）、《批准的可解释人工智能架构框架指南草案》（2024 年）、《使用机器学习的自然语言处理服务稳健性评估测试方法标准》（2024 年）、《负责任的人工智能许可标准草案》（2024 年）、《采用人工智能移动图像、音频和数据编码技术规范联网自动驾驶车辆架构 V1》（2024 年）等文件，主要关注负责任的人工智能架构以及人工智能在自动驾驶、医疗等领域的应用标准等议题。

（二）科技企业：推动人工智能治理原则产业落地

近年来，大型科技企业凭借技术、产业和市场等优势在全球人工智能治理中发挥着重要而独特的作用。

理念原则层面，IBM、微软、谷歌、百度、腾讯、阿里巴巴、商汤、360 等科技企业已推出企业人工智能原则，包括对社会有益、安全、保护隐私、公平、透明、可解释、可控、负责任等。[①] 此外，一些新兴的理念也为部分科技公司所倡导。例如，2024 年 1 月，英伟达提出"主权人工智能"概念，强调"每个国家都需要拥有自己的人工智能基础设施，以便在保护自己文化的同时利用经济潜力"，并迅速得到甲骨文、IBM 等产业界的响应。

组织机构层面，IBM、微软、谷歌、商汤、阿里巴巴、旷视等公司此前设立了内部伦理委员会。此外，IBM、Meta 于 2023 年牵头成立人工智能联盟，汇集包括行业参与者、学术机构、初创企业和政府机构在内的各种利益相关者，为人工智能发展中的开放式创新和科学诚信营造了有利环境。该组织主张对人工智能开发采取"开放科学"的方法，其计划：①部署基准测

---

① 世界互联网大会人工智能工作组：《发展负责任的生成式人工智能研究报告及共识文件》，2023 年 11 月。

试、工具和其他资源；②负责任地推进具有不同模式的开放式基础模型的生态系统；③培育一个充满活力的人工智能硬件加速器生态系统；④支持全球人工智能技能建设、教育和探索性研究；⑤开发教育内容和资源；⑥发起倡议，鼓励以安全、有益的方式开放人工智能的开发，并举办探索人工智能案例的活动。①

实践举措层面，科技企业在提升人工智能系统的安全性和稳健性、保护数据隐私、提升透明度、提高可解释性、保障公平包容、确保价值对齐、内容安全审核等方面提供了解决方案。例如，OpenAI 在 2024 年宣布成立安全与安保委员会，并承诺将 20% 的计算资源用于安全研究；腾讯云在 2023 年牵头发布首个金融行业大模型标准，为金融行业智能化的高质量规范化发展提供重要支撑；蚂蚁金服推出"蚁天鉴"产品，兼具大模型安全测评和防御功能，在金融、政务、医疗等重要领域得到应用，为行业大模型数据、训练、部署、应用等环节提供安全保障。

四　总结和展望

分析 2023 年以来全球主要行为体的人工智能治理动向，可发现以下特点。

第一，全球人工智能治理取得重要进展，但仍然处于治理"碎片化"的状态。近年来，主要国家、国际组织、技术社群、科技企业等多元主体提出了多元的治理方案，特别是随着 ChatGPT 等生成式人工智能的快速发展，全球人工智能治理进程进入快车道，在人工智能治理原则、技术标准、伦理规范方面达成了较为一致的意见。同时，在治理手段上，全生命周期监管、基于风险的分级分类治理逐步成为共识。然而，全球对于谁来主导以及如何落地这些规则存在争议。多数进程仍然难以在具体的议程领域取得突破性进

---

① 《Meta、IBM 联合 50 余家组织成立人工智能联盟，强调开放式创新》，上海市人工智能与社会发展研究会微信公众号，https://mp.weixin.qq.com/s/NQ-GZw0wYXCBwwrAMK6Fhg，2023 年 12 月 7 日。

展，遑论设立明确的、具有约束力的标准框架或行动指南。① 未来，全球范围内是否能够形成正式的治理机构或者强制性规范，还有待进一步观察。

第二，国家行为体提出了多种治理方案，在全球人工智能治理中越发占据主导地位。当前，全球主要国家和地区在治理原则、理念和议题上达成了一定的共识，但基于不同的政治文化背景、产业发展情况、目标诉求等提出了各自的治理方案，积极抢占人工智能规则制定的话语权。一是以欧盟为代表的"全面且基于硬法"的监管，即自上而下划定监管红线，规范产业发展；二是"鼓励创新且基于软法"的分散式治理，如美国、日本、英国等；三是以中国为代表的针对特定行业立法，统筹发展与安全、平衡促进与规制。与此同时，与各国政府针对早期互联网治理的观点不同，面对仍在初期阶段快速发展中的人工智能技术，绝大多数国家和政府均开始采取措施应对已有挑战或潜在风险。因此，无论是本国监管模式的推进，还是政府间组织的相关合作，国家行为体在人工智能治理中扮演着主要角色。

第三，南北方议题关注分散，广大发展中国家的治理话语权较弱。当前，在全球人工智能治理领域存在着明显的数字鸿沟，广大发展中国家出于技术和政治的多重原因，在人工智能治理领域明显失语。其内在诉求无法得到有效表达，往往只能被动接受发达国家制定的各种标准，很难深度分享人工智能发展的红利。② 然而，发达国家政府更加关注军事、民主、安全等议题，肯尼亚、埃及等发展中国家关心的发展问题、能力建设等议题没有得到足够的关注。此外，受制于地缘政治因素，美国加快双边合作以及在 G7、OECD、GPAI 等层面的多边合作，在国际社会上不仅倡导并推广其价值观及标准，也极力打压竞争对手的发展，打造人工智能治理"小圈子"，加剧全球人工智能治理泛安全化趋势。

第四，人工智能治理的最终落点在产业界，但可能与以国家为中心的治理模式产生冲突。一方面，由于人工智能是一项资金密集型高端技术，市场

① 鲁传颖：《全球人工智能治理的目标、挑战与中国方案》，《当代世界》2024 年第 5 期。
② 上海国际问题研究院等：《建构人工智能发展的国际规则——趋势、领域与中国角色》，2023 年 10 月。

和技术在推动人工智能产业发展的过程中发挥着极为重要的作用。在长期实践中，产业界普遍通过提出准则指引、成立治理机构、开发治理工具等方式，践行负责任的人工智能原则。另一方面，如同平台治理的发展历程，大型跨国科技公司的举动也可能触发不同国家的监管政策和行动，典型如美国的谷歌、微软、Meta、X、OpenAI 等企业对欧盟有关人工智能大模型的条款提出了反对意见，而在实际监管中，爱尔兰数据保护委员会已经针对 X 公司使用欧洲用户个人数据训练其人工智能聊天机器人发起调查。由此可见，全球人工智能治理中的政府角色和企业力量之间将存在某种"合作—对抗"的弹性张力。

B.10
新闻传播学视阈下 AIGC 国际研究前沿报告[*]

谢　添[**]

摘　要： 2024 年，生成式人工智能（Artificial Intelligence Generated Content，AIGC）迎来了飞速发展。对于这一新技术，既有拥护和赞誉者，又有反对和批判者。AI 技术的迅速发展使得新闻传播学研究领域面临新的机遇和挑战，推动学者重新审视和构建现代新闻传播理论和实践框架。国内外学者从系统模型、应用、风险挑战等多个视角进行了研究。本报告基于 2020~2024 年新闻传播学领域生成式人工智能研究成果，剖析生成式人工智能研究的重点和发展脉络，明确了新闻传播视角下 AIGC 研究的四大主题：AIGC 对新闻生产的变革、受众的技术接受与使用、AIGC 带来的风险与挑战、AIGC 的治理问题。

关键词： 生成式人工智能　新闻生产　AIGC 治理

一　AIGC 的概念与发展历程

生成式人工智能是指利用机器学习和深度学习等技术，使得计算机能够自动生成各种形式的数字内容，如文本、图像、音频和视频等。内容生成可分为四种：专业生成内容（PGC）、用户生成内容（UGC）、人工智能辅助

* 本文系上海社会科学院招标课题"涉华商业报道的国际传播趋势及对策研究"的阶段性成果。
** 谢添，上海社会科学院新闻研究所助理研究员，主要研究方向为健康传播、智能传播。

的用户生成内容（AIUGC）以及生成式人工智能（AIGC）。① 相较于 PGC 和 UGC，AIGC 最显著的特征是借助人工智能技术进行内容创作，内容体量呈现爆发式增长。作为 PGC 和 UGC 等传统内容创作范式的补充，AIGC 允许以自动化和高效的方式低成本地生产大量内容。

回顾 AIGC 的发展历程，其主要分为三个发展阶段。2012 年之前为萌芽阶段。1956 年，达特茅斯学院举办研讨会，成立了人工智能学科，呼吁人们探索人工智能领域。20 世纪 80~90 年代，学者们发展了隐马可夫模型（Hidden Markov Model，HMM）和高斯混合模型（Gaussian Mixture Models，GMMs），用以生成语音和时间序列等序列数据。2000 年后，深度学习的出现，推动了图像分类、语音识别、自然语言处理和其他任务的进步和研究。然而，尽管有一些初步尝试，但 AIGC 仍存在难以攻破的技术难题，这一阶段的神经网络通常被训练为判别模型。②

第二阶段是 2012~2022 年。2012 年，微软推出基于深度神经网络（DNN）的全自动同声传译系统，是一次 AIGC 的重要尝试。③ 2014 年，Goodfellow 等人发表 "Generative Adversarial Nets" 一文，生成式对抗网络 GANs 出现，使得计算机能够生成极为逼真的数据，如图像、音乐、文本。④ GANs 技术彻底革新了机器学习领域，是实现通用人工智能的重要一步。2017 年，Vaswani 等人在论文 "Attention is All You Need" 中提出了用于自然语言处理（NLP）任务的 Transformer 模型，它是一种基于自注意力机制的深度学习模型，用于处理序列数据。⑤ Transformer 模型推动了生成网络模

---

① Wu J., Cai Y., Sun T., et al., "Integrating AIGC with Design: Dependence, Application, and Evolution-a systematic Literature Review," *Journal of Engineering Design*, 2024: 1-39.

② Jebara T., *Machine Learning: Discriminative and Generative AI.* Springer Science & Business Media, 2012.

③ Xu M., Du H., Niyato D., et al., "Unleashing the Power of Edge-cloud Generative AI in Mobile Networks: A Survey of Aigc Services," *IEEE Communications Surveys & Tutorials*, 2024, 26 (2).

④ Goodfellow I., Pouget-Abadie J., Mirza M., et al., "Generative Adversarial Nets," *Advances in Neural Information Processing Systems*, 2014 (27).

⑤ Vaswani A., Shazeer N., Parmar N., et al., "Attention is All You Need," *Advances in Neural Information Processing Systems*, 2017 (30).

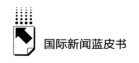

型的进步，该模型已成为目前大语言模型搭建的主流框架。2021 年，OpenAI 推出 DALL-E，支持从文本生成图像。

2022 年后，生成式人工智能迎来了飞速发展的第三阶段，标志性事件是 OpenAI 推出 ChatGPT。ChatGPT 已经成为迄今为止最广为人知的生成式人工智能产品。它在算法、数据和算力上取得重大突破，GPT 系列模型的开发和发布展示了人工智能语言模型在文本生成、翻译等各种应用中的潜力。由此，生成式人工智能以更低的门槛和成本服务于更广泛的人群和行业。除此以外，Midjourney、Stable Diffusion、DeepBrain 等的推出也意味着从自然语言提示中诞生了具有实用价值的人工智能艺术。生成式人工智能技术的发展给多个领域带来了深刻变革。

总体而言，AIGC 的发展经历了从规则驱动到数据驱动、从浅层学习到深度学习的演变过程。随着深度学习技术的快速进步和大规模数据的积累，AIGC 的生成能力和内容质量大幅提升。未来，随着计算资源的进一步扩充和算法的持续创新，AIGC 将继续深化其在各行业的应用，为社会和经济发展带来更多可能性和创新机会。

二 新闻传播学视阈下 AIGC 的研究主题

研究主题的探索对学科发展有着重要意义。本报告通过对 AIGC 最新文献的阅读整理，明确了新闻传播学视阈下 AIGC 的四个研究主题，包括 AIGC 对新闻生产的变革、受众的技术接受与使用、AIGC 带来的风险与挑战以及 AIGC 的治理。

（一）生成式人工智能对新闻生产的变革

生成式人工智能打破了原有的信息生产、传播格局，产生新的媒介生态环境。它利用广泛的语言模型、先进的自然语言处理和复杂的机器学习技术产生协同作用。这种集成使 AIGC 能够解码复杂的模式和互连技术，从而根据特定用户需求灵活地创建文本、图像或视频内容，给新闻行业的内容生产带来了变革。具体而言，AIGC 从四个维度改变了新闻业：内容生成、数据分析和见解、新闻编辑室自动化和受众参与。[1] 生成式人工智能使新闻制作变得更加高效、便捷和具有成本效益。[2] 在内容生产维度，一些传统环节可以使用 AIGC 进行替换。如使用 AIGC 辅助深度报道，进行资料梳理、文本优化、线索挖掘、标题创作、字幕生成、内容可视化等。研究指出，AIGC 在多种语言制作内容、制定特定风格的语言文本上发挥了至关重要的作用。[3] Fernández 等学者认为"没有记者，就没有新闻"，生成式人工智能损害了新闻专业主义。与此同时，记者也面临着工作受到威胁、失去作为现实与受众中间人的象征资本，以及创作出更高质量内容的困境。[4]

在数据分析和见解维度，新闻机器人如 Quill 和 Xiaomingbot 已被用于新闻制作。它们主要制作依赖于数据分析且具有一定固定模板的新闻。如高度运用人工智能进行新闻生产的领域，包括天气、金融或体育信息。[5] 主要原因是这些主题具有高度结构化的数据库，可以轻松实现高效的信息提取自动化。[6] 随着大语言模型（Large Language Model，LLM）中逻辑推理和多模态数据处理的新兴能力的出现，生成目标驱动的叙述成为可能。因此，AIGC 可以用文字和视频制作更复杂的新闻故事，使新闻生产的领域进一步扩大。[7]

---

[1] Gondwe, Gregory, "Exploring the Multifaceted Nature of Generative AI in Journalism Studies: A Typology of Scholarly Definitions," Available at SSRN, 2023 (4465446).

[2] Xiu L., Chen Y., Yu G., et al., "The Impact of Conversational Interaction on Users' Cognitive Absorption in Mobile News Reading Context: Evidence from EEG," *Behaviour & Information Technology*, 2024, 43 (2): 387-400.

[3] Shi, Y., & Sun, L., "How Generative AI is Transforming Journalism: Development, Application and Ethics," *Journalism and Media*, 2024, 5 (2): 582-594.

[4] Fernández S.P., Ayerdi K.M., Ureta A.L., et al., "Without Journalists, There is no Journalism: the Social Dimension of Generative Artificial Intelligence in the Media," *El Profesional de la Información*, 2023, 32 (2): 2.

[5] Canavilhas J., "Artificial Intelligence and Journalism: Current Situation and Expectations in the Portuguese Sports Media," *Journalism and Media*, 2022, 3 (3): 510-520.

[6] Graefe A., Bohlken N., "Automated Journalism: A Meta-analysis of Readers' Perceptions of Human-written in Comparison to Automated News," *Media and Communication*, 2020, 8 (3): 50-59.

[7] Wong, Y., Fan, S., et al., "Compute to Tell the Tale: Goal-driven Narrative Generation," In *Proceedings of the 30th ACM International Conference on Multimedia*, 2022: 6875-6882.

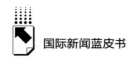
在新闻编辑室自动化维度，通过自动执行任务、生成个性化内容和提高效率，AIGC 可以帮助媒体组织为受众创建更具吸引力、更有关联且更易访问的内容。Fatemi 等学者证实了 ChatGPT 在新闻文章多种分类上的有效性。① 此外，在新闻摘要的自动生成方面，ChatGPT、GLM 等大型语言模型的表现也较为出色。② 而在辨别新闻的真实性上，尽管在理解新闻信息中固有的微妙之处和背景方面落后于人类事实核查员，但较新的 LLM 在区分事实和谎言方面具有显著优势。③

在受众参与维度，人机交互是 AIGC 的特点。聊天机器人可以提供个性化的用户体验，根据个人喜好和行为定制内容推荐。④ 这种受众参与的新闻制作不仅鼓励内容多样性，而且促进了更活跃的公共话语。通过整合来自不同种族、宗教和文化背景的观点，新闻机构可以丰富受众的阅读体验。⑤ 总之，人机交互带来了新的传播特点，值得进一步探索。

（二）生成式人工智能的技术接受与使用研究

大量研究基于技术接受模型，探讨了生成式人工智能的技术接受与使用。Davis 提出技术接受模型（Technology Acceptance Model，TAM），该模型具有两个决定性的因素：感知有用性和感知易用性。Venkatesh 等人结合 TAM、计划行为理论、理性行为理论等多种理论模型，提出一种综合性模型，即 UTAUT 模型。如 Strzelecki 基于 UTAUT 模型的研究指出：预期绩效、

---

① Fatemi B., Rabbi F., Opdahl A. L., "Evaluating the Effectiveness of GPT Large Language Model for News Classification in the IPTC News Ontology," *IEEE Access*, 2023（11）.

② Zhang, T., Ladhak, F., et al., "Benchmarking Large Language Models for News Summarization," *Transactions of the Association for Computational Linguistics*, 2024（12）: 39-57.

③ Caramancion K. M., "News Verifiers Showdown: A Comparative Performance Evaluation of ChatGPT 3.5, ChatGPT 4.0, bing AI, and Bard in News Fact-Checking," *IEEE Future Networks World Forum*, 2023: 1-6.

④ Bdoor, Suhib Y., Mohammad Habes, "Use ChatGPT in Media Content Production Digital Newsrooms Perspective," In *Artificial Intelligence in Education: The Power and Dangers of ChatGPT in the Classroom.* Cham: Springer Nature Switzerland, 2024: 545-561.

⑤ Shi, Y., & Sun, L., "How Generative AI is Transforming Journalism: Development, Application and Ethics," *Journalism and Media*, 2024, 5（2）: 582-594.

努力预期、社群影响、便利条件通过意愿影响人们的行为。习惯被发现是行为意图的最佳预测因素，其次是绩效期望和享乐动机。使用行为的主要决定因素是行为意图，其次是个人创新性。[①]

尽管 TAM 和 UTAUT 模型为人们研究新型技术接受与使用提供了理论基础，但是这两个模型并没有考察到生成式人工智能的特征。基于此，Gursoy 等开发了人工智能使用接受模型（AIDUA）。该模型提出了三个接受生成阶段（初级评估、二次评估和结果阶段）和六个前因（社会影响、享乐动机、拟人化、绩效期望、努力期望和情感），[②] 成为研究人工智能接受的重要模型之一。基于 AIDUA，Ma 等学者研究了 ChatGPT 的接受度，指出社会影响力、新颖性价值和人性化与绩效期望呈正相关，而享乐动机、新颖性价值和人性化与努力期望呈负相关。绩效和努力期望都影响认知态度。[③]

技术扩散的早期，态度是技术接受的重要预测因素，对生成式人工智能的态度引发了学者们的广泛研究。如 Roe 等人分析了英国媒体上 671 个与 ChatGPT 相关的标题，指出只有少数 AIGC 的标题是积极和正面的，大多数标题的描述更加负面，更注重对读者的警告和警示。[④] Leiter 等人对 ChatGPT 的使用进行了大规模的荟萃分析，涵盖 ChatGPT 发布后 2.5 个月之内 30 多万条推文和 150 多篇学术论文。结果显示，虽然大多数情绪是中性的，但积极情绪的比例相对较高，占所有推文的 1/3。[⑤]

[①] Strzelecki A. , "To Use or not to Use ChatGPT in Higher Education? A Study of Students' Acceptance and Use of Technology," *Interactive Learning Environments*, 2023: 1−14.

[②] Gursoy D. , Chi O. H. , Lu L. , et al. , "Consumers Acceptance of Artificially Intelligent（AI）Device Use in Service Delivery," *International Journal of Information Management*, 2019（49）: 157−169.

[③] Ma X. , Huo Y. , "Are Users Willing to Embrace ChatGPT? Exploring the Factors on the Acceptance of Chatbots from the Perspective of AIDUA Framework," *Technology in Society*, 2023（75）: 102362.

[④] Roe J. , Perkins M. , "What They're not Telling You about ChatGPT: Exploring the Discourse of AI in UK News Media Headlines," *Humanities and Social Sciences Communications*, 2023, 10（1）: 1−9.

[⑤] Leiter C. , Zhang R. , Chen Y. , et al. , "ChatGPT: A Meta-analysis after 2.5 Months," *Machine Learning with Applications*, 2024（16）: 100541.

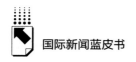
（三）生成式人工智能的风险与挑战研究

1. 生成式人工智能的内容质量

随着 AIGC 越来越多被运用于新闻生产，新闻规范和新闻产出质量可能有所下降。记者的文化权威建立在他们作为真假裁判者的角色之上。[①] 而AIGC 的使用则破坏了这种权威。ChatGPT 生成的文本在语义或语法上看起来正确，但实际上不真实且毫无意义。随着技术迭代，ChatGPT-4 能生成比以前版本更详细、更令人信服的虚假叙述和误导性错误文本。[②③] 一些虚假信息网站利用生成式人工智能进行内容生产，2022 年 1 月 1 日至 2023 年 5月 1 日，主流网站上的人工智能生成文章相对数量增加 57.3%，而虚假信息网站上的相对数量增加 474%。[④] 不仅如此，视觉新闻中的虚假信息也引发了学者的关注。人工智能生成的新闻图像通常是通过旨在欺骗彼此的对抗性网络生成的，并且可能很难通过计算检测到，而普通的新闻受众很难区分AIGC 图片和真实图片。[⑤] 由此可见，AIGC 技术的隐蔽性加剧了新闻业虚假信息、误导性信息等问题。

当前文本深度伪造的生成方法较多，如深度伪造技术（Deepfake），而稳健检测方法却很少，包括假新闻检测等，假新闻检测与人类生成的假内容可能存在大量重叠。[⑥] 虚假或误导性信息的传播可能产生重大的影响，如操

---

① Carlson, Matt, *Journalistic Authority: Legitimating News in the Digital Era.* Columbia University Press, 2017.

② Hua, S., Jin, S., et al., "The Limitations and Ethical Considerations of ChatGPT," *Data Intelligence*, 2024, 6 (1): 201-239.

③ Al Mansoori S., Salloum S. A., Shaalan K., "The Impact of Artificial Intelligence and Information Technologies on the Efficiency of Knowledge Management at Modern Organizations: A Systematic Review," In *Recent Advances in Intelligent Systems and Smart Applications.* Springer Cham, 2020: 163-182.

④ Hanley H. W. A., Durumeric Z., "Machine-made Media: Monitoring the Mobilization of Machine-generated Articles on Misinformation and Mainstream News Websites," In *Proceedings of the International AAAI Conference on Web and Social Media*, 2024: 542-556.

⑤ Thomson, T. J., Thomas, R. J., et al., "Generative Visual AI in News Organizations: Challenges, Opportunities, Perceptions, and Policies," *Digital Journalism*, April 2024: 1-22.

⑥ Khanjani, Z., Watson, G., et al., "Audio Deepfakes: A Survey," *Frontiers in Big Data*, 2023 (5).

纵舆论、造成混乱、煽动恐慌、影响决策、加剧社会不和与不信任。[①] Longoni 等学者开展了两项针对美国样本的实验，结果显示，与人类编写的新闻标题相比，无论生成式人工智能（而非人类）编写的新闻标题是否真实，人们更有可能将其评为不准确。[②] 对此，有学者提出，在新闻生产上，要加强内容标签披露，如公开图片来源、新闻内容作者等。AIGC 标签会促使用户重新评估信息质量，从而获得更审慎的判断结果。[③] 然而也有学者对 AIGC 的信息披露表示担忧，认为它可能导致用户过于依赖认知启发法，如依据来源线索做出仓促判断，而非根据信息内容进行批判性思考。此外，应开发基于人工智能的内容审核技术，强化媒体在传播中的"守门人"作用。在立法上，以立法推动行业自律与合作，减少歧视性、误导性内容。

2. 生成式人工智能的伦理问题

（1）偏见

生成式人工智能是在大量文本数据上进行训练的，这些数据可能包含源材料中存在的偏见。生成式人工智能提供的内容中，关于特定性别、性取向、种族或职业的刻板印象很常见。实验结果显示，ChatGPT 倾向于生成有偏见的内容，只有 48% 的生成文本符合意见平衡的标准。[④] 一项研究调查了 7 个代表性的大语言模型（如 ChatGPT、LLaMA）产生的 AIGC 偏见。研究指出，每个经过 LLM 产生的 AIGC 都表现出明显的性别和种族偏见，以及对女性和黑人的明显歧视。此外，AIGC 的歧视性内容在各国的表现不同，其中美国表现出明显的种族歧视和年龄歧视，英国表现出明显的性别歧视，德

---

① Haque, Md Asraful, and Shuai Li, "Exploring ChatGPT and its Impact on Society," *AI and Ethics*, 2024: 1-13.

② Longoni C., Fradkin A., Cian L., et al., "News from Generative Artificial Intelligence is Believed Less," In *Proceedings of the 2022 ACM Conference on Fairness, Accountability, and Transparency*, 2022: 97-106.

③ Liu Y., Wang S., Yu G., "The Nudging Effect of AIGC Labeling on Users' Perceptions of Automated News: Evidence from EEG," *Frontiers in Psychology*, 2023 (14).

④ Zagorulko, D. I., "ChatGPT in Newsrooms: Adherence of AI-generated Content to Journalism Standards and Prospects for its Implementation in Digital Media," *ВЧЕНІ ЗАПИСКИ*, 2023 (34): 73.

国表现出明显的宗教歧视。① 发达国家中 ChatGPT 使用的偏见问题引起了重视，而国家间经济、社会发展差异带来的 AIGC 在全球南方新闻业中的使用问题却缺乏应有的关注。一项基于非洲记者使用 ChatGPT 的调查指出：非洲语料库的缺乏限制了它在该地区的有效性。② 因此，在设计人工智能工具时应考虑多样化的数据源，以尽量减少偏见和刻板印象。

（2）透明度

AIGC 的黑箱特性和不透明性引发了广泛的关注和讨论。透明度问题不仅涉及技术实现的可解释性，还关系伦理、法律和社会信任等多个方面的议题。AIGC 的不透明性主要体现在两个方面：一是模型架构和数据处理的不透明性，AIGC 模型的巨大不透明性是其固有的道德问题。大多数 AIGC 模型，如生成对抗网络（GANs）、大语言模型（LLM），都是基于深度神经网络。这些模型通常具有数以亿计的参数和多层非线性结构，使得其内部工作机制难以被外界理解和解释。尽管深度学习模型能够通过复杂的计算生成高质量的内容，但其具体的决策过程通常是不透明的。即使是使用注意力机制等技术，模型的内部操作仍然高度复杂，难以解读。③ 此外，模型生成的文本、图像或视频片段可能包含未被明确标识的引用或模仿原始数据的内容，这使得生成内容的溯源变得困难。④ 二是人工智能内容标签的不透明。⑤《人工智能法案》对生成式人工智能内容标签的透明性进行规范：人工生成的音频、视频、图像或文本内容必须以机器可读的格式"加水印"，除非人工

① Li, Z., Zhang, W., Zhang, et al., "Global Digital Compact: A Mechanism for the Governance of Online Discriminatory and Misleading Content Generation," *International Journal of Human-Computer Interaction*, 2023, 41 (2): 1-16.
② Gondwe, G., "ChatGPT and the Global South: How are Journalists in Sub-Saharan Africa Engaging with Generative AI?" *Online Media and Global Communication*, 2023, 2 (2): 228-249.
③ Montavon G., Samek W., Müller K. R., "Methods for Interpreting and Understanding Deep Neural Networks," *Digital Signal Processing*, 2018 (73): 1-15.
④ Opdahl, Andreas L., et al., "Trustworthy Journalism through AI," *Data & Knowledge Engineering*, 2023 (146): 102182.
⑤ Bayer J., "Legal Implications of Using Generative AI in the Media," *Information & Communications Technology Law*, 2024: 1-20.

智能的贡献仅仅是辅助性的，但不会实质性地改变输入数据或其语义。加水印是系统提供商的义务，适用于所有生成式人工智能系统。[1] 在新闻媒体行业使用生成式人工智能还需履行特定的义务。

3. 生成式人工智能的依赖与成瘾

对于用户而言，新兴技术的使用可能会导致过度依赖或成瘾，甚至完全信任。AIGC 模型的 NLP 功能促进了高度的拟人化，导致对 AIGC 服务的不合理期望和过度依赖。[4]过度使用生成式人工智能技术可能会导致明显的社会、心理损害现象。甚至会阻碍创造力、批判性思维和解决问题等技能的发展。相较于其他数字技术，人工智能技术的定制化服务、人机交互的情感联结、全场景应用等新的技术特点会加深用户的依赖和成瘾。黄顺森等学者对我国青少年的人工智能依赖进行调查，发现青少年人工智能依赖的发生率从第一波调查时的 17.14% 上升到第二波调查时的 24.19%。过度依赖 AIGC 可能会带来不良后果。如学生可能会依赖 ChatGPT 来完成作业和考试，而忽视自己对学习和知识获取的责任。此外，该研究还指出 AI 使用时间正向预测 AI 依赖，AI 使用数量负向预测 AI 依赖，心理健康问题是人工智能依赖的积极预测因素。[2] 另一项基于中国的调查研究指出，社交焦虑与人工智能聊天机器人的问题性使用正相关，且这种关联由孤独和沉思介导。[3] Marriott 等人同样发现情绪的预测作用，指出 AI 交友应用通过增强用户的幸福感来影响成瘾的程度。[4] 由此可见，AIGC 依赖及成瘾已经成为一个急需关注的

① Ray, Partha Pratim, "ChatGPT: A Comprehensive Review on Background, Applications, Key Challenges, Bias, Ethics, Limitations and Future Scope," *Internet of Things and Cyber-Physical Systems*, 2023 (3): 121-154.

② Huang S., Lai X., Ke L., et al., "AI Technology Panic—Is AI Dependence Bad for Mental Health? A Cross-Lagged Panel Model and the Mediating Roles of Motivations for AI Use Among Adolescents," *Psychology Research and Behavior Management*, 2024 (17): 1087-1102.

③ Hu B., Mao Y., Kim K. J., "How Social Anxiety Leads to Problematic Use of Conversational AI: the Roles of Loneliness, Rumination, and Mind Perception," *Computers in Human Behavior*, 2023 (145).

④ Marriott H. R., Pitardi V., "One is the Loneliest Number… Two can be as Bad as One. The Influence of AI Friendship Apps on Users' Well-Being and Addiction," *Psychology & Marketing*, 2024, 41 (1): 86-101.

话题，随着 AIGC 应用范围的进一步扩大、使用频率的进一步增加，AIGC 依赖或成瘾问题将更加突出。

4. 生成式人工智能的隐私风险与安全问题

AIGC 模型的成功在很大程度上依赖广泛的训练数据集，这些数据集可能不可避免地包含用户的敏感和私人信息。例如，ChatGPT 能够在与用户交互时记住与对话相关的项目以及用户输入、cookie 和日志。[①] 这为 AIGC 中的数据滥用和犯罪活动带来了新的可能性。具体而言，AIGC 的隐私风险主要有两种，一是个人隐私数据及生成内容的获取。随着 ChatGPT 的普及度和使用率不断提高，它日渐渗透到人们的日常生活中，为人们提供了更大的便利，也获取了大量的个人信息，例如，医疗记录、财务信息或个人详细信息。[②] 私人信息可能会被有意或无意地暴露给公众。据报道，由于 ChatGPT 中的系统错误，一些用户的聊天记录可以被其他人查看。[③] ChatGPT 等大语言模型依赖大量的数据进行训练，其中可能包含用户的个人信息或敏感数据。这类模型在处理用户数据时，若未经充分脱敏或加密，可能导致用户的敏感信息在模型输出中被泄露。二是内存数据的窃取。大规模的数据存储系统往往成为黑客攻击的目标，尤其是未加密或安全性不足的数据存储和传输。如果传输过程中的数据未采用安全协议（如 SSL/TLS）进行加密，黑客可以通过中间人攻击（MITM）截获敏感信息，导致数据泄露。[④] 一项研究指出，可以使用提示注入和公开文本特征从大模型内存中恢复 67% 的训练文本，包括个人姓名、地址和电话号码。[⑤] 个人的隐私风险是 AIGC 风险

---

① Wang Y. , Pan Y. , Yan M. , et al. , "A Survey on ChatGPT: AI-generated Contents, Challenges, and Solutions," *IEEE Open Journal of the Computer Society*, 2023（4）: 280-302.

② Alawida, Moatsum, et al. , "A Comprehensive Study of ChatGPT: Advancements, Limitations, and Ethical Considerations in Natural Language Processing and Cybersecurity," *Information*, 2023, 14（8）: 462.

③ Porter, Jon. , "ChatGPT Bug Temporarily Exposes AI Chat Histories to Other Users," The Verge, Mar. 21, 2023.

④ Lysenko S. , "Influence of Speed Information Transfer on Safety of Society," *International Journal of Recent Technology and Engineering*, 2019（4）: 103-106.

⑤ Carlini, Nicholas, et al. , "Extracting Training Data from Large Language Models," 30th USENIX Security Symposium, 2021.

的一个方面，另一个不可忽视的方面是安全风险，尤其是数据安全。隐私与安全风险并不局限于个人用户，大公司或政府机构也面临着这些问题。如果将 ChatGPT 作为日常运营不可分割的一部分，将重要甚至机密信息输入其中，数据安全将面临风险并且数据可能被泄露。① 此外，ChatGPT 还可能带来一些网络安全问题，如生成钓鱼网站、虚假信息等。

（四）生成式人工智能的治理研究

当前，AIGC 治理研究主要有以下几个方面的内容：一是技术治理。即通过技术手段对 AIGC 的开发和应用进行管理。如对于 AIGC 的不透明性，有学者提出可以通过开发技术手段（如数字水印、哈希签名等）标识和追踪生成内容的来源，帮助用户识别 AI 生成内容、深度伪造内容和非 AI 生成内容。② 二是法律与政策治理。目前围绕生成式人工智能的法律争论主要有隐私保护、数据安全、版权问题等。如 AIGC 产生的"创意"产品在版权或类似知识产权方面的潜在保护。人工智能系统需要大量的训练数据，这些数据通常包含受版权保护的信息，才能产生高质量的输出。这引发了人们对此类数据是否以及如何合法收集和使用的担忧，以及对衍生作品合理使用的担忧。③ 法律与政策治理通过制定法律法规和政策框架来规制 AIGC 技术的发展和应用。如制定严格的数据隐私保护法律，规范数据的收集、存储和使用，防止数据泄露和滥用。④ 明确 AIGC 的版权归属和知识产权保护规则，防止侵权行为，并保障创作者的权益。建立伦理审查委员会和监管机构，对

---

① Fui-Hoon Nah, Fiona, et al., "Generative AI and ChatGPT: Applications, Challenges, and AI-human Collaboration," *Journal of Information Technology Case and Application Research*, 2023, 25 (3): 277-304.

② Amerini I., Galteri L., Caldelli R., et al., "Deepfake Video Detection through Optical Flow Based CNN," In *Proceedings of the IEEE/CVF International Conference on Computer Vision Workshops*, 2019.

③ Lucchi N., "ChatGPT: A Case Study on Copyright Challenges for Generative Artificial Intelligence Systems," *European Journal of Risk Regulation*, 2023 (59): 1-23.

④ Zaeem R. N., Barber K. S., "The Effect of the GDPR on Privacy Policies: Recent Progress and Future Promise," *ACM Transactions on Management Information Systems*, 2020, 12 (1): 1-20.

AIGC 的开发和应用进行伦理审查，确保其符合社会价值观和道德标准。①三是行业自律与行业标准。如制定行业准则和最佳实践指南，推动生成式人工智能技术标准化，建立技术认证体系，确保生成模型的开发和应用符合安全、隐私和伦理等方面的要求。四是 AIGC 治理的国际合作。如欧盟、亚太经合组织等都通过立法和政策文件加强对人工智能的区域性合作，针对AIGC，更多的国际合作也被纳入未来的研究范围。

三 总结与展望

本报告基于 2020～2024 年新闻传播学领域生成式人工智能研究成果，对生成式人工智能研究的历史溯源、研究重点和方向进行梳理。发现生成式人工智能的发展主要经历三个阶段，以 ChatGPT 的出现为标志，当前已经进入飞速发展的第三阶段。具体看来，新闻传播学视角下对 AIGC 的研究主要有四大主题，首先是 AIGC 对新闻生产的变革，主要表现在新闻行业内容生成、数据分析和见解、新闻编辑室自动化和受众参与方面。其次是受众的技术接受与使用，学者们基于 TAM、UTAUT、AIDUA 等理论模型，对影响 AIGC 技术接受的因素进行探讨。再次是 AIGC 带来的风险与挑战，主要包括内容质量降低、错误、虚假、伪造信息泛滥；内容偏见、算法和内容透明性低；依赖和成瘾问题凸显；数据安全和隐私问题严重等。最后是 AIGC 的治理问题，学者们主要从技术治理、法律与政策治理、行业自律与行业标准、AIGC 治理的国际合作四个方向展开。

尽管本报告从不同层面解读了当前国际上 AIGC 研究的趋势，但本报告只采集了英文数据。实际上，路透社的报道指出，目前中国在采用生成式人工智能方面处于世界领先地位。83% 的中国受访者使用生成式人工智能，超过全球平均水平的 54% 和美国的 65%。世界知识产权组织发布的一份报

---

① Floridi, Luciano, and Massimo Chiriatti, "GPT-3: Its Nature, Scope, Limits, and Consequences," *Minds and Machines*, 2020 (30): 681-694.

告显示，中国在生成式人工智能专利竞赛中处于领先地位，2014～2023年提交了超过38000项专利，而美国同期提交了6276项专利。① 无论是在 AIGC 的技术发展还是学术研究上，我国都占据重要的地位。但本报告并未对中文文献进行梳理。未来，应该进一步对中文文献进行归纳和总结，并对比中外研究进展的差异。

探索 AIGC 在新闻传播学领域的未来研究方向，对于促进技术与新闻实践的良性互动具有重要意义。未来可以在新闻生产实践上开展进一步研究，如结合文本、图像、视频和音频等多模态生成技术，探索如何创造性地运用 AIGC 技术制作更具吸引力的多媒体新闻内容，提高用户的沉浸式体验。在新闻伦理上，研究如何提高新闻生成算法的透明度，建立合理的问责机制，确保生成内容的可信度和公正性。探索如何在新闻生成过程中引入可解释性 AI 技术，使新闻生产过程更加透明。AIGC 的应用带来许多新的技术特点，如人机互动等。AIGC 与受众的互动是未来重要的研究方向。此外，全球南方的 AIGC 应用与发展同样值得关注。总体而言，生成式人工智能在新闻传播领域的应用前景广阔，但也面临诸多挑战。未来的研究应从技术优化、伦理规范、受众互动、多样性提升、经济模式变革和生态系统影响等多个方面展开，推动 AIGC 技术与新闻实践的深度融合。通过多学科协作、跨领域合作和国际化治理，构建更加安全、可信和创新的新闻传播环境，实现可持续发展。

最后，引用 Thorp 的一段文字来结束本报告："机器发挥着重要作用，但它只是人们提出假设、设计实验和理解结果的工具。最终，产品必须来自我们头脑中奇妙的计算机，并由它表达出来。"②

---

① 参考路透社报道，https：//www.reuters.com/technology/artificial-intelligence/china-leads-world-adoption-generative-ai-survey-shows-2024-07-09/。

② Machines play an important role, but as tools for the people posing the hypotheses, designing the experiments, and making sense of the results. Ultimately the product must come from—and be expressed by—the wonderful computer in our heads. Thorp H. H., "ChatGPT is Fun, but not an Author," *Science*, 2023, 379 (6630): 313-313.

B.11
国外社交媒体影响者营销监管研究报告

同　心*

摘　要： 影响者营销的全球兴起带来了极大的监管挑战，同时也助推这一交叉领域的持续发展。近五年来，国外相关研究不仅深入探讨了"透明度"与真实性监管等经典议题，比较分析或纵向梳理了不同国家、地区监管框架的演变；还有越来越多的研究指出，当前聚焦商业属性的"狭隘"监管模式无法突破对政治影响者等跨域影响者的监管困境，局限于国别区域的封闭监管体系不能规制跨境行为，依赖举报机制的后置型惩处方式难以产生实质性震慑力；因此，未来需关注影响者营销所带来的政治社会文化效应、影响者监管的国际合作议程以及监管工具的数智化方法。

关键词： 影响者监管　网红营销　社交媒体营销

　　社交媒体影响者（Social Media Influencer，SMI）作为一种新兴的媒体力量，正在深刻地改变着当代社会的传播格局和商业模式。影响者可以通过在社交媒体上分享生活、提供建议和推广产品来吸引大量追随者，并通过与品牌合作获得收入。[①] 随着 Instagram、YouTube、TikTok 等平台的兴起，影响者营销已经成为一种主流的广告形式，吸引了大量品牌投资。根据网红营销中心（Influencer Marketing Hub）的数据，到 2023 年底，网红营销的全球产业价值约为 210 亿美元。美国口碑营销研究机构凯勒咨询集团（Keller

---

　　* 同心，上海社会科学院新闻研究所助理研究员，主要研究方向为右翼数字文化。

　　① Goanta, Catalina, and Sofia Ranchordás, "The Regulation of Social Media Influencers: An Introduction," In *The Regulation of Social Media Influencers*. Edward Elgar Publishing, 2020: 1-21.

Advisory Group）和 Adobe 公司的调查显示，2700 万名美国人和全球 3 亿人认为自己是有可能成为影响者的内容创作者。

与此同时，许多国家逐步推进对影响者的监管体系建设。美国联邦贸易委员会（FTC）最早通过指导方针回应这一问题。截至 2024 年 9 月，欧洲 44 个国家中至少有 15 国已推出相关的监管法规、方针及指南文件：其中，法国率先于 2023 年通过《网红行业监管法案》，还推出"负责任网红证书"等开创性举措；西班牙也于 2024 年颁布法规，旨在将网红纳入与传统媒体等同的监管框架。2016 年，由 14 家德国媒体组成的机构发布《网络媒体广告标签指南》，其中包括对博客、播客的规定；英国竞争与市场管理局（CMA）于 2018 年制定《网红指南》（第一版）以指导网红营销中介机构。① 哥伦比亚、印度尼西亚等非发达国家也展开了对影响者营销的监管与引导工作。

一　从广告"真实性"到数字营销"透明度"

影响者营销的兴起源于传统广告面临的困境，如受众对广告的抵触情绪日益增强，出现"横幅盲视"现象等。相比之下，影响者营销通过将广告自然融入内容，能更好地吸引观众注意。② 然而，这种模糊广告与内容界限的做法也引发了对广告透明度的担忧。许多影响者在推广产品时未能充分披露其与品牌的商业关系，这可能误导甚至欺骗消费者。例如，一些影响者可能将付费推广伪装成个人推荐，这不仅违反了广告法规，也损害了消费者的知情权。

为应对这一问题，许多国家和地区的监管机构已经开始采取行动，要求

---

① González-Díaz, Carlos, Carlos Quiles-Soler, and Noel Quintas-Froufe, "The Figure of the Influencer under Scrutiny: Highly Exposed, Poorly Regulated," *Frontiers in Communication*, 2024（9）：1-20.

② Asquith, Kyle, and Emily M. Fraser, "A Critical Analysis of Attempts to Regulate Native Advertising and Influencer Marketing," *International Journal of Communication*, 2020（14）：5729-5749.

影响者明确标示赞助内容。① 其中，美国是最早尝试监管此类商业网络营销的国家之一。面对营销与消费热潮，美国于1980年制作了第一份关于名人代言的指南。该指南要求名人在商业推广中适时披露其作为代言人与广告商之间的联系。2009年，这份开创性的指南结合新媒体背景得到更新，FTC推出《关于在广告中使用代言和推荐信的指南》，然而这份文件中尚未解释影响者应如何进行披露，而是将更大的责任赋予广告商和影响者；在2019年推出的《社交媒体网红信息披露101公约》中才提出关于披露其与品牌联系的必要性以及影响者有效披露责任的建议。欧洲大多监管文件也聚焦网红营销广告的"透明度"问题，制定具体准则指导网红如何以可识别方式标明其广告内容。如德国、法国两国强调使用本国语言，避免使用"#ad"等术语；北欧国家提出不应使用缩写、小字体或表情符号；奥地利明确不得将披露信息放在段尾、文末；英国认为披露方式需根据不同平台特性进行调整。

研究发现，欧洲、美洲及相关地区的大多网红营销监管文本的框架及内容多参照以下由国际组织或重要机构制定的规约：国际商会（ICC）于2018年制定的《广告和营销传播准则》中涉及网红、博客、播客实践的内容；欧洲广告标准联盟（EASA）于2018年制定的《EASA关于网红营销的最佳实践建议》；美国联邦贸易委员会于2019年制定的《社交媒体网红信息披露101公约》。同时，各国正在努力将影响者营销纳入现有的广告法规之中，其大多相关监管条文承袭自传统的"欺骗性"广告治理经验，可以说是广告业"广告真实"共识性原则的延续。值得注意的是，"真实性"原则源于20世纪初期广告业为提高行业可信度、恢复广告公众地位的自救运动。因此，在对影响者营销的"透明度"监管中，相当程度上包含对这一行业正规化的期待。

然而，影响者营销的特殊性在于，大多影响者与传统媒体时代成名的名

---

① Reale, Matteo, "Digital Market, Bloggers, and Trendsetters: The New World of Advertising Law," *Laws*, 2019, 8 (3).

人不同，他们是通过展示"真实"的生活方式来吸引粉丝、收获声誉与影响力的。因此，如何平衡商业利益与内容真实性，如何避免这种真实性被商业合作所扭曲，都是新媒介生态下面临的新问题。为此，一些自律机构提出"真实性劳动"的概念，要求影响者在进行商业合作时仍保持个人风格的一致性。[①]

二　影响者监管的执行困境

由于影响者营销的特殊性，传统广告法规在适用性和执行力上都面临挑战。首先面临的问题是如何界定"影响者"及其商业营销行为。奥地利、比利时、加拿大、秘鲁、西班牙和乌拉圭等认为影响者的"影响意见和行为的能力高于平均水平"。加拿大、阿根廷和哥伦比亚则认为影响者"能够创建持续的、有创意的和娱乐性的内容，以及相关和有趣的内容"；阿根廷和秘鲁提出影响者应当"就特定主题进行编辑和艺术交流"。此外，阿根廷、哥伦比亚、秘鲁和乌拉圭还强调将影响者激发的可信度作为关键特征。西班牙、比利时更多通过关注者数量来为影响者下定义。同时，加拿大、阿根廷和秘鲁等地的监管文件主张淡化数量的重要性。在对营销行为的定义中，许多国家明确提出影响者与品牌的关系建立依据包括正式报酬以及礼物或低价值产品等非正式补偿。但是，保加利亚则认为非商业价值的免费样品馈赠情况排除了商业因素。[②]

同时，考虑到监管举措的实效性，究竟应关注粉丝量众多的头部影响者、超级网红，还是辐射至不同类型，也是当前监管中的矛盾点。研究发现，在复杂的数字营销场景中，影响者的类型十分多样，如果按照粉丝量将

[①] Arnesson, Jakob, "Influencers as Ideological Intermediaries: Promotional Politics and Authenticity Labour in Influencer Collaborations," *Media*, *Culture & Society*, 2023, 45 (3): 528-544.

[②] González-Díaz, Carlos, Carlos Quiles-Soler, and Noel Quintas-Froufe, "The Figure of the Influencer under Scrutiny: Highly Exposed, Poorly Regulated," *Frontiers in Communication*, 2024 (9): 1-20.

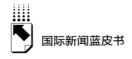

影响者区分为"超级影响者""大型影响者""微影响者""纳米影响者"则会发现，大型影响者往往在点赞和评论方面获得最多的关注，但纳米影响者在吸引大部分追随者方面更有效。研究人员通过 LSTM 神经网络模型检测 Instagram 上的影响者帖文后发现，17.7%的赞助帖子没有被正确披露，其中尚未被正式纳入监管范围的纳米影响者和微影响者的未披露赞助内容比例最高。①

随之而来的严峻问题还有如何界定影响者的法律地位。影响者可能同时具备广告商、媒体和消费者的多重身份。这种模糊性直接关系到税收、劳动法和消费者保护等多个法律领域，增加了监管难度。目前，大多数国家尚未就此制定明确的法律框架，这导致实践中的诸多不确定性。另一个法律挑战来自影响者营销的跨国性质。由于单一国家的法规往往难以在跨国社交媒体平台上有效执行，为此一些学者呼吁加强国际合作，建立跨国监管机制。②例如，欧洲广告标准联盟正在推动成员方之间的协调。欧盟新的音视频服务指令也为影响者广告提供了法律框架。这些措施有助于在欧洲范围内建立统一的监管标准，减少监管套利的可能性。然而，跨国监管合作所需解决的问题亦大量存在。不同国家和地区对影响者的定义和监管标准存在差异。③各国法律体系的差异也增加了协调的难度，如美国和欧洲由于宪法框架的不同可能产生不同的法律结果。④

从影响者角度出发，其营销信息披露也面临众多意想不到的问题。经过对加拿大 21 名影响者的访谈发现，在不断变化的社交媒体环境中，确保适

① Zarei, Koosha, et al., "Characterising and Detecting Sponsored Influencer Posts on Instagram," 2020 IEEE/ACM International Conference on Advances in Social Networks Analysis and Mining (ASONAM), 2020: 327-331.

② Goanta, Catalina, "Digital Detectives: A Research Agenda for Consumer Forensics," *European Papers*, 2023, 8 (2): 647-663.

③ González-Díaz, Carlos, Carlos Quiles-Soler, and Noel Quintas-Froufe, "The Figure of the Influencer under Scrutiny: Highly Exposed, Poorly Regulated," *Frontiers in Communication*, 2024 (9): 1-20.

④ De Gregorio, Giovanni, and Catalina Goanta, "The Influencer Republic: Monetizing Political Speech on Social Media," *German Law Journal*, 2020 (23): 204-225.

当的广告披露涉及复杂的内部流程，同时面临来自平台、中介机构、监管部门等多方行动者的算法和非算法障碍。一方面，社交媒体平台的算法不足以识别并标记赞助性内容。社交媒体平台还可以通过"影子禁止"（shadow banning），即通过算法调整内容的可见性，而不是直接删除内容的方式，导致某些用户的帖子被降低排名，从而影响其内容的曝光度。这个并不透明的过程也可能会干扰影响者使用规定的披露标签。另一方面，影响者行业还可被看作一个由各种社交网络、参与者、机构和权力动态构成的文化场域。在这个场域中，各个利益相关方，如影响者、品牌、营销中介、相关专业人士和受众等，都在争夺不同形式的文化、社会、经济和技术资本或权力。此外，监管机构等外部场域也会对影响者内部的规则和行为产生影响。因此，即使排除算法的影响，实施披露的过程也充满了程序复杂性，而这些复杂性往往超出了影响者场域中任何单一主体所能控制的范围。①

面对这些挑战，行业自律成为一种重要的补充机制。许多国家已经建立了自律组织来制定和执行影响者营销的行为准则。例如在法国，广告专业监管机构（ARPP）通过与行业内各方的合作，制定了一套被广泛认可的自律规则。② 这些规则不仅考虑了广告行业的特殊需求，也保障了消费者的权益。在英国，广告商协会（ISBA）也推出影响者营销行为准则，完善行业标准、改善品牌与影响者及其代理机构之间的关系。研究者认为，自律机制的优势在于其灵活性和对行业特殊性的适应性。与法律监管相比，自律规则更容易根据市场变化进行调整。如 ARPP 的自我监管模式能够快速响应行业变化和公众需求，这在快速发展的数字广告环境中尤为重要。此外，自律机制通常得到行业内部的广泛支持，因此执行效率可能更高。然而，自律机制也存在局限性。自律规则通常缺乏法律强制力，其有效性在很大程度上依赖

① Musiyiwa, R., and J. Jacobson, "Sponsorship Disclosure in Social Media Influencer Marketing: The Algorithmic and Non-Algorithmic Barriers," *Social Media + Society*, 2023, 9 (3).

② Mansouri, Mohamed, Laurence Calandri, and Laurence Leveneur, "La Professionnalisation et l'auto-régulation des Pratiques de Marketing D'influence sur Internet," *Communication & Professionnalisation*, 2021 (11): 75-93.

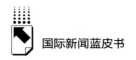

行业内部的自觉遵守。同时，自律组织可能面临利益冲突，难以在保护消费者利益和维护行业利益之间取得平衡。因此，许多学者认为，有效的监管应该是法律监管和行业自律的结合，推动多方利益相关者参与协同监管。①

更值得关注的是，在数字市场上，交易者往往从事着非常复杂且隐蔽的商业行为，对其进行检测、监督等都可能给执行机构带来极大压力。有学者提出，由于在不了解技术及其背后商业模式的情况下几乎不可能对任何涉及技术的商业实践进行监管，因此影响者监管也需要用必要的手段武装自己，以发现数字违规行为。2023年2月，作为全球影响者监管先驱的美国联邦贸易委员会成立了一个新的技术办公室，旨在"支持FTC对商业行为及其基础技术的调查"。这一举动显然具有风向标意义，提示了一个非常明确的方向：发展技术手段，赋能监管数字化转型。此前FTC支持的学术活动中，从事隐私和安全、网络科学、自然语言处理和其他相关计算机科学领域的科学实验室已经展示了不少相关前沿计算研究，证明了计算方法也可以为数字监测的发展做出贡献。同时，欧盟基于《欧洲共同体专利公约》（CPC）、《数字服务法》（DSA）等构建的法律框架，授予相关机构使用技术收集数据信息与涉嫌违反数字法律法规的个人或组织有关数据的权力，还为独立的监管研究者提供数据访问权限，因此有研究建议，可以结合各种广泛使用的计算方法，并根据特定需求定制化打造数字执法工具，以更有效和高效的方式监控影响者的活动，并促进形成一个更透明和对消费者更友好的影响者行业。②

三 影响者的公共话语效应与政治影响者的崛起

政治影响者与公共话语这一主题涉及社交媒体时代政治传播的新形态，

① Reale, Matteo, "Digital Market, Bloggers, and Trendsetters: The New World of Advertising Law," *Laws*, 2019, 8 (3).

② Goanta, Catalina, "Digital Detectives: A Research Agenda for Consumer Forensics," *European Papers*, 2023, 8 (2): 647-663.

引发一系列关于政治参与、言论自由、商业利益与公共利益平衡等的讨论。

事实上，影响者乃至传统广告绝不仅仅只具备经济功能，其影响力从未仅停留于商业营销领域。比如影响者对年轻受众的影响，由于许多青少年将影响者视为榜样，一些国家正在考虑针对面向儿童的影响者内容制定特殊规定。[①] 还有学者认为，就像一个世纪前的"广告真实"一样，推进"明确而显著的披露"是行业所接受的一项监管措施，但是这种狭隘的监管模式回避了营销行为与文化价值观、社会化、公共领域之间的显著关系。与其他国家的监管思路不同，印度尼西亚更关注影响者的深远社会意义。印度尼西亚拥有活跃的网红场景。这些影响者向他们的追随者推广各种产品和信息以获取商业利益，并且在疫情期间特别活跃。研究人员分析了2020～2021年在印度尼西亚引起公众广泛关注和监管反应的四个案例后发现，通过颇具争议的《电子交易和信息法》（ITE Law），印度尼西亚将"违反道德"、诋毁他人良好声誉或传播误导性信息导致消费者损失的数字通信定为刑事犯罪。法律、执法机构、不同监管机构对此发挥着重要作用，但民间社会、新闻媒体和互联网用户也是关键的监管参与者，他们共同构成了一个"监管空间"以协商可接受的影响者道德行为标准的界限。[②]

随着数字时代政治传播方式的变革，从事商业营销的影响者也开始与致力于政治社会变革的政治影响者相混杂，甚至彼此重叠。随着社交媒体平台的普及，政治影响者通过平台以更加个人化和互动性的方式传播政治信息，尤其对年轻选民产生重要影响。这种新兴的政治传播形式使得政治话语更加去中心化和多元化，为普通公民参与政治讨论提供了新的渠道。然而，这也带来了一系列问题。一些研究发现，政治影响者主要扮演着提供基本政治知识和促进政治参与的角色。例如，2021年德国联邦选举期间，政治社交媒

---

① Goanta, Catalina and Isabelle Wildhaber, "In the Business of Influence: Contractual Practices and Social Media Content Monetisation," *Schweizerische Zeitschrift für Wirtschafts-und Finanzmarktrecht*, 2019, 91 (4): 346.

② Mahy, Patricia, Meliala Winarnita, and Nicholas Herriman, "Influencing the Influencers: Regulating the Morality of Online Conduct in Indonesia," *Policy & Internet*, 2022, 14 (3).

体影响者（Political Social Media Influencer，PSMI）主要向没有显著背景知识的广泛受众群体提供基本的政治知识，其内容通常信息密度较高但意见密度较低。这表明政治影响者在某种程度上承担了政治教育的功能，尤其是对年轻选民而言。[①] 然而，也有研究指出政治影响者可能被用作政治宣传的工具。在2020年美国大选中，一些政治活动与特殊利益团体利用粉丝少于1万人的"纳米网红"来操纵政治话语和决策。这种做法被视为一种新的信息操纵形式，即通过可信的社交媒体代言人进行精英控制宣传，同时这种做法还能在相当程度上规避现有的数字言论监管机制。[②] 还有研究揭示了政治影响者可能被用作国家品牌推广和民族主义宣传的工具，这进一步凸显了政治影响者在塑造公共话语中的复杂角色。[③]

此外，政治影响者的跨平台策略和其对公共话语的影响也引起学者们的关注。研究发现，政治影响者可通过独特的技术文化策略在不同平台上扩大其政治观点的传播范围。这种策略不仅展示了政治影响者如何利用社交媒体的技术特性来操控注意力，还反映了他们如何在多平台环境中构建和传播政治话语。这种跨平台的政治传播方式可能对传统的政治参与和公共讨论产生深远影响。[④]

政治影响者的出现也引发了关于言论自由与商业利益平衡的讨论。有研究指出，随着政治言论的货币化，政治和商业言论之间的界限变得模糊，这

① Ehl, Alexander, and Johann Schützeneder, "Political Knowledge to Go: An Analysis of Selected Political Influencers and Their Formats in the Context of the 2021 German Federal Election," *Social Media+Society*, 2023, 9（2）.

② Goodwin, Andrew M., Katie Joseff, and Samuel C. Woolley, "Social Media Influencers and the 2020 U. S. Election: Paying 'Regular People' for Digital Campaign Communication," Center for Media Engagement, October 2020, https://mediaengagement.org/research/social-media-influencers-and-the-2020-election.

③ Lee, Jieun, and Crystal Abidin, "Oegugin Influencers and Pop Nationalism through Government Campaigns: Regulating Foreign-Nationals in the South Korean YouTube Ecology," *Policy & Internet*, 2022, 14（3）.

④ Harris, Breanne C., Michael Foxman, and William C. Partin, "'Don't Make Me Ratio You Again': How Political Influencers Encourage Platformed Political Participation," *Social Media+Society*, 2023, 9（2）.

为解决隐藏的政治广告问题带来了新的复杂性。

政治影响者的崛起及其与公共话语的关系凸显了数字时代影响者监管的复杂性和多元性。一方面，政治影响者为公众参与政治讨论提供了新的渠道，有潜力促进政治教育和参与；另一方面，他们也可能成为操纵公共舆论的工具，带来信息真实性和透明度的问题。未来的研究需要进一步探索政治影响者对民主过程和公共话语的长期影响，以及如何在保护言论自由的同时确保政治传播的公正性和透明度。同时，需要关注不同文化和政治背景下政治影响者的表现和影响，以获得对这一复杂群体的更全面理解。相关研究指出，对新兴政治影响者的监管，需要在保护言论自由和防止信息操纵之间寻找平衡，因此应寻求跨学科合作和创新的监管方法。此外，一些研究者强调提高媒介素养和形成批判性思维的重要性，如此才能让"关键的大多数"更好地识别政治影响者，从而抵御其负面效应。

基于以上梳理，未来这一领域的研究方向可能将集中在以下几个方面：首先，需要探索更加灵活和适应性强的法律框架，以应对影响者营销的快速变化。这可能涉及重新定义影响者的法律地位，以及设计针对不同类型和规模影响者的差异化监管策略。其次，应加强对跨境监管合作机制的研究，探索如何在尊重各国法律差异的同时，建立有效的国际协调机制。再次，需要深入研究影响者营销对公共话语和民主过程的长期影响，特别是在政治传播领域。这可能涉及跨学科的研究方法，结合传播学、政治学和社会学的视角。又次，应进一步探索技术赋能的监管方法，如利用人工智能和大数据技术来识别潜在的违规行为。最后，提高公众的媒体素养和批判性思维能力也是一个值得关注的研究方向，这可能成为应对影响者营销挑战的长期解决方案之一。

参考文献

Abidin, Crystal, et al., "A Review of Formal and Informal Regulations in the Nordic Influencer Industry," *Nordic Journal of Media Studies*, 2020 (2).

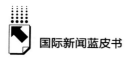
Arnesson, Jakob, "Influencers as Ideological Intermediaries: Promotional Politics and Authenticity Labour in Influencer Collaborations," *Media, Culture & Society*, 2023, 45 (3).

Asquith, Kyle, and Emily M. Fraser, "A Critical Analysis of Attempts to Regulate Native Advertising and Influencer Marketing," *International Journal of Communication*, 2020 (14).

De Gregorio, Giovanni, and Catalina Goanta, "The Influencer Republic: Monetizing Political Speech on Social Media," *German Law Journal*, 2020 (23).

Ehl, Alexander, and Johann Schützeneder, "Political Knowledge to Go: An Analysis of Selected Political Influencers and Their Formats in the Context of the 2021 German Federal Election," *Social Media + Society*, 2023, 9 (2).

Goodwin, Andrew M., Katie Joseff, and Samuel C. Woolley, "Social Media Influencers and the 2020 U. S. Election: Paying 'Regular People' for Digital Campaign Communication," Center for Media Engagement, October 2020, https://mediaengagement. org/research/social-media-influencers-and-the-2020-election.

Goanta, Catalina, and Isabelle Wildhaber, "In the Business of Influence: Contractual Practices and Social Media Content Monetisation," *Schweizerische Zeitschrift für Wirtschafts - und Finanzmarktrecht*, 2019, 91 (4).

Goanta, Catalina, and Sofia Ranchordás, "The Regulation of Social Media Influencers: An Introduction," In *The Regulation of Social Media Influencers*, Edward Elgar Publishing, 2020.

Goanta, Catalina, "Digital Detectives: A Research Agenda for Consumer Forensics," *European Papers*, 2023, 8 (2).

Harris, Breanne C., Michael Foxman, and William C. Partin, " 'Don't Make Me Ratio You Again': How Political Influencers Encourage Platformed Political Participation," *Social Media + Society*, 2023, 9 (2).

Lee, Jieun, and Crystal Abidin, "Oegugin Influencers and Pop Nationalism through Government Campaigns: Regulating Foreign-Nationals in the South Korean YouTube Ecology," *Policy & Internet*, 2022, 14 (3).

Mahy, Patricia, Meliala Winarnita, and Nicholas Herriman, "Influencing the Influencers: Regulating the Morality of Online Conduct in Indonesia," *Policy & Internet*, 2022, 14 (3).

Mansouri, Mohamed, Laurence Calandri, and Laurence Leveneur, "La professionnalisation et l'auto-régulation des pratiques de marketing d'influence sur internet," *Communication & Professionnalisation*, 2021 (11).

Musiyiwa, R., and J. Jacobson, "Sponsorship Disclosure in Social Media Influencer Marketing: The Algorithmic and Non-Algorithmic Barriers," *Social Media + Society*, 2023, 9 (3).

Reale, Matteo, "Digital Market, Bloggers, and Trendsetters: The New World of

Advertising Law," *Laws*, 2019, 8（3）.

Zarei, Koosha, et al., "Characterising and Detecting Sponsored Influencer Posts on Instagram," 2020 IEEE/ACM International Conference on Advances in Social Networks Analysis and Mining（ASONAM）, 2020.

国际新媒体篇

B.12

2023～2024年美国媒体转型的新进展

徐越 王蔚*

摘 要： 2023年，生成式人工智能兴起并广泛进入美国新闻业，其带来的实践风险推动形塑有关技术使用的伦理规范。面对地方媒体发展中的技术鸿沟，多个相关主体亦合力进行弥补；在传统社交媒体平台与新闻媒体渐行渐远的背景下，短视频平台得到更多关注，但相关传播效果仍待提升。一些新兴分发形式得到部分媒体的积极尝试，新闻分发的多元化转型再度推进；新闻媒体整体承压，经营状况依旧不容乐观，但头部媒体数字订阅模式取得新突破。同时，技术发展下内容版权成为关注焦点，地方新闻业重建亦取得一些标志性进展；后疫情时代在线信息环境持续恶化，美国民众的新闻接受与媒体信任仍处低谷。对此，部分媒体创新内容呈现方式以应对极化环境，但同时面临生成式人工智能引发的新型信任问题。

---

* 徐越，上海社会科学院新闻研究所2023级硕士研究生；王蔚，上海社会科学院新闻研究所副研究员，新媒体发展研究中心主任。

关键词： 媒体转型　生成式人工智能　社交媒体　美国

一　冲击与调适：生成式人工智能与发展新变局

（一）生成式人工智能广泛进入美国新闻业

2023 年，生成式人工智能（generative AI）的应用迎来爆发式增长。麦肯锡（McKinsey）的一份全球性调查报告显示，在 ChatGPT 等有关产品发布不到一年的时间内，已有 79% 的受访者表示在工作内外对其有过接触，1/3 的受访者表示其所在的组织至少在一个功能中规律性使用生成式人工智能。① 这一趋势在新闻行业也无例外。2023 年底，在一项针对全球 135 家媒体机构高级负责人的调查中，95% 的受访者认为生成式人工智能将会改变新闻生产的工作流，其中 21% 的受访者认为新闻编辑室中的角色分配将会发生根本性变革。② 而在新闻生产实践中，与生成式人工智能有关的具体行动也正在展开。例如，已有 78% 的受访者表示，其所在的媒体机构正在或已经制定人工智能使用的指导方针。③ 世界报业和新闻出版协会（World Association of Newspapers and News Publishers，WAN-IFRA）2023 年 5 月发布的一份调查结果则显示，近半受访者所在的新闻编辑室正在积极尝试使用 ChatGPT 等生成式人工智能工具。④

实际上，人工智能对于新闻业，尤其是美国媒体而言并非新鲜事物。例

---

① "The State of AI in 2023：Generative AI's Breakout Year," McKinsey, https：//www.mckinsey.com/capabilities/quantumblack/our-insights/the-state-of-ai-in-2023-generative-ais-breakout-year/, Aug. 2023.
② Federica Cherubini, Ramaa Sharma, "Changing Newsrooms 2023：Media Leaders Struggle to Embrace Diversity in Full and Remain Cautious on AI Disruption," Dec. 2023：17.
③ Federica Cherubini, Ramaa Sharma, "Changing Newsrooms 2023：Media Leaders Struggle to Embrace Diversity in Full and Remain Cautious on AI Disruption," Dec. 2023：20.
④ Teemu Henriksson, "New Survey Finds Half of Newsrooms Use Generative AI Tools；Only 20% Have Guidelines in Place," https：//wan-ifra.org/2023/05/new-genai-survey/, May. 2023.

如，2014 年美联社（Associated Press，AP）尝试基于人工智能的财经新闻自动化写作，2015 年美国公共广播（National Public Radio，NPR）推出人工智能写作工具"WordSmith"，2017 年 Buzzfeed 将机器学习等人工智能技术应用于调查报道。[①] 但是，以 ChatGPT 为代表的生成式人工智能为新闻创作提供了更普遍的应用场景，如资料收集、标题写作与文本摘要，而这些已在新闻编辑室中得到较为广泛的尝试与应用[②]，其中不乏成熟产品。例如，美联社于 2023 年 6 月宣布在内部推行基于人工智能语言理解的多媒体内容搜索平台，效率将超以往基于关键词的搜索方式。[③]

（二）实践风险推动形塑技术使用伦理规范

但与此同时，生成式人工智能介入新闻实践也暴露出种种问题。美国最大的科技媒体之一 CNET 公司早在 2023 年 1 月，便已在未明确声明的情况下，以"CNET 财经记者"（CNET Money Staff）的名义发表了 70 余篇由生成式人工智能辅助生成的财经领域解释性文章[④]，但部分内容很快被指出包含"非常愚蠢的错误"[⑤]。这一尝试受到广泛批评，《华盛顿邮报》（*The Washington Post*）更称其为"新闻灾难"（journalistic disaster）。[⑥] 2023 年 8 月，俄亥俄州首府哥伦布市唯一的主流日报、隶属于美国最大报业集团甘尼特（Gannett）的《哥伦布电讯报》（*The Columbus Dispatch*）将第三方生成

---

① Peter Aldhous, "We Trained a Computer to Search for Hidden Spy Planes. This is What it Found," https://www.buzzfeednews.com/article/peteraldhous/hidden-spy-planes, Aug. 2017.

② Charlie Beckett, Mira Yaseen, "Generating Change: A Global Survey of What News Organisations are Doing with AI," Jun. 2023: 18.

③ "Millions of AP Images and Video Now Available on Single Platform with AI-Powered Search," The Associated Press, https://www.ap.org/media-center/press-releases/2023/millions-of-ap-images-and-video-now-available-on-single-platform-with-ai-powered-search/, Jun. 2023.

④ Connie Guglielmo, "CNET is Experimenting with an AI Assist. Here's Why," https://www.cnet.com/tech/cnet-is-experimenting-with-an-ai-assist-heres-why/, Jan. 2023.

⑤ "CNET's Article-Writing Ai is Already Publishing very Dumb Errors," Futurism, https://futurism.com/cnet-ai-errors, Jan. 2023.

⑥ Paul Farhi, "A News Site Used AI to Write Articles. It was a Journalistic Disaster," https://www.washingtonpost.com/media/2023/01/17/cnet-ai-articles-journalism-corrections/, Jan. 2023.

式人工智能工具应用于地方高中体育新闻的写作，但因一篇文章中留下未完全生成成功的痕迹，在社交媒体上受到广泛讨论。缅因大学（University of Maine）新闻学教授迈克尔·索科洛（Michael Socolow）对此评论道："未来已来：没有记者的新闻业"。① 而生成式人工智能与人类记者之间的关系，也是技术应用与传统新闻生产在碰撞中凸显出来的伦理问题。例如，2023年5月，CNET逾100名记者、编辑等员工组成联盟，以求公司在生成式人工智能技术冲击下职位保护、内容标准等方面做出更为充分的考量。② 汉密尔顿·诺兰（Hamilton Nolan）认为，无论生成式人工智能发展完善至何种程度，其始终缺乏人类记者的责任感，技术应当仅仅作为记者的增强手段而予以使用上的限制。③

面对生成式人工智能带来的以虚假新闻、工作替代为代表的种种挑战，美国部分媒体机构与行业组织在实践中逐步形成相关政策或原则。其中较为早期的实践是，2023年3月，《连线》杂志（Wired）在其网站上设立单独页面，明确声明生成式人工智能的官方使用政策，包括不发表由人工智能生成或编辑的文本、图片或视频，并提出尝试使用人工智能工具生成标题、社交媒体短文本、新闻构思，以及进行信息分析。④ 此后，商业内幕网（4月）⑤、《今日美国》（USA Today）（4月）⑥、美国广播电视数字新闻协会

---

① Tyler Buchanan, "Columbus Dispatch Pauses AI Sports Writing Tool Following Viral Story," https：//www. axios. com/local/columbus/2023/08/28/dispatch－gannett－ai－newsroom－tool, Aug. 2023.

② Mia Sato, "CNET Staff are Unionizing, Citing Editorial Independence and Use of AI Tools," https：//www. theverge. com/2023/5/16/23723959/cnet－union－red－ventures－tech－editorial－independence－ai－writing, May 2023.

③ Hamilton Nolan, "Writing the AI Rulebook," https：//www. cjr. org/business_of_news/writing－ai－rulebook－artificial－intelligence－journalism. php, Oct. 2023.

④ Condé Nast, "How Wired will Use Generative AI Tools," https：//www. wired. com/about/generative－ai－policy/, Mar. 2023.

⑤ Nicholas Carlson, "My Editor's Note to the Newsroom on AI: Let's Think of It like a 'Bicycle of the Mind'," https：//www. businessinsider. com/how－insider－newsroom－will－use－ai－2023－4, Apr. 2023.

⑥ "USA Today Network Principles of Ethical Conduct for Newsrooms," USA Today, https：//cm. usatoday. com/ethical－conduct/, Apr. 2023.

（Radio Television Digital News Association，RTDNA）　（5 月）①、CNET（6 月）②、美联社（8 月）③ 等多家组织机构也陆续正式发布生成式人工智能使用规范，以明确新闻生产中的记者属性地位与技术应用边界。与此同时，有关规范仍被认为有较大提升空间。美联社人工智能战略高级产品经理艾梅·莱因哈特（Aimee Rinehart）指出，目前已经发布的人工智能使用指南，倾向于忽略一些关键领域，如规则的执行与监督、技术上的平台依赖风险、受众参与度、供应链参与的可持续性，以及劳动剥削、数据殖民、工作场所监控等人权问题。④

（三）多方合力弥补地方媒体发展技术鸿沟

与此同时，美国地方新闻业的技术资源不均等问题也得到一定关注。与大型媒体公司相比，地方媒体机构不仅在生存上面对更多困难，往往在人力、知识等方面也更为匮乏，而这为其应用生成式人工智能技术带来更高的试错成本与落地阻碍。在挽救地方新闻业成为美国媒体转型发展进程中的普遍共识的情况下，大型媒体、平台公司、高等院校等多方共同参与，合力弥补地方媒体发展鸿沟。2023 年 2 月，美联社在其"地方新闻人工智能倡议"（AP's Local News AI Initiative）下，协助明尼苏达州《布雷纳德电讯报》（*Brainerd Dispatch*）等四家美国地方媒体开展人工智能技术应用项目⑤，并

---

① "Use of AI in Journalism-Radio Television Digital News Association," RTDNA, https：// www. rtdna. org/use-of-ai-in-journalism, May 2023.

② Mia Sato， "CNET is Overhauling its AI Policy and Updating Past Stories," https：// www. theverge. com/2023/6/6/23750761/cnet-ai-generated-stories-policy-update, Jun. 2023.

③ Emilia David， "The Associated Press Sets AI Guidelines for Journalists," https：// www. theverge. com/2023/8/16/23834586/associated - press - ai - guidelines - journalists - openai, Aug. 2023.

④ Jem Bartholomew， "Q&A：The Wireless Telegraph Changed Journalism. AI Will Change it Again," https：//www. cjr. org/tow_center/wireless-telegraph-ai-journalism. php, Sep. 2023.

⑤ Lauren Easton， "AP to Develop 5 AI Projects with Local Newsrooms," https：//blog. ap. org/ap-to-develop-5-ai-projects-with-local-newsrooms, Feb. 2023.

于结束后公开了有关项目的源代码。① 平台公司方面，2023 年 7 月，致力于重建地方新闻业的"美国新闻业项目"（American Journalism Project）宣布，其收到来自 OpenAI 的 500 万美元捐款，以及价值 500 万美元的接口调用额度，并称将成立人工智能工作室，开展先导性投资。此举被双方认为将有力促进地方新闻业的能力提升，并加强地方新闻业与技术公司的互动，推动有关人工智能技术进一步发展，从而更好地造福地方新闻业。② 有评论认为，谷歌等大型平台公司也曾予以捐赠，而这实际更多与新闻内容使用权相关。③ 除此之外，高等院校也通过项目建设等方式参与支援地方新闻业。2023年 6 月，纽约大学（New York University）下属"纽约城媒体实验室"（NYC Media Lab）在其"人工智能与地方新闻挑战"（AI & Local News Challenge）计划下，资助六个来自初创公司、大学或新闻机构的团队推进各自的项目。这些项目均利用人工智能更好地满足地方新闻机构及其受众的需求。④

技术发展浪潮下，生成式人工智能以一种强势的姿态出现在媒体的新闻生产之中，无论是新闻从业者还是研究者们，围绕它所带来的机遇与挑战，从未停止过讨论。尽管技术日新月异，长远应用前景难以得到精准把握，但正如得克萨斯州立大学（Texas State University）新闻学教授辛迪·罗亚尔（Cindy Royal）所说，未来会出现新的公司、新的平台、新的参与者，以及新的积极或消极的道德、社会和法律影响，"前方会有失误和混

① Nicole Meir, "Introducing 5 AI Solutions for Local News," https：//blog. ap. org/introducing-5-ai-solutions-for-local-news, Oct. 2023.
② "American Journalism Project Announces New Partnership with OpenAI to Support Local News," American Journalism Project, https：//www. theajp. org/news-insights/announcements/american-journalism-project-announces-new-partnership-with-openai-to-support-local-news/, Jul. 2023.
③ Hanaa' Tameez, "OpenAI Will Give Local News Millions to Experiment with AI," https：//www. niemanlab. org/2023/07/openai-will-give-local-news-millions-to-experiment-with-ai/, Jul. 2023.
④ "Extra, Extra, Read All about It!: NYU Tandon School of Engineering Supports Innovators Using AI to Boost Local Journalism," NYU Tandon School of Engineering, https：//engineering. nyu. edu/news/extra-extra-read-all-about-it-nyu-tandon-supports-innovators-using-ai-boost-journalism, May 2023.

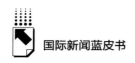

乱，一如既往"。① 而在这些背后，不变的是新闻对于人类社会的永恒价值，以及记者在新闻生产中无可替代的作用。

二 "旧爱"与"新欢"：新闻分发多元化转型的再推进

2023 年，印刷产品和电视在美国人的新闻来源中占比稳定下降，分别为 16% 和 48%。在线新闻则保持稳定，为 72%，其中社交媒体独占 48%，较十年前提升将近一倍。② 而另一端，美国社交媒体平台持续演进，竞争加剧，且不乏动荡。更名 Meta 的社交媒体巨头 Facebook 在元宇宙领域发展不尽如人意，整体发展承压；立于短视频潮头的 TikTok 热度未去，但来自美国国内的法律政策压力同样不减；埃隆·马斯克（Elon Musk）入主 X（曾名 Twitter），在诸多方面开启巨变。在此般背景下，社交媒体平台与新闻媒体之间的关系成为一个显要议题，双方均围绕新闻呈现做出一些重大改变。而新兴分发形式与生成式人工智能的潜在变革，则为新闻分发环境带来更多不确定因素。

（一）传统社交媒体平台与新闻媒体渐行渐远

在社交媒体平台巨头中，Facebook 为新闻媒体带来的流量常年居首。2023 年底，Chartbeat 一项针对全球 1930 家媒体的调查显示，Facebook 仍以 33% 的转发流量占据首位，但相较一年前下降 17 个百分点。例如，著名进步派杂志《琼斯母亲》（*Mother Jones*）由 Facebook 获得的访客量，从 2022 年底的每月 20 万左右，下降至 2023 年底的每月 6 万左右。③ 实际上，面对

---

① Cindy Royal, "AI Changes Everything… and Nothing," https：//www. niemanlab. org/2023/12/ai-changes-everything-and-nothing/, Dec. 2023.

② Nic Newman, Richard Fletcher, Kirsten Eddy, Craig T Robertson, Rasmus Kleis Nielsen, "Reuters Institute Digital News Report 2023," Jun. 2023：108.

③ Jonathan Vanian, "Facebook Made a Major Change after Years of PR Disasters, and News Sites are Paying the Price," https：//www. cnbc. com/2024/01/22/metas-retreat-from-news-accelerated-in-2023-leaving-media-scrambling. html, Jan. 2024.

短视频潮流的兴起与用户喜好的转变，过于政治化的硬新闻于平台本身发展并无益处。2023年4月，Facebook正式终止其运行8年、旨在促进新闻分发的"即时文章"（instant article）功能。对此，Meta发言人表示："作为一家企业，在不符合用户偏好的领域过度投资是没有意义的。"[①] 2023年7月，Meta高管、Instagram首席执行官亚当·莫塞里（Adam Mosseri）发帖直言，"政治和硬新闻很重要……但从平台的角度看，任何可能增加的参与度或收入都不值得为此承担审查、负面情绪（坦率说），以及随之而来的诚信风险。"[②]

尽管对于媒体而言，X在社交媒体转发流量上多逊于Facebook，但马斯克入主Twitter后的一系列举措，仍在新闻行业引发巨大讨论。2023年3月，X公开的源代码显示，购买了蓝标认证（blue check）的用户的内容权重是普通用户的2~4倍。[③] 这一认证于2022年底在马斯克的推动下转向每月8美元的开放收费模式，而此举受到许多曾获认证的记者的批评，被认为将使之失去对社交媒体信息环境的正面功能。[④] 2023年8月，马斯克宣称自己将推动移除文章分享卡片中的标题与其他文本，而仅保留图片。马斯克称，这使得界面更加美观，并呼吁记者更多地在平台上直接发布新闻全文。但在客观上，此举被认为将模糊包含图片的文章与新闻文章之间的差异，从而进一步弱化新闻媒体从社交平台获取流量的能力。[⑤]

除平台功能设计的调整外，马斯克领导下的X在2023年亦针对新闻媒

① Sara Fischer, "Scoop: Meta Ending Support for Instant Articles," https://www.axios.com/2022/10/14/meta-facebook-ending-support-instant-articles, Oct. 2022.

② "Adam Mosseri (@ mosseri) Threads," https://www.threads.net/@ mosseri/post/CuZ6opKtHva, Jul. 2023.

③ Arvind Narayanan, "Twitter Showed us its Algorithm. What Does it Tell us?" http://knightcolumbia.org/blog/twitter-showed-us-its-algorithm-what-does-it-tell-us, Apr. 2023.

④ Paul Farhi, "Some Media 'Blue Checks' Scoff at Twitter Verification Fee-The Washington Post," https://www.washingtonpost.com/media/2022/11/03/twitter-blue-checks-verification-journalists-media/, Nov. 2022.

⑤ Siladitya Ray, "'Borderline Useless': X Removes Headlines on News Posts as Critics Say Move Changes Site's Functionality," https://www.forbes.com/sites/siladityaray/2023/10/05/x-hides-headlines-from-posts-after-musk-claims-it-will-greatly-improve-the-esthetics/, Oct. 2023.

体采取一些出人意料的措施。4月，《连线》杂志记者戴尔·卡梅隆（Dell Cameron）因发表关于极右翼评论家账号被黑客攻击的新闻，而被 X 以侵犯隐私为由永久封禁账号，尽管报道内容实际上并未涉及隐私。业界对此产生强烈反响。① 同月，NPR 等部分西方主流媒体在 X 上的账号被突然赋予"国家附属媒体"（state-affiliated media）的标签，引发激烈抗议。马斯克随后将标签修改为"政府资助媒体"（government-funded media），但 NPR 仍宣布退出 X 平台。事件以马斯克将所有媒体的标签取消收尾。② 8月，《华盛顿邮报》发文称，经调查，《纽约时报》（The New York Times）等大型媒体正受到 X 平台短网址的限速，网站的跳转速度变慢了 5 秒左右。而这一举措原本只限于针对 Facebook、Substack 等竞争对手。③

在内容管理规则与针对新闻业的措施愈加模糊、随意的背景下，越来越多的媒体记者逐渐放弃在 X 上的账号运营。值得注意的是，X 因其平台特性受到超七成美国记者的青睐，是其主要的发声平台。④ 2023 年 2 月，一项针对美国 19 家主要新闻媒体近 4000 名记者的分析显示，记者们在马斯克入主后发帖数量总体下降约 3%，其中 NPR 的记者发帖量下降 20%。⑤ 而在 4 月的媒体标签事件后，另一项针对全球超 2200 名记者的调查显示，近半受

① Caleb Ecarma, "Elon Musk's Twitter is Still Banning Journalists for Simply Doing Their Job," https：//www. vanityfair. com/news/2023/04/elon-musk-twitter-still-banning-journalists, Apr. 2023.

② Mary Yang, "Twitter Removes All Labels about Government Ties from NPR and Other Outlets," https：//www. npr. org/2023/04/21/1171236695/twitter-strips-state-affiliated-government-funded-labels-from-npr-rt-china, Apr. 2023.

③ "Elon Musk's Twitter Throttles Links to Threads, Blue Sky and New York Times," *The Washington Post*, https：//www. washingtonpost. com/technology/2023/08/15/twitter-x-links-delayed/, Aug. 2023.

④ "Twitter is the Go-to Social Media Site for U. S. Journalists, but not for the Public," Pew Research Center, https：//www. pewresearch. org/short-reads/2022/06/27/twitter-is-the-go-to-social-media-site-for-u-s-journalists-but-not-for-the-public/, Jun. 2022.

⑤ Sarah Grevy Gotfredsen, "Journalists Remain on Twitter, but Tweet Slightly Less," https：//www. cjr. org/tow_center/journalists-remain-on-twitter-but-tweet-slightly-less. php, Feb. 2023.

访者正考虑离开 X。① CNN 高级记者奥利弗·达西（Oliver Darcy）预测，马斯克和他的 X 将驱使越来越多的用户离开，而新闻媒体与 X 等社交媒体平台的关系维系亦将愈发艰难。②

（二）短视频平台引发关注，传播效果仍待提升

在与 Facebook、X 等传统社交媒体平台时有抵牾之际，以 TikTok 为主要代表的短视频社交平台得到新闻媒体的关注。皮尤调查中心（Pew Research Center）11 月的数据显示，2023 年，14% 的美国成年人规律性地从 TikTok 上获取新闻，而这一数字在 2020 年仅为 3%，这一变化趋势在社交媒体平台中尤为亮眼。而在 TikTok 之内，美国用户规律性获取新闻的占比从 2020 年的 22% 飙升至 2023 年的 43%。③ 在 TikTok 的美国用户中，青年群体无论是在数量还是黏性上均更为突出，58% 的青年每天使用 TikTok，17% 的青年描述自己为"持续不断"地使用。④ 与此同时，TikTok 也迅速成为美国主要媒体将数字内容触达受众的流行方式。皮尤调查中心另一项针对全美 100 余家头部新闻媒体的调查显示，近九成的媒体在 TikTok 上开设了账号，这一数字在 2021 年仅为 57%。⑤

但是，TikTok 的平台特性也在媒体实践中映照出重重阻碍。与娱乐、轻松化的内容相比，新闻在传播上有天然的劣势，这一现象在短视频上也不例外。在记者发布的短视频中，新闻远没有"记录记者的一天"更

① "The 2023 State of Journalism on Twitter," Muck Rack Blog, http：//muckrack.com/blog/2023/04/18/2023-state-of-journalism-on-twitter, Apr. 2023.

② Oliver Darcy, "Elon Musk's Behavior Forces Uncomfortable Questions for Media," https：//www.niemanlab.org/2023/12/elon-musks-behavior-forces-uncomfortable-questions-for-media/, Dec. 2023.

③ "Social Media and News Fact Sheet," Pew Research Center, https：//www.pewresearch.org/journalism/fact-sheet/social-media-and-news-fact-sheet/, Nov. 2023.

④ "Teens, Social Media and Technology 2023," Pew Research Center, https：//www.pewresearch.org/internet/2023/12/11/teens-social-media-and-technology-2023/, Dec. 2023.

⑤ "Digital News Fact Sheet," Pew Research Center, https：//www.pewresearch.org/journalism/fact-sheet/digital-news/, Nov. 2023.

受欢迎。① TikTok 本身也没有对新闻内容给予特别关注，一项基于《纽约时报》内容的模拟实验认为，即使用户表现出对新闻内容的兴趣，TikTok 算法也很少会推荐新闻类的内容。而对链接跳转的限制，使得新闻媒体较难从中获取更多流量。② 此外，在加沙冲突等严肃新闻上，《纽约时报》等主流媒体的表现也远不如平台中的年轻"大 V"（influencer）③，因为后者往往与受众群体建立了更为人性、真实且有价值的链接④。

（三）新兴形式的探索与技术发展的潜在冲击

面对愈加不可依赖的社交媒体平台，探索各种触达受众的渠道，以获得更高参与度与忠诚度，将是新闻媒体未来转型发展中的必经之路。例如，2023 年 6 月，Meta 旗下全球最大即时通信软件 WhatsApp 试点推出的"频道"（channels）功能引发媒体关注。WhatsApp 频道独立于好友对话与群聊，以主动订阅的方式为用户提供私密的资讯接收渠道，并支持转发至私人聊天中。⑤ 更为主流的受众、更好的信任氛围与更为直接、便捷的转发均成为吸引新闻媒体加入的因素。该功能于 2023 年 9 月全面上线后的两个月内，已有《纽约时报》、Vox、《华盛顿邮报》、《大西洋月刊》（The Atlantic）、Axios 等媒体入驻，且这些媒体均已获得数十万至数百万的用户订阅。⑥ 但值得注意的是，有关负

---

① Jessica Maddox, "TV Reporters Become TikTok Influencers," https：//www. niemanlab. org/ 2023/12/tv-reporters-become-tiktok-influencers/, Dec. 2023.

② Mark Coddington, Seth Lewis, "The News Will not Find You on TikTok," https：//www. niemanlab. org/2023/10/the-news-will-not-find-you-on-tiktok/, Oct. 2023.

③ Nic Newman, "Journalism, Media, and Technology Trends and Predictions 2024," https：// reutersinstitute. politics. ox. ac. uk/journalism-media-and-technology-trends-and-predictions- 2024, Jan. 2024, p. 9.

④ Andrew Losowsky, "Publishers Will Finally be Influenced by Influencers," https：//www. niemanlab. org/2023/12/publishers-will-finally-be-influenced-by-influencers/, Dec. 2023.

⑤ "Introducing WhatsApp Channels. A Private Way to Follow What Matters," WhatsApp. com, https：//blog. whatsapp. com/introducing-whatsapp-channels-a-private-way-to-follow-what- matters, Jun. 2023.

⑥ Hanaa' Tameez, "How 13 News Publishers are Using WhatsApp Channels," https：//www. niemanlab. org/2023/11/how-13-news-publishers-are-using-whatsapp-channels/, Nov. 2023.

责人均表示内容策略仍处于初期探索过程，通过免费的消息推送与受众建立的联系如何进一步转化为媒体发展的动力源，仍是有待研究之课题。

搜索引擎作为日渐式微的传统新闻分发渠道，也正在生成式人工智能的冲击下形成潜在的变革趋势。2023 年 3 月，微软结合旗下 GPT 模型推出 New Bing，试图以对话形式取代传统的搜索结果列表；同年 5 月，谷歌发布生成式搜索体验（Search Generative Experience, SGE），并开放申请体验，传统的"网页排名"（pagerank）算法出现被替代的可能。有研究者指出，在新的可能模式下，由于新闻出版商被集成进机器生成的回答之中，其所能获得的流量将会进一步降低。[1] 实际上，类似功能在更早就已出现，如 2022 年 3 月上线的 Pi. ai，以及同年 12 月上线的 Perplexity. ai。虽然实践证明，类似模式受生成式人工智能技术的限制而仍存较大缺陷，短时间内难以普及，但仍被认为是一个"并非遥远的未来"。[2]

三　困境与突围：多方压力下商业模式的实践探索

（一）整体承压，经营状况依旧不容乐观

2023 年，美国媒体行业经营情况仍未有明显好转。美国知名转职服务公司 Challenger，Gray & Christmas 于 12 月发布的报告显示，当年新闻业共裁员 2681 名，为 2020 年之后的高峰[3]，其中不乏多家大型媒体公司。2 月，

[1] Laura Hazard Owen, "Google is Changing up Search. What Does that Mean for News Publishers?" https：//www. niemanlab. org/2023/05/google－is－changing－up－search－what－does－that－mean－for-news-publishers/, May. 2023.

[2] Ravi Sen, "Why Google, Bing and Other Search Engines' Embrace of Generative AI Threatens ＄68 Billion SEO Industry," https：//today. tamu. edu/2023/10/20/why－google－bing－and－other－search-engines-embrace-of-generative-ai-threatens-68-billion-seo-industry/, Oct. 2023.

[3] "Job Cuts Jump in November 2023 from October; Second Time This Year Cuts Lower than Same Month Year Ago," Challenger, Gray & Christmas, Inc. , https：//www. challengergray. com/blog/ job-cuts-jump－in－november－2023－from－october－second－time－this－year－cuts－lower－than－ same-month-year-ago/, Dec. 2023.

新闻集团（News Corporation）据报道将裁员 5%，约 1250 人①；同月，NPR 宣布将裁员 10%，至少 100 人②；《洛杉矶时报》（*Los Angeles Times*）6 月宣布裁员 74 人，约占员工总数的 13%③；《华盛顿邮报》10 月推出一项自愿离职计划（buyout），以期推动 240 名员工离职④。值得注意的是，除传统媒体之外，即使是互联网时代诞生的数字新闻媒体，同样在 2023 年纷纷遭遇生存危机。4 月，Buzzfeed 宣布裁员 15% 并关闭其新闻网站⑤，商业内幕网同样宣布裁员 10%⑥；5 月，Vice 媒体集团宣布破产⑦。有分析指出，数字新闻媒体关闭的背后，是对广告与流量的过分依赖，而未能确立一个真正可持续的商业模式。⑧

此外，政治因素也为 2023 年美国媒体的经营带来额外压力。其中的标志性事件是，2023 年 4 月，福克斯新闻（Fox News）与多米尼恩投票系统公司（Dominion Voting Systems）在开庭陈词前达成协议，就后者提出的关于"操纵"2020 年大选的诽谤诉讼进行和解。为此，福克斯新闻支付了 7.875 亿美元的和解金，这也是美国历史上已知的数额最大的诽谤诉讼

① Chavi Mehta, Helen Coster, Dawn Chmielewski, "News Corp Plans Job Cuts, Misses Estimates for Earnings," https：//www. reuters. com/business/media-telecom/dow-jones-owner-news-corp-misses-quarterly-revenue-estimates-2023-02-09/, Feb. 2023.

② David Folkenflik, "With Layoffs, NPR Becomes Latest Media Outlet to Cut Jobs," https：// www. npr. org/2023/02/22/1158710498/npr-layoffs-2023, Feb. 2023.

③ Meg James, "Los Angeles Times to Cut 74 Newsroom Positions Amid Advertising Declines," https：//www. latimes. com/entertainment-arts/business/story/2023-06-07/los-angeles-times-newsroom-layoffs-merida-soon-shiong, Jun. 2023.

④ Will Sommer, Elahe Izadi, "Washington Post Will Offer Buyouts to Cut Staff by 240-The Washington Post," https：//www. washingtonpost. com/style/media/2023/10/10/washington-post-staff-buyouts/, Oct. 2023.

⑤ Natalie Sherman, "Buzzfeed News to Close as Media Firm Cuts Jobs," https：//www. bbc. com/news/65341450, Apr. 2023.

⑥ Corbin Bolies, "Insider to Lay off 10 Percent of Staffers, Company Says," https：//www. thedailybeast. com/insider-to-lay-off-10-percent-of-staffers-company-says, Apr. 2023.

⑦ Mariko Oi, Nick Edser, "Vice and Motherboard Owner Files for Bankruptcy," https：//www. bbc. com/news/business-65462957, May 2023.

⑧ Bron Maher, "Vice Media: From Murdoch Money to Bankruptcy in a Decade," https：//pressgazette. co. uk/media_business/why-did-vice-go-bankrupt/, May 2023.

和解金。① 数日后，诽谤诉讼涉及的福克斯招牌主播之一塔克·卡尔森（Tucker Carlson）被宣布解职。② 尽管有评论者认为，很难确定和解金对福克斯新闻造成多大除经济以外的破坏，因其受众的忠诚度以及对极化观点的接受度都很高，但可能带来的负面声誉影响似乎仍是促成此次和解的原因。③

（二）头部媒体数字订阅模式取得新突破

在数字新闻仍是趋势的情况下，数字订阅保持成为媒体转型中的重要关注方向。其中，部分头部媒体选择多样化收入形式，以开拓经营局面。2023年11月，《纽约时报》宣布其套餐订阅（all access bundle）用户数达到1000万，较2022年的1000万产品订阅量更进一步。套餐订阅在报纸数字内容之外，还捆绑旗下《运动员》（The Athletic）、"纽时美食"（NYT Cooking）、"纽时游戏"（NYT Games）等多款产品。非新闻产品在营收中的占比进一步增加，是《纽约时报》长期经营战略改变之下的结果，尽管有关尝试仍在早期，但预计将改善公司的营收能力。④ 2023年10月，《纽约时报》前任首席执行官、CNN新任首席执行官马克·汤普森（Mark Thompson）表达了类似愿景。他在一份员工备忘录中表示，面临有线电视订阅营收下滑的威胁，CNN将在坚持以视频为主导的即时新闻报道的同时，

① "Dominion-Fox News Trial: Fox News Settles Defamation Suit for ＄787.5 Million, Dominion Says," *The New York Times*, https://www.nytimes.com/live/2023/04/18/business/fox-news-dominion-trial-settlement, Apr. 2023.
② "Tucker Carlson Leaving Fox News: Fox News Parts Ways with Tucker Carlson Days after Dominion Settlement," *The New York Times*, https://www.nytimes.com/live/2023/04/24/business/tucker-carlson-fox-news, Apr. 2023.
③ Jim Rutenberg, Katie Robertson, "Analysis: Fox News's ＄787.5 Million Settlement is the Cost of Airing a Lie-The New York Times," https://www.nytimes.com/2023/04/18/technology/fox-news-dominion-settlement.html, Apr. 2023.
④ Sarah Scire, "The New York Times Hits 10 Million Subscribers by Using Non-News Products as an on-Ramp," https://www.niemanlab.org/2023/11/the-new-york-times-hits-10-million-subscribers-by-using-non-news-products-as-an-on-ramp/, Nov. 2023.

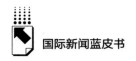

从传统的以电视为中心的媒体转向新闻及相关内容的多平台目的地，使其商业模式更加多样化。①

（三）技术发展下内容版权成为关注焦点

生成式人工智能所引发的新闻内容版权及其收益问题，成为 2023 年媒体创造收入的另一重要关注点。2023 年 6 月，包括《华盛顿邮报》《华尔街日报》等美国 50 余家主要媒体在内的行业贸易组织 Digital Content Next 发表关于生成式人工智能发展与治理的七项原则，其中就内容版权保护、内容安全等问题提出概括性意见，强调了新闻出版商在技术发展中的角色与地位。② 此外，媒体自身与技术公司的谈判各自展开，后者主要包括 OpenAI 与苹果公司。③ 2023 年 7 月，美联社宣布与 OpenAI 达成一项两年的合约，允许后者使用其 1985 年至今的文章进行模型训练，部分交换条件是获取 OpenAI 的技术和产品专业知识。④ 2023 年 12 月，《纽约时报》则在协商无果后，宣布起诉 OpenAI 未经授权使用其文章，成为美国第一家对生成式人工智能技术公司采取法律行动的新闻媒体。⑤ 新闻媒体与技术公司间达成协议并非易事。有研究者指出，媒体既担心低估自身内容价值，重演过去社交媒体平台发展所带来的巨大收入损失，又担心不准确的生成内容对其可信度造成影响。因此，尽管甘尼特、新闻集团等公司声称尚在与 OpenAI

---

① Oliver Darcy, "CNN Chief Mark Thompson Outlines His Plan to Transform the Network for the Future: 'It's Time for a Revolution' | CNN Business," https://www.cnn.com/2024/01/18/media/mark-thompson-cnn-transformation/index.html, Jan. 2024.

② "Principles for Development and Governance of Generative AI," Digital Content Next, https://digitalcontentnext.org/wp-content/uploads/2023/06/DCN-Principles-for-Development-and-Governance-of-Generative-AI.pdf, Jun. 2023.

③ Benjamin Mullin, Tripp Mickle, "Apple Explores A. I. Deals with News Publishers," https://www.nytimes.com/2023/12/22/technology/apple-ai-news-publishers.html, Dec. 2023.

④ Sara Fischer, "AP Strikes News-Sharing and Tech Deal with OpenAI," https://www.axios.com/2023/07/13/ap-openai-news-sharing-tech-deal, Jul. 2023.

⑤ Michael M. Grynbaum, Ryan Mac, "New York Times Sues OpenAI and Microsoft over Use of Copyrighted Work - The New York Times," https://www.nytimes.com/2023/12/27/business/media/new-york-times-open-ai-microsoft-lawsuit.html, Dec. 2023.

进行磋商①，但截至 2023 年底，仍有超过 80% 的美国头部出版商不允许大型 AI 平台直接访问其内容②。

（四）地方新闻业重建取得一些标志性进展

地方新闻业方面，发展情况同样不容乐观。美国西北大学梅迪尔新闻学院（Medill School of Journalism）发布的《2023 年度地方新闻状况报告》显示，平均每周仍有 2～3 家地方纸质媒体关闭，下降速度较 2022 年更甚，整体数量降至约 6000 家。③ 即使加上不多的地方数字媒体与广播电台，也有近一半县域的居民失去地方新闻来源④，持续引发对于"新闻荒漠"（news desert）的担忧。面对困境，美国地方新闻业也在法律和资金层面得到一些标志性的援助。2023 年 7 月，纽约保守派共和党议员克劳迪娅·坦尼（Claudia Tenney）发起《社区新闻与小型企业支持法案》（The Community News and Small Business Support Act），旨在减免为地方新闻媒体做广告的小型企业的税收，并将资金投入地方媒体员工雇佣中。由 3000 余家地方媒体组成的"重建地方新闻联盟"（Rebuild Local News Coalition）主席史蒂文·瓦尔德曼（Steven Waldman）认为，该法案无论是在概念还是政治上都颇具突破性。⑤ 2023 年 9 月，22 名个人或机构联

① Benjamin Mullin, "Inside the News Industry's Uneasy Negotiations with OpenAI-The New York Times," https：//www.nytimes.com/2023/12/29/business/media/media-openai-chatgpt.html, Dec. 2023.

② Nic Newman, "Journalism, Media, and Technology Trends and Predictions 2024," https：// reutersinstitute.politics.ox.ac.uk/journalism-media-and-technology-trends-and-predictions-2024, Jan. 2024：15.

③ Penelope Muse Abernathy, Sarah Stonbely, "The State of Local News 2023," https：// localnewsinitiative.northwestern.edu/assets/slnp/the_state_of_local_news_2023.pdf, Nov. 2023：19.

④ Penelope Muse Abernathy, Sarah Stonbely, "The State of Local News 2023," https：// localnewsinitiative.northwestern.edu/assets/slnp/the_state_of_local_news_2023.pdf, Nov. 2023：10.

⑤ "Key Republican and Democrat Join Forces to Strengthen Local News," Rebuild Local News Team, https：//www.rebuildlocalnews.org/major-new-bill-introduced-by-conservative-republican-to-strengthen-local-news/, Jul. 2023.

合提出全国性倡议"Press Forward",宣布将在五年内提供 5 亿美元助力地方媒体发展。有评论者认为,该倡议一方面将对地方媒体生存提供一定但有限的实质性帮助,另一方面行动本身将为对地方新闻业的资助带去更多活力,产生更加深远的正面影响。①

四　分化与弥合:大选将至的信任挑战

2023 年,美国民众的新闻接受与媒体信任仍处低谷。路透新闻研究院(Reuters Institute for the Study of Journalism)2023 年发布的调查报告显示,73%的受访者每日至少获取一次新闻内容,较前一年略微提升 6 个百分点。② 而皮尤调查中心的另一项调查则显示,"大部分时间或一直关注新闻"的美国成年人比例从 2016 年的 51%下降至 2022 年的 38%。③ 媒体信任的表现则更为糟糕。盖洛普公司(Gallup)2023 年的一项调查显示,"相当信任新闻"的美国人占比为 32%,是系列调查 50 年来的最低值。与此同时,"完全不信任新闻"的美国人占比则连续五年提升,达到调查历史上最高的 39%。④ 而后疫情时代复杂的政治、技术以及传播环境,以及 2024 年新一轮大选的开启,使美国媒体面临的挑战愈发严峻。

(一)疫情后在线信息环境持续恶化

2020 年大选与新冠疫情(COVID-19)流行后,社交媒体平台上的虚

---

① Natalie De Rosa, "Half a Billion Dollars for Local News," https://niemanreports. org/articles/newsletter-local-news-funding-press-forward/, Oct. 2023.

② Nic Newman, Richard Fletcher, Kirsten Eddy, Craig T Robertson, Rasmus Kleis Nielsen, "Reuters Institute Digital News Report 2023," Jun. 2023:108.

③ Naomi Forman-Katz, "Americans are Following the News Less Closely than They Used to," https://www. pewresearch. org/short-reads/2023/10/24/americans-are-following-the-news-less-closely-than-they-used-to/, Oct. 2023.

④ Megan Brenan, "Media Confidence in U.S. Matches 2016 Record Low," https://news. gallup. com/poll/512861/media-confidence-matches-2016-record-low. aspx, Oct. 2023.

假信息持续盛行。例如，2023 年蒙莫斯大学（Monmouth University）的一项调查显示，每 10 个美国人中仍有 3 人相信与 2020 年选举有关的阴谋论。[1] Facebook 等社交媒体平台作为虚假信息的主要传播地，在应对虚假信息上的努力仍被质疑效果有限[2]，而其对于专业事实核查内容的资助在经济压力之下也被认为存在缩减可能，如 X 已在 2022 年底从专业核查模式完全转向开放式"众包核查"，即"社区笔记"（community notes）功能[3]，引发广泛担忧。布朗大学（Brown University）信息未来实验室（Information Futures Lab）联合主任克莱尔·沃德尔（Claire Wardle）表示，当下的在线信息环境就像一个青少年，"笨拙、长满痘痘，而且情绪化"。[4]

（二）媒体创新内容呈现方式以应对极化环境

尽管蓄意散播特定言论的政客，以及社交媒体平台上的信息治理与政治分化有着更为直接的关联，但是新闻媒体于其间尚无法独善其身。美联社 2023 年 5 月的一项调查显示，接近 3/4 的美国成年人认为新闻媒体正在加剧国家中的政治极化，2/5 的人则认为媒体所作所为给民众带去更多的是伤害。[5] YouGov 2023 年 4 月的一项调查则凸显媒体信任问题背后的政治复杂

---

① "Most Say Fundamental Rights under Threat," Monmouth University Polling Institute, https://www.monmouth.edu/polling-institute/reports/monmouthpoll_us_062023/, Jun. 2023.

② David A. Broniatowski, Joseph R. Simons, Jiayan Gu, Amelia M. Jamison, Lorien C. Abroms, "The Efficacy of Facebook's Vaccine Misinformation Policies and Architecture during the COVID-19 Pandemic," https://www.science.org/doi/10.1126/sciadv.adh2132, Sep. 2023.

③ Andrew Hutchinson, "Twitter Makes 'Community Notes' Visible to All Users Globally," https://www.socialmediatoday.com/news/Twitter-Makes-Community-Notes-Visible-to-All-Users/638482/, Dec. 2022.

④ Tiffany Hsu, Stuart A. Thompson, "Fact Checkers Take Stock of Their Efforts: 'It's not Getting Better' -The New York Times," https://www.nytimes.com/2023/09/29/business/media/fact-checkers-misinformation.html, Sep. 2023.

⑤ David Klepper, "Americans Fault News Media for Dividing Nation: AP-NORC Poll," https://apnews.com/article/poll-misinformation-polarization-coronavirus-media-d56a25fd8dfd9abe1389b56d7e82b873, May 2023.

性，除《华尔街日报》《福布斯》两家金融媒体外，民主党与共和党受访者对问卷其余所涉及的几乎所有媒体均持相反的信任态度。[①] 2024 年新一轮美国大选更显现这一问题之紧迫。2023 年，一些媒体也试图通过创新性的举措提升其透明度，以促进受众信任。例如，《纽约时报》5 月在内部全面推行"增强版署名行"（enhanced byline），并集成于其发布系统。"增强版署名行"取代了传统的新闻电头，允许记者在开头加入更多附加信息，例如其背景或为该篇报道的写作所做的幕后工作。《纽约时报》"信任团队"（Trust Team）助理编辑埃德蒙·李（Edmund Lee）表示，尽管有关信息通常并不是报道的一部分，但此举是向读者展示"报道是可信任的"的另一种方式。[②]

（三）生成式人工智能引发新型信任问题

复杂信息传播环境下，生成式人工智能的介入也极大影响着受众对新闻与媒体的观点。在有关技术进入新闻生产领域已成趋势的情况下，有研究者通过对近 1500 名美国人进行实验，提出"人工智能声明悖论"（paradox of AI disclosure），即一方面大多数受众（超过 80% 的参与者）希望新闻媒体在使用生成式人工智能技术辅助生产的同时予以告知，另一方面这种提升透明性的告知反而会降低受众对其的信任度，而这一困境以及围绕它的一系列变化，并没有一个简单的答案或明晰的未来。[③] 有评论者指出，随着生成式人工智能被武器化以传播虚假信息或产生其他负面影响的可能性日益增加，

---

① Linley Sanders, "Trust in Media 2023：What News Outlets do Americans Trust most for Information？｜ YouGov," https：//today. yougov. com/politics/articles/45671 - trust - in - media - 2023 - what - news-outlets-trust-poll, May 2023.

② Hanaa' Tameez, "The New York Times Launches 'Enhanced Bylines', with more Information about How Journalists Did the Reporting," https：//www. niemanlab. org/2023/05/the - new - york - times-launches-enhanced-bylines-with-more-information-about-how-journalists-did-the-reporting/, May 2023.

③ Benjamin Toff, Felix M. Simon, "'Or They Could Just not Use It?'：The Paradox of AI Disclosure for Audience Trust in News," https：//osf. io/mdvak, Dec. 2, 2023.

与受众建立信任关系、提升透明度，以及确保责任性，对新闻媒体而言显得空前重要。人工智能时代的媒体应当进一步与受众加强沟通，充分告知受众其所做的决定，以及做出这些决定的原因。①

① Christina Veiga, "To Build Trust in the Age of AI, Journalists Need New Standards and Disclosures," https：//www. poynter. org/commentary/2023/jouranlism－artificial－intelligence－ethical-uses/, Apr. 2023.

B.13
传播学视野下 YouTube 海外
研究主题与趋势展望

卢 垚 胡东瑞*

摘 要: YouTube 作为全球最大的视频分享平台,自成立以来,迅速成长为全球社交媒体和数字内容消费的核心平台之一。随着学界对 YouTube 的关注和研究不断深入,相关文献的多样性和复杂性使得系统性梳理和评估这些研究成果变得尤为重要。为使驳杂的海外研究进一步明晰化,本文利用文献计量的方法,将近五年来传播学领域影响力最高的 1000 篇 YouTube 相关文献作为研究对象,通过可视化的形式将海外 YouTube 研究特征及趋势呈现出来。研究发现,海外 YouTube 研究近年来的热门话题集中在健康传播、平台研究及效果研究等领域。研究脉络呈现双重趋势:一方面集中在社交媒体平台的社会和行为研究上,特别是在疫情期间,YouTube 在信息传播和健康信息方面的作用显著;另一方面则聚焦技术层面,尤其是视频处理和内容分析的技术研究。海外 YouTube 研究正向多学科交叉的方向发展,社会文化影响与技术创新相结合成为研究的主流趋势,未来的研究有望在机器学习、深度学习与社交媒体的交互作用中取得更多突破。

关键词: YouTube 传播学 社交媒体

YouTube 是谷歌旗下的一个美国在线视频共享平台,2005 年 2 月 14 日

---

* 卢垚,上海社会科学院新闻研究所助理研究员;胡东瑞,上海社会科学院新闻研究所硕士研究生。

由 PayPal 的三名前雇员陈士骏、查德·赫尔利和乔德·卡里姆创立。YouTube 总部位于美国加利福尼亚州圣布鲁诺，是全球访问量第二大的网站，截至 2024 年 1 月，YouTube 每月活跃用户数超过 27 亿，每日视频总共观看时长超过 10 亿小时。在全球化与数字化加速发展的背景下，YouTube 作为全球最大的视频分享平台之一，已成为人们获取信息、娱乐、教育和社交的重要渠道。随着用户数量的持续增长和内容多样性的提升，YouTube 已然成为一个反映社会文化变迁与全球化趋势的窗口。近年来，学术界对 YouTube 的研究逐渐增多，特别是在传播学领域，研究者从多维度探讨 YouTube 在传播生态、文化生产、社会影响力等方面的深远影响。

一　YouTube 海外研究概览

本文针对 YouTube 视频平台，基于 Web of Science 核心数据库进行内容检索，筛选出标题、关键词和摘要部分含有 YouTube 的全部研究，共计 24856 条文献信息，并利用 Web of Science 文献检索分析工具展开分析。

根据 WoS 核心数据库统计，国外 YouTube 研究肇始于 2006 年，2006～2013 年始终呈现逐年增长的趋势，2013～2019 年维持较为稳定的增长，2019 年迎来规模较大的爆发式增长，2021～2023 年每年的文献数量始终保持在 3000 篇以上。如图 1 所示，对海外 YouTube 研究文献按年度进行区分，发现数据库中文献最早出现年份为 2006 年，而该应用正式在海外上线的时间为 2005 年，符合学术研究的时间规律，最早的文献为 Woolley 发表在 *Forbes* 上的 "Raw and Random"，文章称 "每天人们都会登录 YouTube. com，并与数百万名网络观众分享。每天有 1500 万次播放，并且这个数字还在增长"。文章从商业层面肯定了在线视频网站取得的经济成果。[①] 此后，Mike Holderness 和 Ted Nelson 在 *New Scientist* 上发表的 "It Could All be so much Better" 则从技术层面阐明了网站的运作架构。Ted Nelson 认为，他在 20 世

---

① Woolley, S., "Raw and Random," *Forbes*, 2006, 177 (5): 46.

纪 60 年代发明的超文本成为网络上文档之间导航的技术基准。Mike Holderness 则进一步利用技术使得搭建社交网站成为可能。① 这些初期的探索都对 YouTube 研究向人文社科及计算机科学两大方向发展起到了助推作用。YouTube 研究成果数量爆发式增长于 2019 年，随着时间推移，到 2023 年以前关于 YouTube 研究的学术成果不论是从数量还是内容主题上都呈现上升和发散的趋势。

图 1　2006~2024 年海外 YouTube 研究文献

二　海外 YouTube 研究领域、研究主题与样本选择

运用 Web of Science 检索工具对研究领域、研究主题进行可视化。

首先，对所搜集文献的研究领域进行分析，发现其主要集中于计算机科学、传播学、工程学、教育研究、行为科学、通信工程、心理学、数学、图书馆与情报、商业经济学以及社会科学的其他领域。

其次，将研究学科限定为本文的重点考察学科即传播学领域，得到文献信息共 5457 篇。其研究主题主要与计算传播、具身传播、健康传播、效果

---

① Holderness, Mike, and Ted Nelson, "It Could All be so much Better," *New Scientist*, 2006, 191（2569）：54−55.

研究等几个领域有关。

最后，WoS 核心数据库显示，2020 年以来是海外 YouTube 研究最为火热的时期，不考虑发表文献的时间先后，以引用量为标准选择近五年引用量最高的 1000 篇文献，利用 Bibliometrix 工具进行文献计量分析，更为客观地反映当下 YouTube 的研究趋势，并以这些文献为样本进行进一步分析。通过人工筛选后排除学科相关度低、会议论文等类别文献，最终得到 1000 篇文献标题所呈现的词云图（见图 2），显示的高频词包括"视频"（video）、"媒介"（media）、"社会"（social）、"内容分析"（content analysis）、"新冠"（covid-19）等。主要涵盖健康传播、智能传播、效果研究等子领域。基于此，本文将以上述 YouTube 研究主题为切入点，梳理近五年来海外 YouTube 研究热门领域的研究脉络，为观察其研究谱系提供一个主题上的横断面视角。

图 2　海外 YouTube 研究的标题统计词云

三　传播学视野下 YouTube 海外研究主题

（一）信息、保健与治疗：健康传播中的 YouTube 研究

随着 YouTube 作为信息传播平台的影响力不断扩大，越来越多的学者开

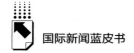

始关注其在健康信息传播中的作用。研究表明，YouTube 上的健康相关内容涉及多个领域，包括健康虚假信息的传播、生活保健内容的影响，以及疾病治疗过程中的积极情绪干预等。虽然 YouTube 为公众提供了广泛的健康信息渠道，但其内容的真实性、质量和对公众健康行为的影响仍然存在诸多挑战和复杂性。

1. YouTube 中的健康信息

该类研究数量最多的话题即健康虚假信息的传播。研究表明，YouTube 上存在大量的健康虚假信息，尤其是在疫苗、药物使用和疫情相关话题上。这些虚假信息往往通过个人用户的视频传播，具有很高的传播性。在关于 COVID-19 的研究中，有超过 1/4 的热门视频包含误导性信息。这些虚假信息可能导致公众对疫苗的抵制和健康行为的误导。研究还发现，政府和专业机构发布的视频虽然内容更加准确，但其影响力远不及用户生成的视频。①此外，受到疫情扩散的影响，"疫苗犹豫"与社交媒体上的阴谋论密切相关。YouTube 作为一个开放的平台，充斥着各种未经验证的健康信息，特别是关于疫苗的阴谋论，这在 COVID-19 疫苗推广过程中表现尤为明显。信任缺失、阴谋论信仰和社交媒体的使用是"疫苗犹豫"的重要预测因素。YouTube 等平台上推荐的内容常常加剧了人们对疫苗的不信任感。这些因素结合促使更多人对疫苗保持犹豫态度，进而影响群体免疫的实现。②

与此同时，对于 YouTube 上健康信息的研究还涉及信息来源的可信度和内容的质量评估。研究者采用内容分析、情感分析等方法，评估视频的质量和可信度。结果显示，政府机构和专业医疗人员发布的视频质量较高，但由于视频数量和覆盖率有限，其影响力仍然不及普通用户发布的内容。因此，公共卫生机构需要加强在 YouTube 上的参与，确保公众能够获得准确且可靠

① Suarez-Lledo, Victor, and Javier Alvarez-Galvez, "Prevalence of Health Misinformation on Social Media: Systematic Review," *Journal of Medical Internet Research*, 2021, 23 (1): e17187.
② Will Jennings, Gerry Stoker, et al., "Lack of Trust, Conspiracy Beliefs, and Social Media Use Predict COVID-19 Vaccine Hesitancy," *Uaccines*, 2021, 9 (6): 593.

的健康信息。① 针对健康虚假信息的传播现状，研究者还提出了多种应对策略，包括加强平台监管、提高公众的健康素养以及利用社交网络分析来识别并隔离虚假信息源。快速和有针对性的干预措施对减少虚假信息的影响至关重要，对于 YouTube 平台，采取措施来打击虚假信息传播并提升官方信息的可见性是应对健康虚假信息的有效途径。②

2. YouTube 与生活保健

EunKyo Kang 等学者通过观察 YouTube 传播内容来探究吃播视频与健康习惯之间的关联。研究发现，带有挑逗性内容的吃播视频（如暴饮暴食）与视频的受欢迎程度相关。此外，更多观看吃播的行为与吃播对饮食健康的影响扩大之间也存在关联。③ 此外，健身与健康也成为学者研究的重点。Julia Durau 等学者的研究探讨了社交媒体健身网红对用户锻炼意图的影响。通过对男性和女性 YouTube 健身网红的两项研究发现，健身网红的可信度、专业性和吸引力显著影响用户的积极评价，其中网红的"激励力量"比用户对网红的态度更能提高锻炼意图。此外，用户的身体健康状况、参与度和身体形象感受对锻炼意图有不同的影响，特别是女性用户对身体形象的负面感受会提高其锻炼意图。因此，可信、专业且有吸引力的健身网红能够有效促进用户的体育活动，尤其是通过增强其激励力量。④ 随着健康观念的不断普及，医疗健康教育视频的相关研究也不断深入。Wael Osman 的研究系统综述了 YouTube 上健康信息和教育视频的质量，其研究发现 YouTube 上的健康相关内容质量从平均到低于平均水平不等，只有 32% 的视频在健康内容

---

① Li, Heidi Oi-Yee, et al., "YouTube as a Source of Information on COVID-19: A Pandemic of Misinformation?" *BMJ Global Health*, 2020, 5 (5): e002604.

② Ahmed, Wasim, et al., "COVID-19 and the 5G Conspiracy Theory: Social Network Analysis of Twitter Data," *Journal of Medical Internet Research*, 2020, 22 (5): e19458.

③ Kang, EunKyo, et al., "The Popularity of Eating Broadcast: Content Analysis of 'Mukbang' YouTube Videos, Media Coverage, and the Health Impact of 'Mukbang' on Public," *Health Informatics Journal*, 2020, 26 (3): 2237-2248.

④ Durau, Julia, Sandra Diehl, and Ralf Terlutter, "Motivate me to Exercise with you: The Effects of Social Media Fitness Influencers on Users' Intentions to Engage in Physical Activity and the Role of User Gender," *Digital Health*, 2022 (8).

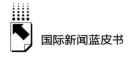

方面持中立态度。此外，大多数研究表明视频的质量与其受欢迎程度之间负相关或无相关性。研究结论认为，YouTube 不是可靠的医疗和健康信息来源。建议 YouTube 改进其排名和推荐系统，以提升高质量内容的展示度，方式之一是引入专家对医疗和健康视频的评估。①

3. YouTube 视频与疾病治疗

Abby Prestin 和 Robin Nabi 基于积极情绪理论，探讨了娱乐媒体是否可以作为一种"处方"来减轻压力对身心健康的负面影响。在为期 5 天的实验中，参与者被分配观看经过试验的 5 分钟 YouTube 视频，这些视频旨在引发希望、愉悦或平静的情绪。与没有观看视频的对照组相比，每个媒体组在干预过程中都报告了较低的压力水平。几天后，所有媒体组的参与者报告压力减轻，疾病症状减少。尽管所有类型的视频都能够缓解压力，但只有那些通过"弱者逆袭"故事激发希望的视频显著提升了参与者的动机和目标达成感，这一效果主要通过感受到的希望（而非自我效能感）来解释。研究表明，媒体所引发的积极情绪可以带来心理和生理上的双重益处，而且不同的情绪可能会产生独特的影响模式。这一研究结果为"媒体处方"的应用提供了新的启示。②

综上所述，YouTube 在健康信息传播中扮演着双重角色，既是信息获取的重要平台，也可能成为虚假信息的温床。为了更好地利用这一平台传播准确的健康信息，公共卫生机构、平台运营者和研究人员需要共同努力，确保公众能够获得可靠的健康内容，同时降低虚假信息对公众健康的负面影响。

（二）政治、文化与劳动：作为智能平台的 YouTube 研究

1. YouTube 平台与政治

YouTube 平台与政治的关系主要体现在平台如何影响和塑造政治传播的

---

① Osman, Wael, et al., "Is YouTube a Reliable Source of Health-related Information? A Systematic Review," BMC *Medical Education*, 2022, 22（1）：382.

② Prestin, Abby, and Robin Nabi, "Media Prescriptions: Exploring the Therapeutic Effects of Entertainment Media on Stress Relief, Illness Symptoms, and Goal Attainment," *Journal of Communication*, 2020, 70（2）：145–170.

方式。研究表明，YouTube 的算法推荐系统可能加剧用户的政治自我强化和情感极化，推动政治极端化。同时，平台也成为政治宣传的重要工具，在不同的政治生态中扮演重要的角色。如相关论文分析了互联网研究机构（IRA）在 2016 年美国总统大选期间的在线宣传策略，重点分析了 IRA 推文中的 108781 个超链接。结果显示，虽然 IRA 账号推广了涉及意识形态光谱两端的链接，但"保守派"账号比"自由派"更活跃。IRA 还在多个社交媒体平台上共享内容，尤其是 YouTube，这是 IRA 推文中链接第二多的目的地，链接到 YouTube 视频的内容明显偏向保守派。研究展示了在更广泛的媒体生态系统中看待政治传播的必要性，各国政府正在利用相互关联的信息生态系统来部署隐蔽的宣传策略。[①]

除了将平台作为宣传媒介展开政治策略部署外，来自德国的一项研究探讨了德国极右翼在线社区在 YouTube 上的形成，并分析了用户行为是否反映了三个新兴极右翼组织的崛起。结果表明，德国极右翼在 YouTube 领域的共同主线是难民危机及其相关问题。研究还显示，这一社区随着时间的推移变得更加密集和集中，表明极右翼在线社区正在逐步强化其内部网络结构。[②]此外，还有学者探讨了 2019 年芬兰人党（Finns Party）竞选视频中的民粹主义修辞是如何通过幽默动员集体仇恨的。研究通过分析竞选视频的制作过程以及 YouTube 用户的评论，揭示了社会类别和幽默的构建方式，并探讨了这些修辞手法在支持者和反对者中的不同接受情况。研究发现，支持者通过"美化"和"幸灾乐祸"两种情感话语实践来表达群体内的积极认同和对"政治他者"的贬低，而反对者则通过"愤怒"和"蔑视"将芬兰人党选民视为道德和智力上低劣的群体。这种幽默与仇恨的结合促进了社会愤怒和两派之间的极化，强化了双方的道德优越感。研究的贡献在于揭示了民粹主

① Golovchenko, Yevgeniy, et al. , "Cross-platform State Propaganda: Russian Trolls on Twitter and YouTube during the 2016 US Presidential Election," *The International Journal of Press/Politics*, 2020, 25 (3): 357-389.

② Rauchfleisch, Adrian, and Jonas Kaiser, "The German Far-right on YouTube: An Analysis of User Overlap and User Comments," *Journal of Broadcasting & Electronic Media*, 2020, 64 (3): 373-396.

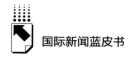
义修辞如何通过多模态传播助推社会极化，并为理解政治传播中的情感动员提供了新的视角。①

针对技术对政治的遮蔽，不少学者同样寻求协调的办法，如 Jaeho Cho 等的研究重点分析了 YouTube 的推荐算法，研究采用实验法，检测暴露于算法推荐内容后，用户的政治自我强化和情感极化是否会加强。研究结果表明，算法推荐的政治视频显著加强了用户的政治自我强化，表现为政治情感与意识形态之间的对齐程度提升。此外，参与者在接触这些推荐视频后，情感极化现象也有所加剧。研究认为社交媒体平台应提高平台透明度，提供多样化的信息来源，以及让用户更好地控制算法推荐的内容，减少算法推荐形成的政治极化。②

2. YouTube 平台与文化

海外关于 YouTube 平台与文化的研究展现了视频社交平台在数字文化与社会中的多重作用及其复杂性。Crystal Abidin 提出的"折射公众"（refracted publics）框架，是基于 2010 年代互联网用户文化的人类学和社会学研究，提供了研究社交网络平台文化的一种新视角。该框架关注用户在面对平台数据泄露、政治抗议、假新闻以及 COVID-19 等复杂背景下，如何主动适应和规避平台提供的内容。与"网络化公众"（networked publics）主要聚焦社交平台的基础设施和功能不同，"折射公众"框架强调了用户在信息不信任和注意力经济竞争中的创造性策略，尤其是在私人群体、封闭平台和短暂内容中表现得尤为突出。③ Jenni Hokka 通过分析 YouTube 明星 PewDiePie 的案例，探讨了 YouTube 平台上的种族主义言论和社会界限的模

---

① Sakki, Inari, and Jari Martikainen, "Mobilizing Collective Hatred through Humour: Affective-discursive Production and Reception of Populist Rhetoric," *British Journal of Social Psychology*, 2021, 60 (2): 610-634.

② Cho, Jaeho, et al., "Do Search Algorithms Endanger Democracy? An Experimental Investigation of Algorithm Effects on Political Polarization," *Journal of Broadcasting & Electronic Media*, 2020, 64 (2): 150-172.

③ Abidin, Crystal, "From 'Networked Publics' to 'Refracted Publics': A Companion Framework for Researching 'Below the Radar' Studies," *Social Media+ Society*, 2021, 7 (1).

糊性，揭示了 YouTube 平台如何在新自由主义意识形态下影响种族主义话语的传播。她指出，YouTube 通过创造创作者与粉丝之间的亲密错觉、承诺平台上人人平等的机会，以及对"思想市场"原则的解读，助推了种族主义在社交媒体上的正常化。[①] 此外，Bettina Boy 等人的研究关注了 YouTube 上科学视频的传播方式及其对社会知识结构的影响。随着参与式文化的兴起，科学记者作为传统信息把关人的角色正在发生变化，普通用户也成为知识传播中的积极参与者。通过对 400 个德国科学视频的系统分析，研究提出了四个科学传播视频的类型，并结合话语分析、接受研究和在线调查，探讨了这些视频在知识传递和受众态度形成中的作用。研究发现，视频的视线引导和受众的注意力分配对知识传递效果有显著影响，证明了视听科学传播形式在增强公众科学理解力方面的重要性。[②] 综上所述，这类研究表明，YouTube 作为一个平台不仅是内容传播的渠道，更是塑造数字文化和社会规范的关键力量。

3. YouTube 平台与劳动

海外 YouTube 劳动研究的关注点在于社交媒体平台如何通过重塑文化生产、分配和支付机制，影响创作者的职业生涯和表达自由。研究揭示了创作者在广告规则、算法激励与平台治理之间的平衡困境，特别是边缘化群体在面对不透明的分层治理和算法偏见时，如何应对剥削、不安全感和职业不公平。如 Robyn Caplan 和 Tarleton Gillespie 的研究认为社交媒体平台深刻改变了文化生产方式，部分原因是其重塑了文化分配和支付的方式。研究以 YouTube 合作伙伴计划及视频"去货币化"争议为例，探讨这些机制及其变化对创作者的影响。通过 YouTubers 在其视频中的自述，分析创作者如何在 YouTube 日益谨慎的"广告友好"内容规则、不断变化的财务和算法激励结

① Hokka, Jenni, "PewDiePie, Racism and Youtube's Neoliberalist Interpretation of Freedom of Speech," *Convergence*, 2021, 27 (1): 142-160.

② Boy, Bettina, Hans-Jürgen Bucher, and Katharina Christ, "Audiovisual Science Communication on TV and YouTube. How Recipients Understand and Evaluate Science Videos," *Frontiers in Communication*, 2020 (5): 608620.

构以及其作为开放表达平台的价值观之间找到平衡。文章还探讨了 YouTube 的分层治理策略，不同用户在内容被去货币化时面临不同的规则、资源和程序保护措施。当这些分层治理的细节模糊或传达不清时，创作者往往会自行推测内容去货币化的原因，这为某些创作者提供了借机对平台提出政治偏见指控的策略性机会。[①] Brooke Erin Duffy 和 Colten Meisner 的研究探讨了社交媒体创作者在算法可见性方面的经历，特别关注那些涉及历史上边缘化的身份或被污名化的内容的创作者。YouTube 等平台带来职业机会的同时，也含有剥削、不安全感和过度工作的文化。更重要的是，社交媒体创作者必须应对平台"难以捉摸"的社会技术系统，尤其是那些可能提升或阻碍他们可见性的算法。文章指出，平台治理是不平衡的，这种治理可以通过正式手段（如人工或自动化的内容审核）或非正式手段（如隐形封禁、偏向性的算法推荐）来实现。创作者对其的理解体现在他们的经验实践中，包括从自我审查到有意识地规避算法干预的努力。文章最后还讨论了社交媒体经济中由纪律和惩罚构成的机制，如何系统性地使边缘化的创作者和非主流文化表达处于不利地位。这些机制不仅影响了创作者的职业生涯，还加剧了平台上的不公平性。[②]

（三）用户行为、数字鸿沟与交叉研究：效果研究中的 YouTube 研究

1. YouTube 与用户行为

行为研究是 YouTube 研究中占比极大的部分，这类研究主要聚焦 YouTube 平台所带来的成瘾行为、模仿行为、消费行为及公共卫生事件中的集体行为等。关于成瘾行为的研究，如 Davide Marengo 等学者调查了远程教

---

① Caplan, Robyn, and Tarleton Gillespie, "Tiered Governance and Demonetization: The Shifting Terms of Labor and Compensation in the Platform Economy," *Social Media + Society*, 2020, 6 (2).

② Duffy, Brooke Erin, and Colten Meisner, "Platform Governance at the Margins: Social Media Creators' Experiences with Algorithmic (in) Visibility," *Media, Culture & Society*, 2023, 45 (2): 285-304.

育中青少年早期至晚期使用智能手机和社交媒体应用的普遍程度，分析了包括 YouTube 在内的不同社交媒体使用模式的群体在社交媒体成瘾方面的平均差异，平均而言，仅使用 WhatsApp 或 YouTube 的青少年与同时使用 Instagram 和 TikTok 的同龄人相比，社交媒体成瘾程度较低。[①] Al-Kandari 等的研究探讨了智能手机强迫使用与用户之间社交关系的关联，并评估成瘾用户的社交孤立和社交支持情况。结果表明，低社交孤立水平与较高的智能手机成瘾程度和整体健康及心理症状相关；高社交支持水平与较少的整体健康和心理症状相关。此外，使用 YouTube 的频率较高与 22 岁及以上青年人群的社交支持水平较低相关。[②]

用户模仿行为的研究，如 Linh Ha Le 运用社会学习理论和信息源可信度模型，探讨 YouTube 旅行视频博主的感知吸引力、专业性和可信度对观众认同感和行为意图的影响。研究发现，旅行视频博主的外在吸引力、社交吸引力和可信度均对观众的认同感产生积极影响，其中，可信度的影响力最强。当旅行视频博主与观众性别不同时，博主的社交吸引力对观众认同感的影响更为显著。认同感在博主属性与观众行为意图之间起部分中介作用。

此外，随着商业广告模式的不断革新，营销与消费成为 YouTube 研究中的重点。研究表明，YouTube 平台在视频优化和品牌营销中具有显著影响。视频标题中的信息含量增加反而可能减少观看量，而高强度负面情感的标题则能提高观看量。同时，增加视频描述中的信息含量能有效提升观看量，视频标签数量最多为 17 个时对观看量最为有利，但超过这一数量后效果会减弱。[③] 还有研究进一步探讨了品牌内容营销如何通过强化消费者体验来提高

① Marengo, Davide, et al., "Smartphone and Social Media Use Contributed to Individual Tendencies towards Social Media Addiction in Italian Adolescents during the COVID-19 Pandemic," *Addictive Behaviors*, 2022（126）：107204.

② Al-Kandari, Yagoub Yousif, and Maha Meshari Al-Sejari, "Social Isolation, Social Support and their Relationship with Smartphone Addiction," *Information*, *Communication & Society*, 2021, 24（13）：1925-1943.

③ Tafesse, Wondwesen, "YouTube Marketing: How Marketers' Video Optimization Practices Influence Video Views," *Internet Research*, 2020, 30（6）：1689-1707.

品牌忠诚度，发现高产品参与度品牌的消费者对品牌内容的感知信息价值和娱乐价值，以及 YouTube 频道的功能价值，均有助于提升品牌忠诚度；低产品参与度品牌则通过娱乐价值和社交价值达到同样效果。① Anna Elizabeth Coates 等人则研究了儿童对 YouTube 视频博主推广高脂肪、高糖和/或高盐（HFSS）食品的反应，发现尽管大多数儿童对这种营销持怀疑态度，但熟悉的 YouTuber 仍可能影响他们的态度和行为。这表明儿童对 HFSS 产品的影响者营销有一定的认知，但仍需加以控制以减少负面影响。②

除常态化下的个人行为外，还有研究探讨了新冠疫情期间，媒体报道和公众网络响应如何影响意大利、英国、美国和加拿大的风险认知和行为变化。研究结果表明，公众关注度主要受到媒体报道的驱动，但在新闻曝光和新冠病例仍然高企的情况下，公众活动却迅速下降。通过无监督的动态主题建模方法，研究发现媒体和互联网用户关注的主题大体一致，但在时间模式上存在有趣的偏差。③

2. YouTube 与数字鸿沟

算法在互联网基础设施中扮演着越来越重要的角色，它们用于从简单的音乐推荐到更深远、可能改变生活的决策，如警务、医疗保健或社会福利等。鉴于算法系统对人们日常生活、信息获取和自主权的影响及有时造成的伤害，有研究探讨了对算法的意识是否导致新的数字鸿沟。有学者针对人们对 YouTube 算法驱动的推荐、广告和内容的态度，分析了这些态度与算法意识水平和人口统计变量的关系，根据算法意识划分六个群体：不了解者、不

① Lou, Chen, and Quan Xie, "Something Social, Something Entertaining? How Digital Content Marketing Augments Consumer Experience and Brand Loyalty," *International Journal of Advertising*, 2021, 40（3）: 376-402.

② Coates, Anna Elizabeth, et al., "'It's just Addictive People that Make Addictive Videos': Children's Understanding of and Attitudes towards Influencer Marketing of Food and Beverages by YouTube Video Bloggers," *International Journal of Environmental Research and Public Health*, 2020, 17（2）: 449.

③ Gozzi, Nicolò, et al., "Collective Response to Media Coverage of the COVID-19 Pandemic on Reddit and Wikipedia: Mixed-methods Analysis," *Journal of Medical Internet Research*, 2020, 22（10）: e21597.

确定者、肯定者、中立者、怀疑者和批评者。他们还提出算法意识水平的差异可能导致新的数字鸿沟，这影响了人们对算法驱动推荐和内容的态度。

3. 批判学派的交叉研究

这类研究以更广阔的视角，提出了"批判性媒体效果"（Critical Media Effects，CME）框架，旨在将媒体效果研究和批判性文化传播相结合。其研究将 YouTube 中的娱乐信息作为研究内容的一部分，提出 CME 框架位于媒体效果研究的社会科学理论化的主导模式之内，并借鉴批判性文化传播中四个相互关联的关键概念：权力、交叉性、情境和能动性。CME 框架通过将媒体效果研究的社会科学方法与批判性文化传播的批判性分析相结合，为理解媒体在社会中的作用提供了更全面的视角。它呼吁学者们更加注重反思性和复杂性，以捕捉媒体效果在不同权力结构和文化语境中的表现。[①]

四　传播学视野下 YouTube 海外研究趋势展望

（一）成果产出与影响力趋势

海外 YouTube 研究的科学产出分布反映出不同国家在科学研究产出方面的表现。美国在科学产出方面处于领先地位，其次是中国和其他一些发达国家和地区（如欧洲），而许多发展中国家和地区在这一研究领域的产出较少。

海外 YouTube 研究引用次数最多的几个国家中，美国遥遥领先，引用次数超过 4000 次，其次是中国，有 2000 多次引用，韩国有 700 多次，几内亚有 15 次引用。综合来看，美国和中国在 YouTube 相关的科学研究中不仅在产出上处于领先地位，而且其研究成果也获得较高的国际认可度和引用次数，形成了较强的影响力。

---

① Ramasubramanian, Srividya, and Omotayo O. Banjo, "Critical Media Effects Framework: Bridging Critical Cultural Communication and Media Effects through Power, Intersectionality, Context, and Agency," *Journal of Communication*, 2020, 70（3）: 379-400.

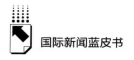

（二）研究主题与话题趋势

图 3 展示了海外 YouTube 研究相关主题之间的关系，图中的节点代表不同的主题，节点的大小表示这些主题在研究中的重要性或出现频率。节点之间的连线表示这些主题在研究文献中共同出现的频率。图中最大的节点是"youtube"和"video"，这表明这两个词是研究的核心主题。研究主要集中在 YouTube 平台和视频内容相关的问题上。"media"和"social"的节点也相对较大，这表明 YouTube 作为社交媒体在社会信息传播之外的社会关系构造也成为其核心议题。此外，根据议题不同可以划分出较为明显的两组主题，左侧组主要包含"social""media""covid-19""content""health"等主题，表明这部分研究集中在 YouTube 作为社交媒体平台在信息传播、健康信息、疫情应对等方面的作用。右侧组主要涉及"learning""network""deep""model""recognition"等主题，表明这部分研究更侧重于技术层面，如视频内容的机器学习、深度学习、模式识别等。共现图中的主题呈现明显的跨学科特征，连接线的存在表明尽管两个主题组有所区别，但它们之间仍具有错综复杂的联系，这意味着在 YouTube 研究中，社交媒体的社会影响和技术方法有交叉，可能有学者在研究 YouTube 内容传播的同时也在探索技术实现（如深度学习模型）的方式。海外 YouTube 研究的重点领域为疫情相关议题，左侧区域中"covid-19"的存在反映出疫情期间 YouTube 在传播健康信息、虚假信息以及影响公众舆论方面的作用。总体来看，这幅共现图显示出 YouTube 研究具有双重趋势特征：一方面是社交媒体平台的社会和行为研究，另一方面是视频处理和内容分析的技术研究，YouTube 作为一个综合研究对象，今后针对它的研究呈现既涉及人文社科的社会影响力探讨，也涉及计算机科学的技术应用研究的趋势。

图 4 呈现了以近五年为时间切片统计的海外 YouTube 研究话题趋势，综合来看，社交媒体平台在 2020 年就已经是研究的重点，契合近年来社交媒体在全球范围内的影响力和用户基数逐渐上升的趋势。视频相关的研究，如"videos""youtube videos""video object"，2020～2022 年占据了较大比重，

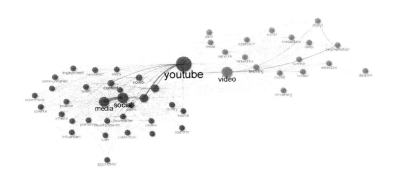

图 3   海外 YouTube 研究主题词共现图

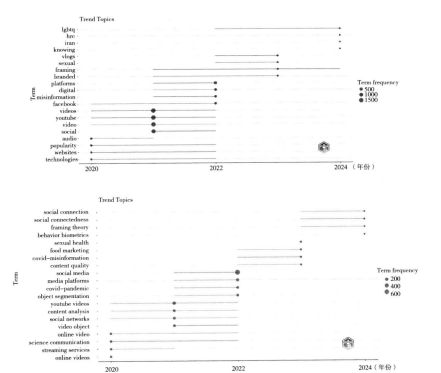

图 4   传播学领域海外 YouTube 研究话题趋势

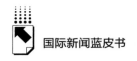
表明研究者对视频内容本身、视频传播的动态以及视频与观众互动的机制开展了大量的探索。技术和平台的基础设施，如"technologies""websites"等在2020～2022年也是研究的重要方向，这反映了学术界对YouTube平台技术架构及其内容分发方面的关注。2022～2023年这一阶段，内容质量（content quality）和社交连接（social connection，social connectedness）开始成为研究的热点。随着视频内容的爆发性发展，平台上内容的多样性以及平台用户关系的复杂性逐渐成为研究的焦点，研究者不断探索平台媒介对人类社会连接的形塑。此外，新冠疫情相关话题始终是研究的重点，如COVID-19大流行引发了关于"错误信息"（misinformation）和"食品营销"（food marketing）等话题的广泛讨论，该类研究特别关注社交媒体在传播公共健康信息中的作用，以及错误信息的扩散对公众认知的负面影响。2023～2024年，lgbtq+和性别议题（sexual）显著增加，显示出学术界对少数群体在社交媒体上表达和被代表的关注。在社会多元性和包容性不断进步的当下，lgbtq+社区在社交平台上的活跃性不断增强，相关研究不仅关注这些群体在社交媒体上的表达方式，也探讨了平台在推动社会变革中的潜在角色。此外，行为生物识别（behavior biometrics）和视频分割（object segmentation）在这一阶段也成为新的研究方向，新兴研究不断探索更为前沿的技术如何影响内容制作、传播以及观众的消费行为。综上所述，海外YouTube研究围绕技术与平台进化、社会文化影响、公共健康与社会责任等多元话题展开，其不仅是一个视频分享平台，更是一个复杂的社会现象和技术创新的交汇点。

图5反映了海外YouTube相关研究领域的主题分布和发展趋势。图中通过不同位置和大小的气泡展示了各个研究主题的相对重要性和发展状态。在对海外YouTube文献进行研究方向的归类后，可以将不同研究主题按照两个维度进行分类，中心性表示某一研究主题在整个研究领域中的重要性或影响力，表示某一研究主题的成熟度或发展水平。较为小众的研究主题（Niche Themes）在整体的海外YouTube研究光谱中有一定的密度，但在整体研究领域中的中心性较低，意味着它们在研究领域中是小众的或正在兴起的主题。例如，科学传播（science communication）、视频摘要（video summarization）、

动作识别（action recognition）、人类行为（human action）等。海外 YouTube 研究中占主导地位的研究主题（Motor Themes）位于图示右上角，这些主题既有高密度又有高中心性，意味着它们是成熟且在研究领域中具有核心影响力的主题。例如，神经网络（neural network）、活动识别（activity recognition）、卷积神经（convolutional neural）等主题。海外 YouTube 研究中的新兴或衰退主题（Emerging or Declining Themes）的密度和中心性都较低，其主要包含新兴的研究方向，或者是逐渐被研究者忽视的主题。例如，视频对象（video object）、对象分割（object segmentation）等研究话题。海外 YouTube 研究中的基础主题（Basic Themes）有较高的中心性但密度较低，意味着它们是基础性话题，在研究中广泛存在。例如，YouTube 视频（youtube videos）、内容分析（content analysis）、新冠疫情（covid-pandemic）、社交网络（social networks）、深度学习（deep learning）、机器学习（machine learning）、视频流（video streaming）、质量评估（quality assessment）、实例分割（instance segmentation）、视频实例（video instance）、在线视频（online video）等。

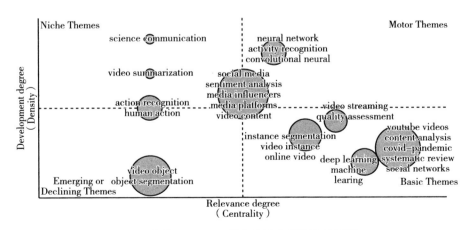

图 5　海外 YouTube 研究基于文献耦合的聚类

因此，当前关于 YouTube 研究的主流方向集中在机器学习、深度学习、社交网络分析等领域，尤其是在视频内容分析和情感分析等方面。视频流质

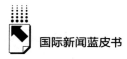

量评估和内容分析是一些较新的方向，正在获得更多关注。而如视频对象分割等主题可能是刚刚兴起，或者逐渐淡出研究者视野的主题。整体来看，研究趋势正从传统的视频内容分析向更多技术驱动的分析方法发展，如神经网络和活动识别。此外，根据主题分布态势可知，传播学研究与计算机科学、数据科学等领域的深度融合是必然趋势。例如，网络化、深度学习等技术主题与传播学概念如媒介影响、情绪分析等并列，跨学科视角在传播学中的重要性日益凸显。社交媒体处于中心位置，且与多个关键概念相连，平台媒介已成为 YouTube 研究中的核心场域，加之视频关键词的反复出现，反映了在视觉传播时代，视频内容分析仍然占据重要的位置，这与当前短视频、直播等新媒体形式的勃兴不谋而合。而技术驱动的研究方法更指向人工智能和机器学习技术的应用，大数据时代研究方法的革新同样需要关注。

社交媒体中的消费行为与广告包容性研究

张 卓*

摘 要： 随着社交媒体和互联网技术的飞速发展，消费者的行为模式和广告传播方式正经历前所未有的变革。本报告通过社交媒体中消费者的行为与动机、"消费善行"以及广告包容性前沿研究梳理，探讨现象背后的影响因素和理论机制，以期为数字时代的传播和广告理论提供新的研究基础和可供参考的知识体系。消费互动受到信息价值、娱乐价值和社交价值的共同驱动，六类细分市场值得关注；而社交媒体中明显的美德信号则揭示了消费者在塑造个人形象时的复杂心理和社会行为；广告包容性不仅关乎道德责任，还直接影响消费者的品牌认知和忠诚度，理解消费者对包容性广告的不同反应及其影响因素，对于品牌制定有效的广告策略至关重要。

关键词： 消费者互动 品牌关系 虚拟环境 类型学 包容性广告

一 引言

近年来，社交媒体影响者广告（influencer advertising）作为一种新兴的广告形式，因其独特的传播效果受到了广泛关注。美国广告商协会的数据显示，到2020年，整个影响者广告行业的市场规模预计将超过1000亿美元。[①] 这一领域的研究揭示了影响者广告在强化品牌意识和推动购买行为方面的潜力。

---

* 张卓，上海社会科学院新闻研究所助理研究员，主要研究方向为舆论学与计算传播。

① Mirzaei, A., Wilkie, D. C. and Siuki, H., "Woke Brand Activism Authenticity or the Lack of it," *Journal of Business Research*, 2022, 139（1）: 1-12.

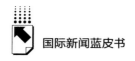
　　社交媒体使用量和参与度近年来显著提升，Z 世代用户加入社交媒体平台，与他人和品牌建立联系和互动。据估计，全球有 36 亿消费者使用社交媒体，Facebook 和 Instagram 的月活跃用户分别超过 25 亿和 10 亿，不可否认社交媒体参与对消费者市场有着强烈的控制力和影响力。①

　　以往研究发现，影响者以分享他们生活中的个人细节而闻名，无论是消费购买、关系细节还是对时事的看法，这得益于平台功能，使得故事（预先录制的，通常是前置视频）、现场视频流和对话以及私人消息得以传播。这种开放性，或"打破第四面墙"②，使消费者感觉好像他们获得了亲密的信息③，并认为他们在个人层面了解影响者④，使他们体验到更强的亲密感⑤。在面对面沟通的感知驱动下，消费者越来越投入并依赖社交媒体影响者作为娱乐、建议和灵感的来源。

　　还有研究关注到社交媒体影响者中的"消费善行"。在 Facebook 上，消费者可能会创建理想化的身份，在高度可见的社交媒体上展示积极的自我。⑥ 自我概念理论认为人们会以维护其自我感知的方式行事，通常使用品牌来维护或增强这种自我。⑦ 在虚拟世界中，消费者通过财产构建扩展的自我。⑧ 在社交媒体环境中构建自我的一种方式是通过虚拟"消费善行"。在

① Clement, Jessica, "Number of Global Social Network Users 2017-2025," the Statista website, https: //www. statista. com/statistics/278414/number-of-worldwide-social-network-users, 2020.
② Auter, P. J. , "Psychometric: TV that Talks Back: An Experimental Validation of a Parasocial Interaction Scale," *Journal of Broadcasting & Electronic Media*, 1992, 36 (2): 173-181.
③ Meyrowitz, J. , "Television and Interpersonal Behavior: Codes of Perception and Response," *Inter/Media: Interpersonal Communication in a Media World*, 1986 (253): 270-272.
④ Horton, D. and Richard Wohl, R. , "Mass Communication and Para-social Interaction: Observations on Intimacy at a Distance," *Psychiatry*, 1956, 19 (3): 215-229.
⑤ Perse, E. M. and Rubin, R. B. , "Attribution in Social and Parasocial Relationships," *Communication Research*, 1989, 16 (1): 59-77.
⑥ Hollenbeck, C. R. and Kaikati, A. M. , "Consumers' Use of Brands to Reflect their Actual and Ideal Selves on Facebook," *International Journal of Research in Marketing*, 2012, 29 (4): 395-405.
⑦ Strizhakova, Y. , Coulter, R. A. and Price, L. L. , "The Meanings of Branded Products: A Cross-national Scale Development and Meaning Assessment," *International Journal of Research in Marketing*, 2008, 25 (2): 82-93.
⑧ Belk, R. W. , "Extended Self in a Digital World," *Journal of Consumer Research*, 2013, 40 (3): 477-500.

线下，那些从事善行的人这样做是因为它允许他们使用适当的产品和品牌与正确的社会群体建立联系，从而获得地位。[①]

广告的推广多样性和包容性在社会中能带来积极变化。现阶段，对这些举措涉及消费者反应的研究较为有限。为了厘清相关机制，本研究通过前沿成果梳理，结合对多样性和包容性广告（DIA）反应的类型学研究，为新闻传播学研究者和媒体管理提供一个新的框架。

二　社交媒体中消费者的行为与动机

"影响者广告策略"是一种利用社交媒体上的意见领袖来强化品牌意识和购买的策略。Farrell 等学者探索了消费者异质性以了解消费者如何从他们关注的影响者那里获得价值。[②] 研究人员在对五个社交媒体平台（Facebook、Instagram、YouTube、Snapchat 和 Twitter）上的消费者进行大规模调查之后，揭示了社交媒体中六类消费者细分市场。这些细分市场在人们的关注以及对影响者的反应方面同样存在差异。

（一）什么驱动消费者与影响者互动？

1. 社交媒体影响者

社交媒体影响者是重要的内容生成者，即在特定领域具有专家地位的人，定期通过社交媒体生产有价值的内容，培养了大量忠实的追随者——对品牌具有营销价值。[③] 影响者的独特之处在于他们是普通人，使用可访问

① Kastanakis, M. N. and Balabanis, G., "Between the Mass and the Class: Antecedents of the 'Bandwagon' Luxury Consumption Behavior," *Journal of Business Research*, 2012, 65 (10): 1399-1407.

② Farrell, J. R., Campbell, C. and Sands, S., "What Drives Consumers to Engage with Influencers?: Segmenting Consumer Response to Influencers: Insights for Managing Social-media Relationships," *Journal of Advertising Research*, 2022, 62 (1): 35-48.

③ Lou, C. and Yuan, S., "Influencer Marketing: How Message Value and Credibility Affect Consumer Trust of Branded Content on Social Media," *Journal of Interactive Advertisin*, 2019, 19 (1): 58-73.

的、日常的产品并过着正常的生活。通常通过努力获得追随者，社交媒体影响者以其可爱的个性和在社交媒体上创造和策划相关的病毒性内容的能力而闻名①，其追随者人数从几百到百万不等。

社交媒体影响者通常存在于各种社交媒体平台上，并通过品牌合作、联盟链接和付费赞助赚钱。包括但不限于 Instagram、Facebook、YouTube 以及 TikTok 等平台上，影响者与品牌和消费者都建立了深厚而有意义的关系。由于他们是多面手，影响力变得越来越强大。他们代表了一种关联性更强且成本效益更高的品牌合作营销引擎。早期的研究揭示了影响者与传统营销策略不同的三个主要功能：培养特定受众、管理社交媒体互动、选择性背书。凭借这三个强大的工具，影响者能够将自己定位为营销策略中占主导地位且必要的组成部分，影响者为品牌和消费者增加了价值。

2. 影响者—品牌关系

近年来，品牌与社交媒体影响者的合作发生了明显转变，因为品牌开始认识到这些社交媒体名人对他们庞大的追随者的影响力。品牌与社交媒体影响者合作，看重影响者身后庞大且真实的追随者。因此，品牌在整体营销策略中投资特定影响者，以创建或推广品牌内容，然后分享在影响者的平台上。影响者基于他们与品牌的相对联系和/或与品牌整体目标消费者的相关性而被选中②，额外的好处是消费者通常将影响者制作的品牌内容视为比传统营销传播更真实，并且它比名人背书交易或赞助要便宜得多。

目前，品牌传播计划中已关注社交媒体影响者。③ 通过付费或赞助的帖子，品牌能够利用影响者的受众并分享信息。以往研究发现，影响者权力存

① Garcia, D., "Social Media Mavens Wield 'Influence,' and Rake in Big Dollars," CNBC, https://www.cnbc.com/2017/08/11/social-media-influencers-rake-in-cash-become-a-billion-dollar-market.html, Aug. 11, 2017.

② Breves, P. L., Liebers, N., Abt, M. and Kunze, A., "The Perceived Fit between Instagram Influencers and the Endorsed Brand: How Influencer-brand Fit Affects Source Credibility and Persuasive Effectiveness," *Journal of Advertising Research*, 2019, 59 (4): 440-454.

③ Hughes, C., Swaminathan, V. and Brooks, G., "Driving Brand Engagement through Online Social Influencers: An Empirical Investigation of Sponsored Blogging Campaigns," *Journal of Marketing*, 2019, 83 (5): 78-96.

在重要差异，处于早期阶段的消费者倾向于寻找更多专家来源，而那些趋向尝试产品的消费者更喜欢专业知识较少的影响者。具有额外战略重要性的是识别与维护品牌和影响者之间的适当契合，针对内容、品牌描绘、产品属性和人格化而言，可最大限度地高效利用营销支出。① 研究人员发现，品牌控制对信任影响者、帖子信誉、内容有趣性和搜索意图产生负面影响。② 由于消费者对品牌赞助的帖子（与影响者赞助的内容相比）表达了更多的负面情绪。③

3. 影响者—消费者关系

与理解影响者—品牌关系几乎同等重要的是理解消费者持续和一致地与社交媒体影响者互动的驱动力，无论是个人层面还是市场层面。消费者使用社交媒体平台进行信息交换和关系建立，影响者则利用这些相同的平台来满足消费者的需求。关于叙事故事讲述，以往的研究表明，第一人称讲述的叙事④和遵循专业知识故事情节的叙事⑤会产生更多的点赞和互动。影响者—消费者关系显著地受到相关性的驱动。有学者通过对年轻女性 Instagram 用户的深入访谈，得出结论：影响者比传统的名人代言人更具影响力、可信度和相关性。⑥ 影响者通过专门从事特定类别或领域，如时尚/化妆、游戏和

---

① Huang, H. H. and Mitchell, V. W., "The Role of Imagination and Brand Personification in Brand Relationships," *Psychology & Marketing*, 2014, 31 (1): 38-47.

② Martínez-López, F. J., Anaya-Sánchez, R., Fernández Giordano, M. and Lopez-Lopez, D., "Behind Influencer Marketing: Key Marketing Decisions and their Effects on Followers' Responses," *Journal of Marketing Management*, 2020, 36 (7): 579-607.

③ Lou, C. and Yuan, S., "Influencer Marketing: How Message Value and Credibility Affect Consumer Trust of Branded Content on Social Media," *Journal of Interactive Advertising*, 2019, 19 (1): 58-73.

④ Chang, Y., Li, Y., Yan, J. and Kumar, V., "Getting More Likes: The Impact of Narrative Person and Brand Image on Customer-brand Interactions," *Journal of the Academy of Marketing Science*, 2019 (47): 1027-1045.

⑤ Feng, Y., Chen, H. and Kong, Q., "An Expert with Whom I can Identify: The Role of Narratives in Influencer Marketing," *International Journal of Advertising*, 2021, 40 (7): 972-993.

⑥ Djafarova, E. and Rushworth, C. "Exploring the Credibility of Online Celebrities' Instagram Profiles in Influencing the Purchase Decisions of Young Female Users," *Computers in Human Behavior*, 2017 (68): 1-7.

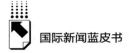

旅行，增强这些感知属性，这在影响者和消费者之间产生更高级别的信任，类似于个人朋友的感觉。这种信任不仅对促进购买行为有影响，而且推动联系和情感纽带的建立。

随着这些数字纽带变得更加牢固，品牌和个体（即影响者）利用社交媒体与他们的消费者、追随者建立了更强烈的关系。① 社交媒体允许与近处和远处的他人不间断地连接，以及双向对话，即使某个特定品牌或媒体人物没有直接与个体一对一互动，直接发消息或评论在各种社交平台之间和内部的可用性使得影响者或名人可以随意回应。这种在线沟通还可能涉及其他追随者的评论行为，无论影响者是否参与。

研究人员通过与消费者进行焦点小组讨论得出以下结论：关注、互动和从影响者那里消费的主要动机包括娱乐、灵感、寻找交易。那些出于娱乐目的关注影响者的人注意到吸引力和幽默感的元素。出于灵感关注影响者的个体经常谈及渴望看起来像影响者（例如，化妆、服装）或像影响者一样生活（例如，家居装饰、旅行）。②

（二）细分市场

研究人员使用 Qualtrics 创建了在线调查，并通过 Prolific Academic（一个国际在线小组提供商）分发调查邀请，收集 976 名使用社交媒体的美国居民的数据，最终样本为 938 个。其中包括 44% 的女性，平均年龄为 25.8 岁。在六个不同的细分市场中，作者发现了自变量（动机和行为）、协变量（个性和人口统计）以及因变量（平台使用和支出）方面的差异。

1. 创意寻求者

这类细分市场在支出方面处于中等水平（上次购买 = 23.37 美元；年度

---

① Labrecque, L. I., "Fostering Consumer-brand Relationships in Social Media Environments: The Role of Parasocial Interaction," *Journal of Interactive Marketing*, 2014, 28 (2): 134-148.

② Farrell, J. R., Campbell, C. and Sands, S., "What Drives Consumers to Engage with Influencers?: Segmenting Consumer Response to Influencers: Lnsights for Managing Social-media Relationships," *Journal of Advertising Research*, 2022, 62 (1): 35-48.

购买=50.47美元），其中38%的人没有因为影响者建议而做出购买行为。这个细分市场的消费者主要是为了娱乐，这些消费者倾向于关注相对较少的影响者，并且最常在YouTube或Instagram平台。在这个细分市场中，那些确实因为影响者建议而购买的消费者中，有62%的人每年购买次数少于一次（25%）。年龄方面，这个细分市场中的消费者平均年龄为25.6岁。

2. 沉默的追随者

这类细分市场的特点是绝大多数人没有根据影响者建议进行消费（79%）。那些确实做出购买行为的人在所有细分市场中的支出水平最低（上次购买=5.92美元；年度购买=9.68美元）。这个细分市场的消费者在几乎所有关注影响者的动机上都低于平均水平，最高比例的动机是娱乐，表现出低独特性需求。

3. 娱乐驱动的灵感寻求者

这类细分市场在根据影响者建议的支出方面处于最高水平（上次购买=53.14美元；年度购买=207.38美元），有91%的人因为影响者建议而购买。这类消费者在所有动机上比例都较高，并且主要因为娱乐而关注影响者。这些消费者表现出最高的意见领导力，通常在Instagram或YouTube上，但在Twitter和TikTok上关注影响者的比例较高。这个细分市场的消费者每年因为影响者建议而做出几次购买行为，他们也高度参与并且定期查看影响者内容。年龄方面，这个细分市场中的消费者平均年龄为27.1岁。

4. 自发的娱乐驱动

这类细分市场在根据影响者建议的支出方面处于低水平（上次购买=11.21美元；年度购买=14.41美元），有54%的人没有因为影响者建议而购买。这个细分市场的消费者主要因为娱乐而关注影响者，并且对寻找交易的动机显著较低。这些消费者主要在Instagram和YouTube上。这个细分市场中的消费者平均年龄为24.3岁。

5. 影响者未参与

这类细分市场的特点是低水平的支出（上次购买=15.90美元；年度购

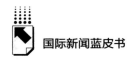

买=17.03 美元），有 68% 的人没有因为影响者建议而购买。与其他细分市场相比，这个细分市场的消费者在关注影响者的每一个动机上的比例低于平均水平，并且关注的影响者数量最少。他们在 Instagram、Twitter 和 TikTok 上关注影响者的比例低于平均水平。年龄方面，这个细分市场中的消费者平均年龄为 26.3 岁。

6. 超级粉丝

最后一个细分市场在支出方面处于高水平（上次购买=24.18 美元；年度购买=126.48 美元），只有 32% 的人没有因为影响者建议而购买。与其他细分市场相比，这个细分市场的消费者在所有动机上的比例都较高，除了寻找交易和来源信任。与其他细分市场相比，他们因娱乐、灵感、吸引力和权力而关注影响者。这些消费者关注的影响者数量最多，并且在 Instagram 和 YouTube 上关注影响者的比例较高。这个细分市场中的消费者最年轻，平均年龄为 23.9 岁。

从研究结果来看，两个消费支出最高的细分市场是娱乐驱动的灵感寻求者以及超级粉丝。这两个细分市场在几乎所有指定的动机上都处于较高水平，娱乐驱动的灵感寻求者的比例最高。这两个细分市场都与他们关注的影响者有着强烈的互动，超级粉丝关注的影响者数量最多。很明显，这两个消费者细分市场重视影响者提供的内容和建议，这一点从高度信任和娱乐中可以看出。有趣的是，与其他四个新出现的群体相比，两个高消费细分市场都指出吸引力是最大的动机。这一发现提供了有意义的启示，即外观作为高消费者支出和强烈参与行为的驱动力的重要性。

三 在社交媒体上的"消费善行"

消费者可能会在 Facebook 上"点赞"耐克运动鞋，向 Facebook 朋友发出他们运动的信号，但他们在现实世界中可能并不锻炼。当人们在 Facebook 上展示他们的慈善行为时，这是否反映了线下的善意？还是说，他们只是在线上"消费善行"，以提高他们的社会地位？例如，通过 Facebook"点赞"

提及品牌，一个人正在构建虚拟自我。①

如果一个人在 Facebook 上消费，这种虚拟消费在多大程度上预测了线下行为？此外，如果这种消费是关于"做好事"的，那么这在多大程度上影响了自尊，并预测了线下亲社会（向慈善机构捐款）甚至不道德（购买假冒商品）的行为意图？

（一）明显的美德信号（Conspicuous Virtue Signalling，CVS）

Grace 和 Griffin 提出明显的捐赠行为（Conspicuous Donation Behaviour，CDB）的概念。CDB 是"通过公开展示慈善商品或公开认可捐赠来向慈善事业捐赠的行为"。② 研究者区分了 CDB 的两个维度：自我导向的 CDB，即由寻求内在好处的愿望驱动；他人导向的 CDB，即由向他人展示行为的愿望驱动。研究人员在 CDB 概念的基础上展开探索，调查"明显的美德信号"（CVS），其体现为"在 Facebook 上提及慈善机构"。

研究人员发现，从事线下 CDB 的个体会寻找最明显的方式来突出他们的善行。对于 CVS，行为完全是虚拟的，不需要捐赠。在线下，消费者可以在捐赠后佩戴慈善丝带。在线上，个人不需要捐赠就可以在他们的 Facebook 页面上提及慈善机构。鉴于 Facebook 的特性，存在个体仅仅为了印象管理而提及慈善机构的可能性，然而关于 Facebook 上提及慈善机构与人们真实的线下捐赠行为之间可能缺乏联系。

（二）"消费善行"和增强自尊

人们认识到"善行"可以增强一个人的自我感③，在 Facebook 上与品

---

① Jensen Schau，H. and Gilly，M. C.，"We are What We Post? Self-presentation in Personal Web Space," *Journal of Consumer Research*，2003，30（3）：385-404.

② Grace，D. and Griffin，D.，"Exploring Conspicuousness in the Context of Donation Behaviour," *International Journal of Nonprofit and Voluntary Sector Marketing*，2006，11（2）：147-154.

③ Taylor，A.，"Givers Deserve their 'Helper's High'," *Third Sector*，2013（780）：20-22.

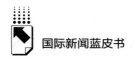

牌关联可以增强一个人的自尊①。因此，研究人员探索了 Facebook 上的 CVS 是否增强了自尊，并响应了更多研究的呼吁，检查在 Facebook 上提及品牌如何改变用户对自己的看法。

研究人员发现，自尊通过自我导向型 CVS 得到提升。自我导向型 CVS 可以预测捐赠意愿，而他人导向型 CVS 则显著降低了两个样本中的捐赠意愿。

（三）虚拟环境与真实善行

研究人员通过调查 CDB 与捐赠意图之间的关系，探索虚拟环境中的 CVS 是否与线下世界的捐赠意图相关。因为 Facebook 上的"消费"并不总是与消费者的物质现实相关。消费者可能会从他们的 Facebook 个人资料及与品牌的关联中获得好处，"无论是否拥有或先前使用过"。

研究结果显示，明显的美德信号与不道德显著行为（购买假冒品牌）之间的关系是有趣的。正如 CVS 提供了做好事的"信号价值"，假冒商品提供了地位和属于渴望群体的信号价值。因此，在 Facebook 上有着 CVS 的个体，作为消费的一种形式，是否有可能从事不道德显著行为，即购买假冒奢侈品牌？

为了深入了解 CVS 及其前因和结果之间的关系，研究人员分析了爱尔兰一所大学 234 名学生样本的数据以及来自美国的 296 名成人样本的数据，学者们调查了 Facebook 上的 CVS。研究发现，那些寻求参与 CDB 的人会寻找尽可能突出的方式。Facebook 用户在他们的社交网络中是可见的，网络的独特功能，包括帖子和公开展示的链接，增强了该网络上品牌选择的可见性。此外，Facebook 的使用与创造和维持社会资本有关②，并且通常建议

---

① Hollenbeck, C. R. and Kaikati, A. M., "Consumers' Use of Brands to Reflect their Actual and Ideal Selves on Facebook," *International Journal of Research in Marketing*, 2012, 29 (4): 395–405.

② Ellison, N. B., Steinfield, C. and Lampe, C., "The Benefits of Facebook 'Friends': Social Capital and College Students' Use of Online Social Network Sites," *Journal of Computer-mediated Communication*, 2007, 12 (4): 1143–1168.

Facebook 用户展示不反映他们现实的理想化特征。

研究结果揭示了 CVS 与购买假冒奢侈品的意愿之间存在显著关系。这些发现为炫耀性美德信号提供了见解，并揭示了 Facebook 上的 CVS 与离线行为意图之间的关系。

四 广告包容性：理解消费者反应的类型学框架

广告通过媒体和信息的力量激发和塑造社会变革。[①] 这在最近的多样性和包容性广告（Diversity and Inclusion Advertising，DIA）中得到了证明。例如，2022 年，阿迪达斯播出了一则以"支持所有人"为标语的广告，展示了各种形态、大小、种族、年龄和身体能力的妇女。在社交媒体平台上可以看到支持的评论，一些人将这场运动称为营销噱头，而一些人不幸地将其视为为有害观点的表达提供机会。多样化反映了许多 DIA 活动的情况，尽管品牌越来越多地采用 DIA，学术界对其的关注却较为有限。[②]

现阶段，对 DIA 消费者反应的个体因素关注有限，大多数研究集中在广告描绘的特征与个体特征的感知相似性水平上。然而，假设 DIA 旨在反映社会期望，那么需要承认并非所有个体都有相同的期望，这些期望主要受他们的信念影响。虽然一些研究强调了与多样性举措的信念一致的积极影响，但其他研究则持有相反的态度。[③] 因此，理解个体的多样性相关信念如何塑造他们对 DIA 的反应至关重要。

学者们基于社会身份理论，根据个体对 DIA 的态度和感知以及他们与信息的信念一致性水平对个体进行细分。研究框架揭示了个体感知、执行考虑和品牌相关感知之间的相互作用，强调了理解每个细分市场的态度的重要性。

① Ruggs, E. N., Stuart, J. A. and Yang, L. W., "The Effect of Traditionally Marginalized Groups in Advertising on Consumer Response," *Marketing Letters*, 2018 (29): 319-335.
② Burgess, A., Wilkie, D. C. H. and Dolan, R., "Brand Approaches to Diversity: A Typology and Research Agenda," *European Journal of Marketing*, 2022, 57 (1): 60-88.
③ Mirzaei, A., Wilkie, D. C. and Siuki, H., "Woke Brand Activism Authenticity or the Lack of it," *Journal of Business Research*, 2022 (139): 1-12.

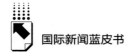

研究人员通过创建 DIA 反应的类型学来解答疑问，基于社会身份理论，结合潜在聚类分析和定性访谈，全面探索消费者对多样性和包容性广告的反应。从 500 多名英国参与者的代表性样本开始，确定两个连续体，分析他们对 DIA 的态度和感知以及他们与信息的信念一致性水平：多样性广告情绪和信念一致性。研究超越了细分市场识别和统计分析，阐明了 DIA 感知、执行因素和品牌相关观点之间的相互作用，为研究消费者对 DIA 的反应提供了全面的视角。

（一）广告中的类型学流派

广告中的类型学研究可以分为三个子流派。第一个子流派涉及对广告的一般反应，例如，Ham 等人确定了五种对广告的一般反应类型[1]、Fransen 等人概述了五种消费者对广告的抵制类型[2]。第二个子流派集中在数字媒体内，如互联网（例如 Yang）[3]、对移动广告的态度（例如 Zaheer 和 Kline）[4]，这个子流派揭示了个体信念在塑造消费者反应中的重要性。第三个子流派是亲社会广告，例如 Lee 和 Haley 确定了对环保广告的类型学[5]，这一流派强调了怀疑和信念在影响消费者反应中的相互作用。

创建类型学是认识到不一致的结果和脱节现象的研究。重要的是回顾现有知识并识别可能解释现象特定特征变化的重要维度。用一个从逻辑上解释差异和相关性的通用理论来证明这些维度的重要性。在识别关键维度和理论后，研

---

① Ham, C. D., Park, J. S. and Park, S., "How US Consumers Respond to Product Placement：Cluster Analysis Based on Cognitive and Attitudinal Responses to Advertising in General," *Journalism & Mass Communication Quarterly*, 2017, 94（4）：943-971.

② Fransen, M. L., Verlegh, P. W., Kirmani, A. and Smit, E. G., "A Typology of Consumer Strategies for Resisting Advertising, and a Review of Mechanisms for Countering them," *International Journal of Advertising*, 2015, 34（1）：6-16.

③ Yang, K. C., "A Comparison of Attitudes towards Internet Advertising among Lifestyle Segments in Taiwan," *Journal of Marketing Communications*, 2004, 10（3）：195-212.

④ Zaheer, N. and Kline, M., "Use of Lifestyle Segmentation for Assessing Consumers' Attitudes and Behavioral Outcomes towards Mobile Advertising," *Market-Tržište*, 2018, 30（2）：213-229.

⑤ Lee, J. and Haley, E., "Green Consumer Segmentation：Consumer Motivations for Purchasing Pro-environmental Products," *International Journal of Advertising*, 2022, 41（8）：1477-1501.

究人员可以将概念变体分类为不同类型，形成一个阐明主题为集体类型的分类。

消费者对 DIA 的情绪是影响广告活动的有效性和共鸣程度的另一个重要连续体。这种情绪反映了受众支持并将多样性和包容性视为适当的广告主题。[①] 社会身份理论表明，即使广告没有代表特定群体，个体对公平性的感知也会影响他们对 DIA 的看法，认为它是适当和有利的。

（二）广告包容性中的影响因素

研究人员发现，从低到高，消费者对 DIA 的反应存在于信念一致性和 DIA 情绪连续体中。这些连续体揭示了影响人们对 DIA 感知的关键因素。它们包括个体因素，如对多样性广告的支持信号；执行因素，如与广告角色的个人联系；还有品牌因素，如对品牌真实性和动机的感知。这三个因素对于理解个体可能对 DIA 做出积极或负面反应至关重要。

1. 个体因素

美德信号涉及公开支持一个事业或团体，以表明自己的道德价值观和社会地位。[②] 这一概念是理解对 DIA 的积极或负面反应的关键。与社会身份理论一致，个体可能会公开表示支持多样性和包容性，以提高他们在群体中的社会地位。[③] 在这里，美德信号可以视为与其群体的价值观和信念一致。例如，一个进步社会群体的成员可能会对 DIA 做出积极反应，用它来表达他们与群体价值观的一致性。同样，如果广告不符合他们的群体价值观，个体可能会做出负面反应。

---

① Pomering, A. and Johnson, L. W., "Advertising Corporate Social Responsibility Initiatives to Communicate Corporate Image: Inhibiting Scepticism to Enhance Persuasion," *Corporate Communications: An International Journal*, 2009, 14 (4): 420-439.

② Brouard, M., Brunk, K. H., Campana, M., Dalmoro, M., Ferreira, M. C., Figueiredo, B., Scaraboto, D., Sibai, O., Smith, A. N. and Belkhir, M., "'Upload Your Impact': Can Digital Enclaves Enable Participation in Racialized Markets?" *Journal of Public Policy & Marketing*, 2023, 42 (1): 56-73.

③ Fazli-Salehi, R., Torres, I. M., Madadi, R. and Zúñiga, M. Á., "Multicultural Advertising: The Impact of Consumers' Self-concept Clarity and Materialism on Self-brand Connection and Communal-brand Connection," *Journal of Business Research*, 2021 (137): 46-57.

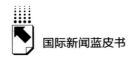

2.执行因素

根据社会身份理论,个体通过社会群体成员塑造自己的身份,基于这些群体的地位评估自己和他人。在 DIA 的背景下,高度联系可以在广告中引发积极反应,而低联系可能导致对不一致广告的负面反应。

当营销人员通过 DIA 培养归属感和包容性时,很明显它并不与所有受众产生共鸣。有些人可能感到完全脱节或被排除在外。脱节意味着受众感到遥远、缺乏联系或与广告中的描绘疏远。Phillips 和 Haase 认为,脱节和缺乏联系是不同的,脱节意味着联系被切断,而缺乏联系则暗示未来可能建立联系。① 例如,如果品牌对多样性的描绘是表面的,缺乏对个体经历的真实代表,可能会导致脱节。相反,当个体认识到品牌的努力,但感觉他们的身份或经历仍未被代表时,可能会导致缺乏联系。

3.品牌因素

品牌真实性是指消费者对品牌行为和在消费者关系中的真实性的感知。② 从社会身份理论的角度来看,个体对品牌真实性的感知,受到品牌信念、价值观和行动的驱动,可以影响自我概念,从而影响态度和行为。例如,如果个体认为“Gymshark”这个品牌对多样性和包容性的承诺与其实际行动一致,他们的真实性感知将得到增强。因此,个体可能更倾向于做出积极反应,加强他们与品牌的自我概念之间的联系。

五 结论和展望

本报告分别从社交媒体中消费者的行为和动机、在社交媒体上的“消费善行”以及广告包容性三个方面探讨了社交媒体和新型消费行为的关系。

---

① Phillips, C. R. and Haase, J. E., "Like Prisoners in a War Camp: Adolescents and Young Adult Cancer Survivors' Perspectives of Disconnectedness from Healthcare Providers during Cancer Treatment," *Cancer Nursing*, 2020, 43 (1): 69-77.

② Ilicic, J. and Webster, C. M., "Investigating Consumer-brand Relational Authenticity," *Journal of Brand Management*, 2014 (21): 342-363.

消费互动受到信息价值、娱乐价值和社交价值的共同驱动，六类细分市场值得关注；而社交媒体中明显的美德信号则揭示了消费者在塑造个人形象时的复杂心理和社会行为；广告包容性不仅关乎道德责任，还直接影响消费者的品牌认知和忠诚度，理解消费者对包容性广告的不同反应及其影响因素，对于品牌制定有效的广告策略至关重要。这些研究不仅揭示了社交媒体对用户行为的深刻影响，还为品牌传播和媒体管理者提供了新的理论视角和实践指导。

未来研究可以进一步探讨以下几个方面：一是分析不同类型社交媒体影响者对消费行为的具体影响机制及其差异；二是考察社交媒体中明显的美德信号的长期效应及其对消费者伦理观念的影响；三是深化对广告包容性影响的实证研究，特别是跨文化背景下的比较研究。

随着技术的发展和社会环境的变化，持续关注并研究这些现象背后的心理机制和社会影响，对构建更加健康、包容和可持续的社交媒体环境具有重要的参考价值。

B.15
娱乐介入下的社交媒体新闻环境
与用户新闻消费研究报告

万旋傲*

摘　要：　社交媒体时代，娱乐与新闻的关系愈发复杂，它们一边走向深度融合，一边呈现难以调和的竞争和对立。重新审视社交媒体环境下娱乐与新闻的关系格局及其知识效应，本报告发现，娱乐与新闻的传统对立关系中的一些关键变化值得关注：娱乐的扩张并没有吞没社交媒体新闻市场，在强大的娱乐策展力量背后，同样强大的新闻策展力量被低估了；二者的对立源于放大了"相对娱乐偏好"的负面影响，但"相对娱乐偏好"的影响正在被高选择和偶然接触的媒介环境所稀释；娱乐参与下的新闻消费模式不仅流行起来，也显示出其有效性，为社交媒体娱乐功能与新闻功能的同步发展提供了空间。应鼓励更开放地理解娱乐介入新闻市场所建构的现代新闻场域，并鼓励对社交媒体新闻场域的审视视角从娱乐与新闻的传统对立转向如何实现融合发展。

关键词：　社交媒体　策展流程框架　偶然接触新闻　相对娱乐偏好

　　1985年，面对电视的蒸蒸日上，尼尔·波兹曼（Neil Postman）提出了"娱乐至死"的著名警示——"任何公共领域的内容，都日渐以娱乐的方式出现，人类无声无息地成为娱乐的附庸，其结果是我们成了一个娱乐至死的

---

* 万旋傲，上海社会科学院新闻研究所副研究员，主要研究方向为社交媒体、政治传播、网络舆情。

物种"。① 同时期，大量理论和经验证据接连表明，娱乐正在异化、消解媒体的新闻功能，娱乐甚至占据了上风。②

21 世纪，随着社交媒体替代传统媒体成为人们获取新闻的主要来源，在混合媒介系统特征的影响下，娱乐与新闻的边界模糊性问题再次凸显。和电视一样，社交媒体中也充斥着娱乐信息和各类软新闻，用户常常在娱乐消费的过程中偶然获取新闻。③ 然而，娱乐通常被认为是非公共性的、非理性的和逃避现实的，是享乐主义动机驱动的消费体验。④ 当一些实证研究不断证明社交媒体新闻难以对培养知情公民发挥作用时⑤⑥，流行的解释常常指向一个问题——因为社交媒体的娱乐功能大于新闻功能。尽管社交媒体信息环境下硬新闻的绝对数量有所增加，但是相对数量却在减少，人们也总是更容易被轻松愉快的娱乐化信息吸引，而不是严肃的新闻。⑦

但我们却未能解释，为何社交媒体没有走向更纯粹的娱乐平台，反而一再地挤占新闻市场，成为 21 世纪最受欢迎的新闻来源？娱乐与新闻的纠缠形成了怎样的关系格局和新闻消费市场？这些问题是理解社交媒体新闻环境、促进社交媒体新闻市场良性发展不应忽略的关键问题。

---

① 〔美〕尼尔·波兹曼：《娱乐至死》，章艳译，中信出版社，2015，第 4 页。

② Robinson, M. J., "Public Affairs Television and the Growth of Political Malaise," *American Political Science Review*, 1976 (70): 409-432.

③ Bode, L., "Political News in the News Feed: Learning Politics from Social Media," *Mass Communication and Society*, 2016, 19 (1): 24-48.

④ Bartsch, A., & Schneider, F., "Entertainment and Politics Revisited: How Non-escapist Forms of Entertainment Can Stimulate Political Interest and Information Seeking," *Journal of Communication*, 2014, 64 (3): 369-396.

⑤ Cacciatore, M. A., et al., "Is Facebook Making Us Dumber? Exploring Social Media Use as a Predictor of Political Knowledge," *Journalism & Mass Communication Quarterly*, 2018, 95 (2): 404-424.

⑥ Lee, S., & Xenos, M., "Social Distraction? Social Media Use and Political Knowledge in Two U. S. Presidential Elections," *Computers in Human Behavior*, 2019 (90): 18-25.

⑦ Van Aelst, P., et al., "Political Communication in a High-choice Media Environment: A Challenge for Democracy?" *Annals of the International Communication Association*, 2017, 41 (1): 3-27.

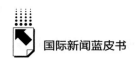
一　娱乐介入下的社交媒体新闻环境形塑

"策展"（curation）为解释社交媒体信息环境形塑提供了一个有用的概念。Thorson 和 Wells 提出"策展流程"框架，认为数字和社交媒体信息环境是新闻媒体、战略传播者（如广告商、平台或利益集团等）、用户个人、社交好友和算法共同策展的结果，这些策展者共同决定着媒介环境中的内容生产、选择、过滤、注释或框架，他们没有任何一方拥有绝对主导权，却形成了基于用户兴趣、社交网络和数字通信基础设施的竞争模式，塑造了现有的信息环境。① 虽然策展研究尚未直接回答娱乐与新闻的关系格局如何形成，但面对数字通信基础设施的颠覆性发展，媒介之间的信息流通变得迂回曲折，策展不仅揭示了关于传播什么、如何传播的模式和结果，还为数字信息流通带来的知识效应和认识论后果引入了观察视角。②

（一）平台、算法和广告商策展：内容娱乐化转向的归因与反归因

20 世纪 90 年代，互联网市场的商业化转型推动大量虚拟商店开张，付费网站数量激增，营销和广告成为主导，许多不太引人注意的经济控制、元数据控制手段应运而生，内容的娱乐化转向亦是其中的一个显在变化。③ 但媒体商业化转型如何影响其内容策展？

斯麦兹（Dallas Smythe）的"受众商品"（audience commodity）论指出，在商业传播体制下，媒介机构、受众和广告商存在一种隐藏的三角关系，媒介机构生产信息、娱乐和"教育性"素材，实质是传输给受众的一

---

① Thorson, K., & Wells, C., "Curated Flows: A Framework for Mapping Media Exposure in the Digital Age," *Communication Theory*, 2016, 26 (3): 309-328.

② Carlson, M., "Journalistic Epistemology and Digital News Circulation: Infrastructure, Circulation Practices, and Epistemic Contests," *New Media & Society*, 2020, 22 (2): 230-246.

③ 〔英〕詹姆斯·柯兰、娜塔莉·芬顿、德斯·弗里德曼：《互联网的误读》，何道宽译，中国人民大学出版社，2014，第 51 页。

种诱惑力（礼物、贿赂或"免费午餐"），目的是吸引受众注意力和维持其对广告产品的关注度，再将受众作为一种商品售卖给广告商，获取利润。[1]市场化后的互联网尤其是社交媒体，其资本积累模式和传统媒体类似，用户仍然是出售给广告商的"受众商品"，不同的是，用户（作为内容消费者）同时也是平台的内容生产者，自发地进行不间断的内容创作、传播及社区建设等创意活动，并形成了"多对多""去中心化"的传播结构，这代表社交媒体用户相较于传统媒体受众更加主动；用户的个人数据、兴趣、互动和信息行为等也成为平台、算法和广告商精准营销的"利器"，用户的商业价值形式更加多元化。鉴于用户的创造活动和产消者地位，社交媒体的"受众商品"进一步演变为"互联网产消者商品"（Internet prosumer commodity）。[2]

尽管"受众商品"和"互联网产消者商品"论更专注于揭露平台、算法和广告商对用户及其数字劳动的商品化、异化和剥削等问题，但也充分提炼出平台、算法和广告商内容策展逻辑的几个要点：第一，平台和算法的内容策展是在现有资本积累模式下衍生的，目的是吸引用户注意力并出售给广告商获取利润；第二，其策展手段是通过算法和一系列策略，操纵和调节娱乐、新闻、教育等内容的占比、时段和推送对象等，并尽可能地实现更精准的用户画像和个性推送，促进用户参与度和商业利润最大化；第三，平台、算法和广告商并不关心信息环境中娱乐更多还是新闻更多，而是关注如何充分利用娱乐和新闻的内容策展获得注意力。

平台、算法和广告商显然并不愿意公开或承认自身的策展权力。从其行动逻辑看，其不仅致力于隐蔽自身的权力，还试图放大用户的"决定性作用"，将内容转向的责任归咎于用户策展。2017 年一项颇具影响力的研究，对 Facebook 官方公开发布的专利、新闻稿、博客等内容进行分析发现，影

---

[1] Smythe, D., "Communications: Blindspot of Western Marxism," *Canadian Journal of Political and Social Theory*, 1977, 1 (3): 1-27.

[2] Fuchs, C., "Dallas Smythe Today – The Audience Commodity, the Digital Labour Debate, Marxist Political and Critical Theory," *Triple C.*, 2012, 10 (2): 692-740.

响 Facebook 信息流的算法价值标准主要为九个要素，包括朋友关系、用户公开表达的偏好、用户先前的参与、用户含蓄表达的偏好、发布时间等，其中，朋友关系和用户偏好是决定 Facebook 信息流最重要的价值要素。[①] 该结果与 Facebook 等社交媒体平台力图建构和宣传的"算法中立"观点遥相呼应，也作为平台的支撑证据被广泛引用，因为占据算法价值标准主导权的朋友关系和用户偏好，属于"用户的主观能动和选择范畴"，而不由平台和算法控制。同样，关于中国微博"热搜"的内容是如何计算的，官方发布和采访不止一次公示或声明："热搜是以用户搜索量为基础计算出来的"。为了凸显"热搜"生成过程的客观合理、浑然天成和不可避免，微博还采用了一系列话语策略，包括提供热搜词条的人气值实时更新、在搜索框显示"大家正在搜"，极力塑造"热搜"是"用户策展"的客观结果。[②]

学界也出现了一派"算法中立"的拥护者，认为算法相较于传统的人工把关和判断，是遵循预先制定的、相同的程序进行的，避免了人类判断的临时性、随机性和主观性，从这个意义上，新闻平台和机构利用算法可以形成一套客观的新闻话语和可靠的知识逻辑。[③][④] 算法批判者则极力指认，平台和算法以一种不可见的方式对用户、内容进行识别、排序和分类，以隐蔽的方式参与知识话语和文化生产，影响用户偏好和行为，体现了平台、算法的巨大权力。[⑤] 随着时间推移，越来越多人看到社交媒体有能力也有兴趣永久地跟踪和掌控网民的行为与个人资料，而不是真正的放任发展，也不会让

---

① DeVito，M. A.，"From Editors to Algorithms," *Digital Journalism*，2017，5（6）：753-773.

② 王茜：《批判算法研究视角下微博"热搜"的把关标准考察》，《国际新闻界》2020 年第 7 期。

③ Gillespie，T.，"The Relevance of Algorithms," In T. Gillespie，P. Boczkowski & K. Foot（eds.），*Media Technologies：Essays on Communication，Materiality，and Society.* Cambridge，MA：MIT Press，2014：167-193.

④ Carlson，M.，"Automating Judgment? Algorithmic Judgment，News Knowledge，and Journalistic Professionalism," *New Media & Society*，2018，20（5）：1755-1772.

⑤ 〔美〕伊莱·帕里泽：《过滤泡：互联网对我们的隐秘操纵》，方师师、杨媛译，中国人民大学出版社，2020，第 104 页。

渡过多的权力给用户。

然而，和用户相比，谁应该对社交媒体信息环境负责，谁发挥了主要的策展作用？算法批判者没有回应这个问题，他们关注算法的权力，但没有同时比较用户的权力。策展研究者也没有回答这个问题，他们发现不同策展者相互作用的力量，却很难分辨其力量。其中的一个重要原因在于，人们对用户策展力量和方向的判断陷入了不确定性。

（二）用户策展：被低估的新闻策展力量

用户的策展力量一直处于被高估或被低估的矛盾之中，争论焦点主要围绕两个问题：一是算法对信息的控制性更高[1]，还是用户对信息的控制性更高[2]？二是算法位于内容策展的"上游"层面[3]，还是用户选择位于"上游"层面[4]？

打破高估派和低估派之争的一个意外的触发因素，是近年备受关注的用户新闻消费现象——偶然接触新闻。偶然接触新闻指"人们在没有积极寻找政治信息或公共事务新闻时接触这些新闻的方式"，是公民非政治信息活动的"副产品"，也是一种低信息成本（时间、精力、金钱等成本）的知识获取方式。[5] 社交媒体时代，用户越来越依赖社交网络和算法推荐信息流获得新闻，而不是尝试积极地寻找和关注社会动态，导致偶然接触成为更加"主流"的新闻接触方式。[6]

---

[1] Ananny, M., "Toward an Ethics of Algorithms: Convening, Observation, Probability, and Timeliness," *Science, Technology, & Human Values*, 2016, 41 (2): 93–117.

[2] Prior, M., *Post-broadcast Democracy: How Media Choice Increases Inequality in Political Involvement and Polarizes Elections*. Cambridge, UK: Cambridge University Press, 2007.

[3] 〔美〕弗兰克·帕斯奎尔：《黑箱社会：控制金钱和信息的数据法则》，赵亚男译，中信出版社，2015，第52页。

[4] Barnidge, M., "Incidental Exposure and News Engagement: Testing Temporal Order and the Role of Political Interest," *Digital Journalism*, Apr. 15, 2021: 1–19.

[5] 〔美〕安东尼·唐斯：《民主的经济理论》，姚洋、邢予青、赖平耀译，上海人民出版社，2017，第202~203页。

[6] Oeldorf-Hirsch, A., & DeVoss, C., "Who Posted That Story? Processing Layered Sources in Facebook News Posts," *Journalism & Mass Communication Quarterly*, 2020, 97 (1): 141–160.

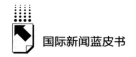
　　偶然接触的流行重新回答了"用户策展力量如何"的问题。在"策展流程"框架中，偶然接触也是多元策展者关联交互的策展过程的"副产品"，其中，算法策展和社交好友策展对偶然接触新闻环境的影响最甚，用户个人选择的作用则是间接的。原因在于，个人选择无法直接影响是否接触新闻或接触什么新闻，却能够在内容呈现之前通过选择社交网络，或利用基于浏览、互动历史的算法推荐，影响偶然接触的内容偏向。① 这表明，一方面，社交媒体用户没有"对信息的绝对控制和选择权力"，但也并非处于完全的低控制和无意识的被动接收状态下，有学者将社交媒体用户策展概括为"部分控制"②，或一种连续的、流动的"混合实践"（hybrid practices）③，即用户控制力量不高也不低，或处于时高时低的连续变化中；另一方面，相较于算法和社交好友策展，用户策展的影响就处于内容策展的前因阶段，即某种意义上的"上游"层面。④

　　尽管用户对内容具有一定控制权，并在一定程度上具备凌驾于算法和社交好友之上的策展权力，但我们评价用户对内容娱乐化转向承担多少责任之前，还应该谨慎地追问，用户的娱乐消费与新闻消费现状如何？动机如何？回到用户信息消费的特征逻辑和现象研究中寻找解释时，我们发现：社交媒体用户强大的娱乐需求，也许掩盖了他们同样强大的新闻需求和新闻消费能力，导致社交媒体用户的新闻策展力量常常被低估。具体原因包括以下几方面。

　　第一，社交媒体用户将新闻动机"搭载"到娱乐动机之上，意味着用户用于娱乐消费的时长、频率和兴趣也成为带动新闻消费的间接策展机制。

① Barnidge, M., "Incidental Exposure and News Engagement: Testing Temporal Order and the Role of Political Interest," *Digital Journalism*, Apr. 15, 2021: 1-19.

② Bode, L., "Political News in the News Feed: Learning Politics from Social Media," *Mass Communication and Society*, 2016, 19 (1): 24-48.

③ Mitchelstein, E., et al., "Incidentality on a Continuum: A Comparative Conceptualization of Incidental News Consumption," *Journalism*, 2020, 21 (8): 1136-1153.

④ Barnidge, M., "Incidental Exposure and News Engagement: Testing Temporal Order and the Role of Political Interest," *Digital Journalism*, Apr. 15, 2021: 1-19.

Heiss 等人的一项调查研究发现，虽然用户使用社交媒体常常受娱乐动机驱动，但基于娱乐动机的社交媒体使用显著促进了偶然接触新闻的发生。① 多选择的信息环境下，用户混合使用娱乐、社交、新闻等多元信息的过程中，不可避免地延长了媒体使用时间，这又给人们提供了偶然接触更多新闻的机会，保障了有效信息获取量。② 更重要的是，偶然接触被越来越多研究证实为一种有效的新闻获取方式，无论人们出于何种目的使用社交媒体，他们偶然接触新闻频率的增加，不仅可以刺激人们的新闻消费，还进一步对人们的知识获取有显著的正向预测作用。③

第二，用户传统的"监视新闻"（news surveillance）的动机在社交媒体时代被替代，但不意味着用户"监视新闻"的动机消失。传统媒体时代，受众使用媒体的动机常常与一种明确的学习目标相关，即"监视新闻"。④一些学者判断，随着社交媒体信息环境和用户新闻消费方式的转型，传统的监视新闻实践已经彻底被替代⑤，取而代之的是对偶然接触的过度依赖，认为自己无需主动寻找新闻就可以保持消息灵通。⑥ 但主动寻找新闻的实践减少并不意味着用户"监视新闻"的需求消失了，这成为一种常见误区。调查显示，中国网民使用微博的首要动机就是"了解新闻热点"（60.7%），

① Heiss, R., Knoll, J., & Matthes, J., "Pathways to Political (Dis-) Engagement: Motivations Behind Social Media Use and the Role of Incidental and Intentional Exposure Modes in Adolescents' Political Engagement," *Communications*, 2020, 45 (1): 671-693.

② Tewksbury, D., Weaver, A., & Maddex, B., "Accidentally Informed: Incidental News Exposure on the World Wide Web," *Journalism & Mass Communication Quarterly*, 2001, 78 (3): 533-554.

③ Nanz, A., & Matthes, J., "Democratic Consequences of Incidental Exposure to Political Information: A Meta-Analysis," *Journal of Communication*, 2022, 72 (3): 345-373.

④ Wright, C. R., "Functional Analysis and Mass Communication," *Public Opinion Quarterly*, 1960 (24): 605-620.

⑤ Oeldorf-Hirsch, A., & DeVoss, C., "Who Posted That Story? Processing Layered Sources in Facebook News Posts," *Journalism & Mass Communication Quarterly*, 2020, 97 (1): 141-160.

⑥ Gil de Zúñiga, H., & Diehl, T., "News Finds Me Perception and Democracy: Effects on Political Knowledge, Political Interest, and Voting," *New Media & Society*, 2019, 21 (6): 1253-1271.

其新闻动机高于其他任何动机。① 在偶然接触环境下，用户仍然可以保留高水平的"监视新闻"的动机，只是转向了一种低控制的新闻监视模式，并将监视的信息来源从新闻媒体转向了社交网络和社交信息流，认为在"新闻无处不在、无时不在"的"环境新闻"（ambient news）中，依靠这种低控制的、无序的、不需要付出努力的新闻消费方式，即可很好地满足其监视社会、政治和社区环境的心理目标。②

第三，被低估的用户新闻策展力量常常源于人们过度关注用户"相对娱乐偏好"的传统负面意义，忽略了用户新闻消费数量的上升趋势。Prior提出了"相对娱乐偏好"的概念，描述人们的娱乐内容消费占整体内容消费的比重。今天，新闻与娱乐的相对数量、受众的相对娱乐偏好等指标仍是人们审视新兴媒体环境和预测媒体政治效应的主要参考③，大量关于社交媒体娱乐信息多于新闻信息的担忧，都建立在相对娱乐偏好不利于新闻和知识获取的假设之上。然而，重复检验研究却显示了结果的不稳定性。研究发现，信息选择的指数级增长可能会降低内容偏好带来的影响，④ 在更多信息选择的数字和社交媒体时代，人们常常在消费更多娱乐的同时，也消费了更多新闻。⑤ 即使是明确偏好娱乐的受众，他们在实际的信息浏览过程中仍然投入了许多注意力消费新闻，这不仅得益于媒体环境对新闻和政治信息的扩

① 中国互联网络信息中心（CNNIC）：《2016年中国社交应用用户行为研究报告》，https：//www. cnnic. net. cn/n4/2022/0401/c123-1119. html，2017年12月27日。

② Oeldorf-Hirsch, A. & Srinivasan, P., "An Unavoidable Convenience：How Post-millennials Engage with the News that Finds Them on Social and Mobile Media," *Journalism*, 2022, 23（9）：1939-1954.

③ Van Aelst, P., et al., "Political Communication in a High-choice Media Environment：A Challenge for Democracy?" *Annals of the International Communication Association*, 2017, 41（1）：3-27.

④ Rittenberg, J., Tewksbury, D., & Casey, S., "Media Preferences and Democracy：Refining the 'Relative Entertainment Preference' Hypothesis," *Mass Communication & Society*, 2012, 15（6）：921-942.

⑤ Vraga, E., et al., "Accidentally Attentive：Comparing Visual, Close-ended, and Open-ended Measures of Attention on Social Media," *Computers in Human Behavior*, 2019（99）：235-244.

散能力，也得益于偶然接触减少了选择性接触对个人的影响。①

可见，强大的娱乐策展力量背后，用户"部分的""处于上游的"策展权力同时发挥着强大的新闻策展作用，促使社交媒体更好地融合娱乐与新闻功能，为娱乐市场与新闻市场在竞争中同步发展提供空间。虽然娱乐的大肆扩张令人不安，但它也没有完全侵占和覆灭新闻的发展空间，最终形成了全新颇具活力也隐藏着风险的新闻市场和传播景象。

二　娱乐介入下的社交媒体用户新闻消费

随着对社交媒体的进一步探索，越来越多的正面证据使学界对社交媒体的知识效应判断逐渐谨慎，并开始反思过去的批评也许源于对其效应路径的探索不足。娱乐的参与没有给社交媒体新闻功能带来毁灭性的打击，但也给公民新闻消费和知识学习带来了复杂且矛盾的影响，其中有哪些正面影响、哪些负面影响，是需要重新评估的第二个重要问题。

（一）娱乐的双因素模型

娱乐的理论和实证研究已经出现了两种截然不同的范式。一种是传统的基于享乐主义的研究范式，认为娱乐信息使用是"被自发享乐偏好所驱使的无中介的行为类型"②，是"从大众媒介中获得的愉悦体验"③，源于用户对追求愉悦情绪状态、逃避现实痛苦和压力的强烈需求，因此，对公民关注和参与现实世界的时事和公共事务有消极影响。但近年，娱乐研究出现

---

① 万旋傲：《人们能否一边娱乐一边跟上新闻？——基于娱乐动机的社交媒体使用对主客观政治知识的影响研究》，《新闻与传播研究》2024 年第 7 期。

② Zillmann, D., "Mood Management through Communication Choices," *American Behavioral Scientist*, 1988 (31): 327-340.

③ Vorderer, P., Klimmt, C., & Ritterfeld, U., "Enjoyment: At the Heart of Media Entertainment," *Communication Theory*, 2004, 14 (4): 388-408.

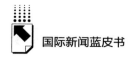

了明显的范式转向——从享乐主义转向"娱乐的双因素模型"①，强调娱乐信息消费的实用主义维度，如促进对意义和知识的探索、促进认知处理等。

一方面，娱乐不仅帮助人们优化情绪和获得幸福感，还有利于个人在接收压力和紧张信息后，通过娱乐恢复个人的心理资源，以获得更多有用信息。② 以社交媒体用户为例，人们在随意的页面滚动中，交替接收严肃的硬新闻和轻松的娱乐信息，在获得多元信息的同时，形成相对放松的、低心理资源消耗的知识学习模式。放松的、低消耗的学习模式可以减少对学习内容的抵抗，有利于人们吸收其中的严肃知识。③ 另一方面，娱乐还在一定程度上促进信息精细化处理和知识获取。社交媒体用户经常接触附带搞笑视频、搞笑图片等幽默元素的政治新闻帖子，幽默元素可以激发人们对信息的关注兴趣，避免人们直接跳过和无视它，为了获得幽默带来的愉悦体验，用户还需要进一步对信息进行认知加工。因此，幽默语境下的政治新闻更容易刺激人们对新闻的仔细阅读和认知精细化处理，进而提高参与度和促进知识获取。④ 多项研究还证实，娱乐信息消费可以由享乐、逃避动机驱动，也可以由实现主义（eudaimonic experience）、寻求真相的动机驱动，后者也将促进更精细化的信息处理形式。⑤

① Vorderer, P., & Reinecke, L., "From Mood to Meaning: The Changing Model of the User in Entertainment Research," *Communication Theory*, 2015, 25 (4): 447–453.

② Reinecke, L., Klatt, J., & Krämer, N. C., "Entertaining Media Use and the Satisfaction of Recovery Needs: Recovery Outcomes Associated with the Use of Interactive and Noninteractive Entertaining Media," *Media Psychology*, 2011, 14 (2): 192–215.

③ Krugman, H. E., & Hartley, E. L., "Passive Learning from Television," *Public Opinion Quarterly*, 1970, 34 (2): 184–190.

④ Heiss, R., & Matthes, J., "Funny Cats and Politics: Do Humorous Context Posts Impede or Foster the Elaboration of News Posts on Social Media?" *Communication Research*, 2021, 48 (1): 100–124.

⑤ Bartsch, A., & Schneider, F., "Entertainment and Politics Revisited: How Non-escapist Forms of Entertainment Can Stimulate Political Interest and Information Seeking," *Journal of Communication*, 2014, 64 (3): 369–396.

（二）软新闻、信息娱乐和小报化

早在 20 世纪 80 年代，各类政治讽刺、脱口秀、深夜喜剧、名人花边八卦等软新闻节目就开始大规模扩张，它们耸人听闻、吸引眼球，却又或多或少包含一些有用信息。因此，软新闻等信息形式能否有效地发挥知识效应，成为一个重要争议延续至今。21 世纪初，Prior 和 Baum 曾展开过一次颇具影响的公开辩论，其中的正反观点在社交媒体时代仍被广泛引用。Prior 认为，软新闻或许能帮助人们了解政治名人的性丑闻、毒品等话题性问题，但关于战争领域、外交政策危机等知识他们知之甚少，相比于喜欢硬新闻的人来说仍存在知识鸿沟。[①] Baum 认为，软新闻和硬新闻中含有的部分政治信息是相似的，观看大量软新闻所获得的知识与普通新闻消费者一样多，对政治不感兴趣者消费软新闻相较于完全不消费新闻的人，能更准确地选出符合自己偏好的候选人，从这些角度来讲，软新闻传播对公民知识学习具有积极意义。[②]

近年，从全球政治传播和总统竞选策略来看，软新闻或信息娱乐节目和新闻越来越频繁地成为政治传播和政治竞选的常态化策略，因为通过这些信息可以接触到更广泛的受众，尤其是政治兴趣较低的人、更容易被说服的人、政治态度或党派立场摇摆的人等。[③] 娱乐化的信息形式可以使政治名人和公共事务更容易形成一定的真实感、可信度、个性化和大众感兴趣的风格特征，这些都能吸引和鼓励公民尤其是年轻人更积极地关注、学习和参与政治，提高人们接触新闻的概率。[④] 如 Baym 所言，软新闻和信息娱乐形式也许

---

① Prior, M., "Any Good News in Soft News? The Impact of Soft News Preference on Political Knowledge," *Political Communication*, 2003 (20): 149-171.

② Baum, M., "Soft News and Political Knowledge: Evidence of Absence or Absence of Evidence?" *Political Communication*, 2003, 20 (2): 173-190.

③ Marinov, R., "Mapping the Infotainment Literature: Current Trajectories and Suggestions for Future Research," *The Communication Review*, 2020, 23 (1): 1-28.

④ Loader, B. D., Vromen, A., & Xenos, M. A., "Performing for the Young Networked Citizen? Celebrity Politics, Social Networking and the Political Engagement of Young People," *Media, Culture & Society*, 2016, 38 (3): 400-419.

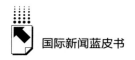

不是践踏严肃新闻领域的娱乐节目，而是一种"另类本土新闻"的形式，它用调侃、戏谑和民间话语来批评当代新闻，用对话来建立协商民主的模式。①

（三）娱乐过程中的"偶然接触新闻"

偶然接触新闻的知识效应，是检验娱乐参与下的新闻消费模式有效性的重要间接参考。已有广泛的证据表明，偶然接触新闻对人们的政治知识获取具有直接或间接的正面影响，即使完全出于娱乐目的使用社交媒体，偶然接触新闻仍然有利于人们将信息存储于长期记忆中。② 但一些结果也发现偶然接触对知识的直接效应不够稳定，还给部分群体带来了负面影响，例如，低媒介素养的用户在偶然接触环境下，更容易陷入认知超载、"不知道该相信什么"的认知混乱③，也更容易受到虚假信息的影响。④

还有大量对偶然接触知识效应的质疑指出，偶然接触用户经常缺乏对新闻的仔细阅读和认知加工，导致实际的知识收益效果不佳。⑤ 不过，进一步的研究也表明，即使用户在偶然接触新闻后发现对新闻不感兴趣，未点击详细阅读，仍然会以最小的注意力来加工处理信息，这种处理会在人们的记忆存储系统中留下痕迹⑥，有利于人们在事后识别出该信息，只是对这些信息的记忆效果不如点击阅读和认知处理后的新闻。⑦

---

① Baym, G., "The Daily Show: Discursive Integration and the Reinvention of Political Journalism," *Political Communication*, 2005, 22 (1): 259-276.

② Kobayashi, T., Hoshino, T., & Suzuki, T., "Inadvertent Learning on a Portal Site: A Longitudinal Field Experiment," *Communication Research*, 2020, 47 (5): 729-749.

③ Toff, B., & Nielsen, K. R., "'I Just Google it': Folk Theories of Distributed Discovery," *Journal of Communication*, 2018, 68 (3): 636-657.

④ Borah, P., Su, Y., Xiao, X., & Lai Lee, D., "Incidental News Exposure and COVID-19 Misperceptions: A Moderated-mediation Model," *Computers in Human Behavior*, 2022 (129): 1-9.

⑤ Lee, S., & Xenos, M., "Social Distraction? Social Media Use and Political Knowledge in Two U. S. Presidential Elections," *Computers in Human Behavior*, 2019 (90): 18-25.

⑥ Nanz, A., & Matthes, J., "Learning from Incidental Exposure to Political Information in Online Environments," *Journal of Communication*, 2020, 70 (6): 769-793.

⑦ Lee, J. K., & Kim, E., "Incidental Exposure to News: Predictors in the Social Media Setting and Effects on Information Gain Online," *Computers in Human Behavior*, 2017 (75): 1008-1015.

三 结论与讨论

新闻与娱乐之间的对立、竞争和社会建构差异，掩盖了它们早期历史混合的事实，这主要源于 20 世纪中期美国"客观"新闻标准的发展，将新闻与其他媒体表现形式区隔开来。[①] 社交媒体环境下，两种看似矛盾的趋势开始极端化：一方面，娱乐与新闻内容走向深度融合，人们越来越喜爱娱乐参与下的新闻消费体验；另一方面，学界越发地将娱乐与新闻对立起来，将社交媒体知识效应的不足归咎于娱乐。通过重新探究社交媒体信息环境下娱乐与新闻的关系格局，以及娱乐参与下的新闻消费模式及其知识效应，我们发现，娱乐与新闻的传统对立关系中的一些关键变化值得关注。

娱乐的扩张并没有完全吞没社交媒体新闻市场，在强大的娱乐策展力量背后，用户同样强大的新闻策展力量常常被低估，它有效推动了娱乐与新闻功能的融合发展；针对社交媒体新闻市场的许多悲观主义判断放大了"相对娱乐偏好"的负面影响，但"相对娱乐偏好"的影响正在被更高选择和偶然接触的媒介环境所稀释，用户的新闻消费和知识获取未必在减少；娱乐参与下的新闻消费模式——偶然接触新闻、软新闻或信息娱乐消费以及纯粹的娱乐内容消费，均有其正面知识效应的表达形式，也有显在的知识限度与风险，它们不仅流行起来，还显示出其有效性和可延续性。以上结论支撑了和以往研究颇不相同的观点，认为社交媒体信息环境的娱乐与新闻关系格局仍然实现了某种平衡，娱乐并没有真正破坏社交媒体的新闻供给和新闻需求，也没有剥夺人们实际的新闻消费机会，使人们能够享受更丰富、有趣、轻松的新闻消费体验的同时获得知识收益，满足人们监视和参与政治和社会公共事务的需求。这也许是社交媒体新闻市场一再扩大，并凝聚了大多数年轻人的重要原因，也成为社交媒体扭转当代社会政治冷漠趋势的可能机制之

[①] Delli Carpini, M. X., & Williams, B. A., "Let us Infotain you: Politics in the New Media Age," In W. L. Bennett, & R. M. Entman (eds.), *Mediated Politics: Communication in the Future of Democracy.* Cambridge, UK, New York: Cambridge University Press, 2001: 160-181.

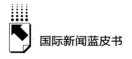

一。当然，由于新闻市场总是密切联系政治和媒介文化生态，持续跟踪娱乐的可能隐患，纠偏娱乐的消极影响，仍然十分重要。

参考文献

万旋傲：《人们能否一边娱乐一边跟上新闻？——基于娱乐动机的社交媒体使用对主客观政治知识的影响研究》，《新闻与传播研究》2024年第7期。

王茜：《批判算法研究视角下微博"热搜"的把关标准考察》，《国际新闻界》2020年第7期。

中国互联网络信息中心（CNNIC）：《2016年中国社交应用用户行为研究报告》，https：//www.cnnic.net.cn/n4/2022/0401/c123-1119.html，2017年12月27日。

〔美〕安东尼·唐斯：《民主的经济理论》，姚洋、邢予青、赖平耀译，上海人民出版社，2017。

〔美〕弗兰克·帕斯奎尔：《黑箱社会：控制金钱和信息的数据法则》，赵亚男译，中信出版社，2015。

〔美〕尼尔·波兹曼：《娱乐至死》，章艳译，中信出版社，2015。

〔美〕伊莱·帕里泽：《过滤泡：互联网对我们的隐秘操纵》，方师师、杨媛译，中国人民大学出版社，2020。

〔英〕詹姆斯·柯兰、娜塔莉·芬顿、德斯·弗里德曼：《互联网的误读》，何道宽译，中国人民大学出版社，2014。

Ananny, M., "Toward an Ethics of Algorithms：Convening, Observation, Probability, and Timeliness," *Science*, *Technology*, & *Human Values*, 2016, 41（2）.

Barnidge, M., "Incidental Exposure and News Engagement：Testing Temporal Order and the Role of Political Interest," *Digital Journalism*, Apr. 15, 2021.

Bartsch, A., & Schneider, F., "Entertainment and Politics Revisited：How Non-Escapist Forms of Entertainment Can Stimulate Political Interest and Information Seeking," *Journal of Communication*, 2014, 64（3）.

Bartsch, A., & Schneider, F., "Entertainment and Politics Revisited：How Non-escapist Forms of Entertainment Can Stimulate Political Interest and Information Seeking," *Journal of Communication*, 2014, 64（3）.

Baum, M., "Soft News and Political Knowledge：Evidence of Absence or Absence of Evidence?" *Political Communication*, 2003, 20（2）.

Baym, G., "The Daily Show：Discursive Integration and the Reinvention of Political

Journalism," *Political Communication*, 2005, 22 (1).

Bode, L., "Political News in the News Feed: Learning Politics from Social Media," *Mass Communication and Society*, 2016, 19 (1).

Borah, P., Su, Y., Xiao, X., & Lai Lee, D., "Incidental News Exposure and COVID-19 Misperceptions: A Moderated-mediation Model," *Computers in Human Behavior*, 2022 (129).

Cacciatore, M. A., et al., "Is Facebook Making Us Dumber? Exploring Social Media Use as a Predictor of Political Knowledge," *Journalism & Mass Communication Quarterly*, 2018, 95 (2).

Carlson, M., "Automating Judgment? Algorithmic Judgment, News Knowledge, and Journalistic Professionalism," *New Media & Society*, 2018, 20 (5).

Carlson, M., "Journalistic Epistemology and Digital News Circulation: Infrastructure, Circulation Practices, and Epistemic Contests," *New Media & Society*, 2020, 22 (2).

Delli Carpini, M. X., & Williams, B. A., "Let us Infotain You: Politics in the New Media Age," In W. L. Bennett, & R. M. Entman (eds.), *Mediated Politics: Communication in the Future of Democracy*. Cambridge, UK, New York: Cambridge University Press, 2001.

DeVito, M. A., "From Editors to Algorithms," *Digital Journalism*, 2017, 5 (6).

Fuchs, C., "Dallas Smythe Today–The Audience Commodity, the Digital Labour Debate, Marxist Political and Critical Theory," *Triple C.*, 2012, 10 (2).

Gil de Zúñiga, H., & Diehl, T., "News Finds me Perception and Democracy: Effects on Political Knowledge, Political Interest, and Voting," *New Media & Society*, 2019, 21 (6).

Gillespie, T., "The Relevance of Algorithms," In T. Gillespie, P. Boczkowski & K. Foot (eds.), *Media Technologies: Essays on Communication, Materiality, and Society*. Cambridge, MA: MIT Press, 2014.

Heiss, R., & Matthes, J., "Funny Cats and Politics: Do Humorous Context Posts Impede or Foster the Elaboration of News Posts on Social Media?" *Communication Research*, 2021, 48 (1).

Heiss, R., Knoll, J., & Matthes, J., "Pathways to Political (Dis-) Engagement: Motivations Behind Social Media Use and the Role of Incidental and Intentional Exposure Modes in Adolescents' Political Engagement," *Communications*, 2020, 45 (1).

Kobayashi, T., Hoshino, T., & Suzuki, T., "Inadvertent Learning on a Portal Site: A Longitudinal Field Experiment," *Communication Research*, 2020, 47 (5).

Krugman, H. E., & Hartley, E. L., "Passive Learning from Television," *Public Opinion Quarterly*, 1970, 34 (2).

Lee, J. K., & Kim, E., "Incidental Exposure to News: Predictors in the Social Media

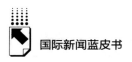
Setting and Effects on Information Gain Online," *Computers in Human Behavior*, 2017 (75).

Lee, S., & Xenos, M., "Social Distraction? Social Media Use and Political Knowledge in Two U. S. Presidential Elections," *Computers in Human Behavior*, 2019 (90).

Loader, B. D., Vromen, A., & Xenos, M. A., "Performing for the Young Networked Citizen? Celebrity Politics, Social Networking and the Political Engagement of Young People," *Media, Culture & Society*, 2016, 38 (3).

Marinov, R., "Mapping the Infotainment Literature: Current Trajectories and Suggestions for Future Research," *The Communication Review*, 2020, 23 (1).

Mitchelstein, E., et al., "Incidentality on a Continuum: A Comparative Conceptualization of Incidental News Consumption," *Journalism*, 2020, 21 (8).

Nanz, A., & Matthes, J., "Democratic Consequences of Incidental Exposure to Political Information: A Meta-Analysis," *Journal of Communication*, 2022, 72 (3).

Nanz, A., & Matthes, J., "Learning from Incidental Exposure to Political Information in Online Environments," *Journal of Communication*, 2020, 70 (6).

Oeldorf-Hirsch, A. & Srinivasan, P., "An Unavoidable Convenience: How Post-millennials Engage with the News that Finds Them on Social and Mobile Media," *Journalism*, 2022, 23 (9).

Oeldorf-Hirsch, A., & DeVoss, C., "Who Posted That Story? Processing Layered Sources in Facebook News Posts," *Journalism & Mass Communication Quarterly*, 2020, 97 (1).

Prior, M., "Any Good News in Soft News? The Impact of Soft News Preference on Political Knowledge," *Political Communication*, 2003 (20).

Prior, M., *Post-broadcast Democracy: How Media Choice Increases Inequality in Political Involvement and Polarizes Elections.* Cambridge, UK: Cambridge University Press, 2007.

Reinecke, L., Klatt, J., & Krämer, N. C., "Entertaining Media Use and the Satisfaction of Recovery Needs: Recovery Outcomes Associated with the Use of Interactive and Noninteractive Entertaining Media," *Media Psychology*, 2011, 14 (2).

Rittenberg, J., Tewksbury, D., & Casey, S., "Media Preferences and Democracy: Refining the 'Relative Entertainment Preference' Hypothesis," *Mass Communication & Society*, 2012, 15 (6).

Robinson, M. J., "Public Affairs Television and the Growth of Political Malaise," *American Political Science Review*, 1976 (70).

Smythe, D., "Communications: Blindspot of Western Marxism," *Canadian Journal of Political and Social Theory*, 1977, 1 (3).

Tewksbury, D., Weaver, A., & Maddex, B., "Accidentally Informed: Incidental News Exposure on the World Wide Web," *Journalism & Mass Communication Quarterly*, 2001,

78（3）.

Thorson，K.，& Wells，C.，"Curated Flows：A Framework for Mapping Media Exposure in the Digital Age，" *Communication Theory*，2016，26（3）.

Toff，B.，& Nielsen，K. R.，"'I Just Google it'：Folk Theories of Distributed Discovery，" *Journal of Communication*，2018，68（3）.

Van Aelst，P.，et al.，"Political Communication in a High-choice Media Environment：A Challenge for Democracy?" *Annals of the International Communication Association*，2017，41（1）.

Vorderer，P.，& Reinecke，L.，"From Mood to Meaning：The Changing Model of the User in Entertainment Research，" *Communication Theory*，2015，25（4）.

Vorderer，P.，Klimmt，C.，& Ritterfeld，U.，"Enjoyment：At the Heart of Media Entertainment，" *Communication Theory*，2004，14（4）.

Vraga，E.，et al.，"Accidentally Attentive：Comparing Visual，Close-ended，and Open-ended Measures of Attention on Social Media，" *Computers in Human Behavior*，2019（99）.

Wright，C. R.，"Functional Analysis and Mass Communication，" *Public Opinion Quarterly*，1960（24）.

Zillmann，D.，"Mood Management through Communication Choices，" *American Behavioral Scientist*，1988（31）.

专题篇

B.16
2023~2024年西方电视研究报告

江峥滢　吕鹏*

摘　要：　本报告基于2023年发表在四本英文电视研究期刊上98篇论文的分析进行主题编码，梳理了本年度西方电视研究的热点话题和发展趋势。具体来说，本报告遴选出2023年度西方电视相关研究的十大领域：电视节目分析、流媒体平台的崛起与品牌化、电视节目制作、电视与本土文化、电视与性别、电视与平台算法技术、电视历史回溯、电视与政治、电视与跨文化传播、电视与利基市场。通过对这些研究领域的梳理，本报告进一步发现新近西方电视研究更多地把焦点放到具体的电视节目内容分析、流媒体平台的崛起与品牌化以及电视中的性别研究等议题上。在此基础上，本报告还从研究话题、社会关切等角度为中国电视研究提供借鉴方向。

关键词：　西方电视研究　期刊分析　电视节目内容　流媒体平台

---

* 江峥滢，上海社会科学院新闻研究所硕士研究生；吕鹏，上海社会科学院新闻研究所研究员。

本报告通过对 2023 年英文电视研究期刊论文的收集和梳理，对过去一年中的西方电视研究进行系统性回顾，旨在回答两个问题：一是西方电视研究在 2023 年主要关注哪些重要领域；二是这些领域可为中国电视研究提供哪些启发性的观点和思考。

在具体的研究过程中，本报告将《电视与新媒介》（*Television & New Media*）、《电视批评研究》（*Critical Studies in Television*）、《英国电影电视杂志》（*Journal of British Cinema and Television*）、《电影与电视研究新评论》（*New Review of Film and Television Studies*）四本期刊作为主要分析对象。从 SAGE Publications、Edinburgh University Press、Taylor & Francis 数据库分别收集四本期刊于 2023 年正式刊发的全部论文，排除书评、编辑语等非研究型论文和电影类论文，其中《电视与新媒介》共有 8 期 54 篇论文符合标准，《电视批评研究》共有 4 期 21 篇论文符合标准，《英国电影电视杂志》共有 4 期 13 篇论文符合标准，《电影与电视研究新评论》共有 4 期 10 篇论文符合标准，将总计 98 篇论文纳入本报告分析范围。根据 Web of Science 的最新统计，按照影响因子大小排列，这四本英文期刊均属于"电影、广播、电视"类学术期刊中排名前十的刊物。同时，这四本英文期刊也是"电影、广播、电视"类学术期刊中较专注电视研究的期刊，因此可以说在很大程度上代表了西方电视研究的最高水平。与此同时，这四本英文期刊收录的论文议题相对广泛，可以较为全面地反映西方电视研究的议题分布。

在具体的编码过程中，因西方电视研究领域相对较细，2023 年度相关领域研究发表在这四本期刊上的高水平学术性文章近百篇。所以，本报告采用质性编码的方式进行分析。首先，将每篇文章的研究问题、摘要、关键词纳入编码范畴，进行开放式编码。其次，结合研究问题、刊物实际情况粗读原文，每篇文章根据开放式编码提炼 1~5 个核心关键词，根据词意确定对核心关键词的类型学划分标准，合并同类项，形成关键词意群，并根据关键词意群进行主题聚类，经过讨论初步确定了十个领域。最后，细读原文，根据十大领域进一步补充和修改每篇文章涉及的关键词和所属的关键领域。对于不明确领域编码分类的文章或者涉及多领域的文章，通过阅读文献综述、研究结论进行进一步确证，按照频次排序，确定十大核心研究领域（见表1）。编码结束后，根据不同领域，对具体的议题进行综述，依次对西方电视研究十大领域的具体内容和特征进行描述与分析。

表 1　2023 年西方电视研究十大领域

单位：篇

领域	主要关键词	频数
电视节目分析	犯罪电视剧、综艺评论、话语分析、文本分析	36
流媒体平台的崛起与品牌化	Netflix 平台、企业战略、全球化扩张	30
电视节目制作	内容多样性、电视制作、跨平台合作	26
电视与本土文化	种族文化、民族主义、乡村生活	24
电视与性别	女性主义、男性气质、LGBT、酷儿	21
电视与平台算法技术	算法推荐、视频点播（SVOD）服务、数据监控、网络安全、数据鸿沟	20
电视历史回溯	广电公司历史、广电节目历史、电视档案馆、媒介事件	19
电视与政治	政治参与、战争创伤、民粹主义、媒体运动	18
电视与跨文化传播	移民、文化冲突、双语新闻、双语节目	10
电视与利基市场	利基市场、利基流媒体、利基服务、文化产业	8

资料来源：根据论文数据，由作者统计整理得到。

一　电视节目分析

针对具体的电视剧、电视综艺节目、舞台剧、电影等影视节目进行内容分析一直是电视研究的重点领域和方式。在 2023 年西方电视研究中，针对该领域的学术论文数量也是最多的。而在电视节目内容分析的论文中又包含种族、性别、历史等相关议题。具体而言，通过对该领域的文章梳理可以看出，电视节目分析主要从表层的内容、语言、角色形象等到戏剧结构、叙事手段，最后挖掘到深层的意识形态层面。

（一）电视的内容分析

电视的内容分析涉及很多要素：语言、角色形象、体裁、故事情节等。本报告把内容分析区别于表征分析的原因在于，内容分析的研究更加聚焦影视作品的故事情节。而随着电视剧创作的不断发展，不管是经典大众的影视作品还是猎奇小众的影视作品都值得研究者的关注。例如，西方有大量关于犯罪文学和影视作品的研究。Charlotte Brunsdon 考察的是背景发展在北爱尔兰的一系列电视犯罪影片，Sanna Wicks 等人则研究的是电视类型 Nordic Noir，即北欧黑色影片中的内容。Natsuda Satayaban 研究的则是 BBC 犯罪连续剧《伦敦间谍》。这一类电视剧都有丰富而曲折的犯罪故事，拥有固定的受众。也有一些研究者关注影视作品中更为弱势的工薪阶层女性，例如 Laura Minor 研究的是《阿尔玛不是一般人》这部电视剧。一般来说，这类研究也不仅仅停留在内容分析上，往往会通过内容分析结合电视剧发生背景的文化、影视作品的生产与消费以及背后的价值观和意识形态展开进一步分析。

（二）电视的表征分析

表征分析相对于内容分析更注重的是语言、表演的呈现方式，同样的情节可以由不同的符号来说明。因此，电视的表征分析的相关论文数量也较多。例如，Josefine B. Siem 在研究北欧黑色影片的表征时，提出了"氛围"的概念。这种"氛围"的研究不仅包括作品人物的语气和情感态度，还涉及个体心理状态中的情绪，包括人与人之间的氛围，如群体性恐慌，也包括非人类的氛围，如风景或城市的忧郁等。[1]最后，氛围还涉及影视作品的背景音乐分析。这一种"氛围"的表征分析为电视研究提供了一种参考方法。

---

[1] Josefine B. Siem，"Analysing the Melancholy of Nordic Noir as Stimmung：Affective World-building in The Bridge," *Critical Studies in Television*，2023（18）：310-327.

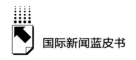
（三）电视的意识形态分析

电视剧中形象角色的构建蕴含着制作者背后的意识形态，或表达了其角色身份所代表的价值观。西方电视研究特别关注综艺、电视剧等如何通过视频重新塑造历史、展示历史。但是，有些学者注意到在制作影视节目的过程中，节目制作者的意识形态可能会有意或无意、公开或隐蔽地通过承认话语而对某些历史细节进行遮盖。例如，Olivia Stowell 通过观看法国著名综艺《顶级厨师》第十四季的内容发现，节目制作方将烹饪场景搭建在美国种植园中，表面上承认了美国奴隶制的历史，但是烹饪节目的音乐、视觉等话语消解了该场景的严肃性，回避了种族暴力的历史，而把种植园视为一个可以重塑旅游业品牌的场所，"通过承认话语而掩盖话语"提醒大众：历史正在被重新包装成流行文化和物质形态。[1] 另外，正如 Natsuda Satayaban 研究发现，BBC 犯罪连续剧《伦敦间谍》中的间谍和侦探往往以异性恋的男性英雄为主，其中边缘的女性角色往往存在着对于少数族裔和女性的歧视。[2] Hsin-Pey Peng 研究发现，Kpop 偶像剧中的女主角塑造能够引发公众对于东亚文化和女性主义的思考。这些电视剧角色都表现了特定阶层和身份的意识形态。

二　流媒体平台的崛起与品牌化

目前，全球流媒体行业包括四家主要的跨国公司（Netflix、Amazon Prime Video、Disney+ 和 Warner Bros. Discovery/HBO Max）和四家具有跨国业务但规模较小的流媒体公司（Peacock、Hulu、Apple TV+、Paramount+），

---

① Olivia Stowell，"There's Certainly a Lot of History Here，But We're Here to Roast Oysters：Afterlives of Trans-Atlantic Exchange in Top Chef：Charleston，" *Television & New Media*，2023（24）：37-52.

② Natsuda Satayaban，"London Spy as a Subversive Spy Thriller，" *Journal of British Cinema and Television*，2023（20）：98-118.

以及 390 家其他本地性或区域性利基在线视频公司，它们共同构成了全球流媒体格局。①

其中，西方主流电视研究主要关注四家流媒体跨国公司的崛起和品牌化战略。流媒体公司的崛起和品牌化又主要有两个研究方向：一是以 Netflix 为首的流媒体平台在全球地理空间上的扩张；二是以 Netflix 为首的流媒体平台如何利用多样性策略提高平台的收益和粉丝黏性，从而成功实现品牌化。

（一）流媒体平台的空间扩张

除了在硅谷的总部外，Netflix 在全球 26 个国家拥有分散的办公室和工作室。Rodrigo Gómez 和 Argelia Muñoz Larroa 研究了 Netflix 公司在墨西哥的跨国扩张。首先，Netflix 公司通过搭建互联网分发基础设施、提供流媒体技术和数据挖掘来进行企业决策。之后，Netflix 公司又通过整合本地跨平台、分销和生产合作伙伴（战略联盟）来直接投资建立子公司，最后通过其全球本地化（glocal）策略进行内容获取和原创生产。② 同样的，在印度、澳大利亚、西班牙、以色列等各国或地区的扩张中，Netflix 普及了视频点播（SVOD）服务，提供原创影视剧，采用差异化、本土化、多样化的经营战略，实现流媒体公司的品牌化和在全球的版图拓展。

（二）流媒体平台的品牌战略

在具体策略上，Netflix 公司更偏向于利用算法推荐系统来实现用户的个性化体验，并且通过提供热门和小众的影视作品培养特定流派的愉悦情感和粉丝文化，增强各类用户的体验感。而 Disney+ 是迪士尼集团通过不断收购各类传媒产业实现数字扩张的产物。依托迪斯尼的动漫和电影产业，

---

① Gary Edgerton, "Netflix, Spanish Television, and La Casa de Papel: Growing Global and Local TV Together in the Multiplatform Era," *Critical Studies in Television*, 2023 (18): 128-147.

② Rodrigo Gómez and Argelia Muñoz Larroa, "Netflix in Mexico: An Example of the Tech Giant's Transnational Business Strategies," *Television & New Media*, 2023 (24): 88-105.

Disney+有效地利用其品牌影响力和原创文化产品。① 最后，流媒体平台的崛起并不意味着它们与传统的大众电视已经决裂②，传统的电视媒体仍在向流媒体平台学习并保持合作。

三 电视节目制作

影视节目的制作是一项复杂而昂贵的工作，是资本赞助商、制作者、媒体管理者、广告商等多方合作的结果。电视节目制作一般涉及三个维度：电视的制作主体、电视的生产内容与方法、电视的生产制作过程。

（一）电视的制作主体

目前，西方电视研究主要聚焦在制片人、作家、创作者和演员等主体身上，同时还关注剧组团队、播客创作团队等主体。随着电视行业的变化，电视的主体之间的界限也有所变化。Christopher Bartlett 回顾了罗德·塞林（Rod Serling）的职业生涯，以他的经历为例说明电视创作者主体身份的模糊。罗德·塞林（Rod Serling）不仅是演员，还兼顾了作家、制片人的身份。其创作风格的改变也体现了整个电视行业的内容不断向社会消费妥协。③

技术进步如何导致电视制作主体的行为改变也是当前研究的焦点。新技术正在导致传统的电视工作流程和协作被打破，接受过传统工作方式培训的制作者地位正在丧失。有的研究用定量研究方法发现传统的工作协作减少会

---

① Jake Pitre, "The Magical Work of Brand Futurity: The Mythmaking of Disney+," *Television & New Media*, 2023 (24): 712-729.

② Michael L. Wayne and Ana C. Uribe Sandoval, "Netflix Original Series, Global Audiences and Discourses of Streaming Success," *Critical Studies in Television*, 2023 (18): 81-100.

③ Christopher Bartlett, "'This I Rebel Against': Television Advertising, Rod Serling's the Twilight Zone, and a Changing Industry," *New Review of Film and Television Studies*, 2023 (21): 505-526.

降低员工对于工作的满意度，进一步研究表明新技术的使用会造成协作的减少。① 因此，如何创造性地使用技术促进电视生产和分工的专业化值得深入研究。

除了聚焦个体，新旧媒介交替下电视行业整个群体的变化也成为研究者所讨论的重点。新的形式播客在传播过程中与占主导地位的公共范式对抗，同时保留了许多公共精神。Corrina Laughlin 针对播客创作者的"解释群体"②，即共享同一种解释策略或方法的阅读公众进行 16 次采访发现，千禧一代中年轻的播客制作者能够将社交媒体的规范和实践转化为音频形式，以"真实性"和"讲故事"的价值观为中心，创造亲密的公众关系。而新的视听行业也存在新形式的剥削。Ergin Bulut 则关注游戏行业的制作者，研究认为电子游戏开发者相信做自己喜欢的事情会带来成功和快乐。而这种美好的社会幻想使得开发人员不顾辛劳地工作，这种幻想所施加的剥削不是自上而下的，而是在日常生活中扩散的。过度劳累、同辈压力和等级制度的文化以爱的名义被规范化。③

（二）电视的生产内容与方法

如何生产影视作品是电视制作主体最关心的内容。研究者更多地采用现有的案例进行经验性的归纳分析。例如，Sezen Kayhan 通过对 14 名土耳其电视剧工作室所有者、管理者、编剧、艺术总监的田野调查，考察了工作室的建造方式、内部建筑，通过分析工作室的发展与剧本的关系以及收视率对故事情节的影响等，表明制作空间的建设和设计取决于电视剧的语境和消费

---

① Felix Olajide Talabi, et al. , "Television Production of Yesteryears, Today and in the Future: Impact of Reduced Collaboration in TV News Production on Job Satisfaction in Nigeria," *Television & New Media*, 2023 (24): 264-280.

② Corrina Laughlin, "The Millennial Medium: The Interpretive Community of Early Podcast Professionals," *Television & New Media*, 2023 (24): 810-824.

③ Ergin Bulut, "The Fantasy of Do What You Love and Ludic Authoritarianism in the Videogame Industry," *Television & New Media*, 2023 (24): 851-869.

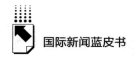
者的需求，解释了电视生产与消费的复杂关系。① Laurel Westrup 则聚焦音乐 MV 的生产，他以热门单曲 *Old Town Road* 的 MV 为例，讲述了乡村音乐和流行嘻哈音乐的结合，这些混合体裁的作品呼唤未来的 MV 制作对体裁的多方位研究。②

（三）电视的生产制作过程

电视的生产制作过程往往需要财政、人员甚至是文化历史的多方面协调。随着媒介技术的发展，电视的生产制作过程呈现跨区域和跨平台的特征，同时受到环境的限制，因此学界也开始关注媒体业界在生产制作过程中面临的新问题。

目前，出现越来越多的跨国共同生产的影视作品，Anders Grønlund 通过研究瑞典和冰岛联合生产 *Thin Ice* 这部作品，从共同生产过程以及文化特殊性、地方合理性等方面概括了格陵兰地区和荧幕产业的发展以及不断变化的生产实践历史。③ 而面向未来的流媒体时代，家用式、可移动的娱乐市场份额增加。尤其是在全球疫情时期，新媒介直接冲击着电影行业的命运，传统的电视创作和销售都遇到困难。但是 Andrew Higson 和 Miya Treadwell 分析 2020 年 4 月上映电影 *No Time to Die* 的营销和推广过程认为，流媒体服务和家庭娱乐设施的发展离不开其所依赖和滋养的电影文化和经济与企业的复苏。疫情结束后，观众终将会回到影院。④

---

① Sezen Kayhan, "TV Drama Production Studios of Istanbul: From Empty Sound Stages to Standing Sets," *Critical Studies in Television*, 2023（18）: 291–309.

② Laurel Westrup, "Music Video, Remediation, and Generic Recombination," *Television & New Media*, 2023（24）: 571–583.

③ Anders Grønlund, "Creating (in) the Arctic: Investigating Collaboration and Location through A Case Study of the Arctic Noir Serial Thin Ice," *Critical Studies in Television*, 2023（18）: 206–223.

④ Andrew Higson and Miya Treadwell, "No Time to Die, the Bond Franchise and Global Hollywood: Film Release Patterns during Covid-19," *Journal of British Cinema and Television*, 2023（20）: 413–435.

四　电视与本土文化

在本土文化的议题中，研究主要从两个方向展开。第一个方向是电视作品如何呈现本土文化的特征。在这个方向，目前关于特定民族或特定地区的影视作品为研究提供了大量的参考。第二个方向是种族和群体如何利用电视媒介实现本土文化的传承和传播。

（一）电视中的本土文化

本土文化往往是一个民族或地区具有独特性、区别于其他民族和地区的文化形式。例如，近几年西方电视研究中有不少研究者把目光聚焦在北爱尔兰的犯罪电影上，其中侦探、警察、犯罪者等角色性格形象以及故事情节发生的场景都无形中展现了北爱尔兰独特的风土人情。同时，随着全球化的发展，不同国家、不同地区的文化也发生了迁移和融合，不少移民在当地也形成了独特的文化。Lélia Tavakoli Farsooni 通过分析电视剧 *Shetland* 第五季、电影 *Four Lions*（2010 年）和纪录片 *Arcadia*（2017 年）中的角色，探讨了在英国乡村空间中黑人和穆斯林的身份形象，揭示了种族和宗教身份如何与乡村空间的田园化想象相互作用，进而影响了对多元文化和种族包容性的接受和理解。[①]

（二）本土文化的传承和传播

在新媒介环境下，本土文化的传承和传播也发生了巨大的变化，尤其是普通用户也可以使用社交媒体、短视频平台等进行有意或无意的本土文化传承和传播。Sheng Zou 就针对中国短视频平台上的农村视频开展研究，他认为这些短视频呈现了中国乡村生活方式和景观，塑造了一种乡村主体性，重

---

① Lélia Tavakoli Farsooni, "Beyond the Pastoral Paradise: Orienting Black and Muslim People in British Rural Space," *Journal of British Cinema and Television*, 2023（20）：436-459.

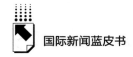

塑了公众对中国田野的想象。① 这些视频即是中国本土文化传播载体。作者还探讨了短视频背后的情感和意识形态，体现了本土文化和本土政治的互动关系。而西方社交媒体上也存在一些少数族裔移民后的本土文化传承和传播实践，例如 Catherine L. Benamou 研究关注美国的西班牙电视台对拉丁裔社区的文化传播和政治影响。

五　电视与性别

性别议题是西方电视研究中一个非常重要的领域，尤其是在后女性主义和新自由主义的影响下，部分学者对于一些电视节目的性别议题剖析不只是停留在电视剧和电影的镜头视觉上，更多地运用批判视角解析这些话语背后潜藏的意识形态如何潜移默化地影响公众对于性别的观点。在西方电视研究中，性别相关研究也不仅仅停留在女性议题，更多学者在男性气质、性少数群体等方面开展更深入的挖掘。

（一）电视与女性研究

性别研究中女性议题一直占据着重要位置。在西方电视研究中，女性研究关注女性在媒体产业中的角色，包括在台前和幕后的两个角度。台前角度主要是从影视作品的内容文本及其潜文本中研究媒介如何塑造女性形象及其如何建构女性话语。Tamar Faber 和 Natalie Coulter 就着眼于美国三部以少女为主角的电视剧，他们发现剧中的女孩成为后女性主义的新自由主义主体。一方面她们积极在社交媒体上创造内容成为免费的数字零工，另一方面她们在社交网络上面对网络欺凌、身体羞辱等关于性别暴力的信息，同时电视剧制作者还将消费与"儿童赋权"挂钩。② 这一研究弥补了电视研究和女性研

① Sheng Zou, "Curating a Scopic Contact Zone: Short Video, Rural Performativity, and the Mediatization of Socio-Spatial Order in China," *Television & New Media*, 2023 (24): 452-470.
② Tamar Faber and Natalie Coulter, "'Let's Go Make Some Videos!': Post-feminist Digital Media on Tween-Coms," *Television & New Media*, 2023 (24): 825-841.

250

究中关于少女形象和话语建构的内容。同时，在影视作品中，女性形象也通常是情绪化、感性的。因此，Kathleen McHugh 从影视作品中愤怒这一情绪入手，发现美国三部同样以具有神经性疾病女性为女主角的电视剧中所展现的女性愤怒普遍具有双重意义。① 不管是对他人的愤怒还是对自身的愤怒，这些都是患有精神障碍的女主角的病理表现。因此，这样的女性愤怒不仅有利于规范过去影视作品中对于女性愤怒的污名化和刻板印象，还表现了女性自身的愿望和对社会束缚的反抗。西方电视研究中女性研究的第二个主要角度是关注影视作品的创作与制作过程中幕后工作的女性受到的性别歧视和不平等。流媒体平台的出现本应给媒体工作者创造更多新的工作机会，但是 Smith Mehta 通过分析印度 2014~2020 年线上劳动力数据和对印度的演员、编辑、导演、作家、电影摄影师和流媒体服务主管的访谈发现：印度女性媒体工作者在薪酬、地位、工作环境等关键因素上都存在着性别不平等的问题。在男性主导的媒介环境中，女性只有付出大量的体力劳动和情感劳动才有可能改变他人对其的偏见。尤其是在印度媒体行业 2008 年发生#Metoo 运动之后，女性反而被行业嘲笑、排斥。媒体行业也开始以减少骚扰发生的机会为幌子减少女性的工作机会。研究结果强调了媒体行业中权力、特权和父权制的"三位一体"如何将女性甚至少数族裔边缘化、如何强化旧的劳动不平等和鼓励新的劳动不平等，进一步显示了性别研究与种族、阶级的交叉性。② 总体而言，流媒体平台和电视剧研究发现仍然存在女性在银幕前和银幕后呈现不足的情况。

（二）电视与性少数群体

而性别研究中，女性研究常常与 LGBTQ 研究联系在一起。LGBTQ 中文又名"彩虹族""性少数者"等，一般指女同性恋者（lesbian）、男同性恋

① Kathleen McHugh, "Genre as Feminist Platform: Diagnosis, Anger, and Serial T. V. ," *Television & New Media*, 2023（24）：535-548.
② Smith Mehta, "Where are the Women? Gendered Indian Digital Production Cultures Post #metoo," *Television & New Media*, 2023（24）：770-790.

者（gay）、双性向者（bisexual）、跨性别者（transgender）与酷儿（queer），其中酷儿指的是所有不符合主流性与性别规范的性少数群体。在西方彩虹人士的社会活动推动下，欧美部分国家和地区开始允许同性恋婚姻，性少数群体在影视作品中的可见度也有所提高。在制作影视作品的过程中，编剧会有意识地在修改剧本时加入少数族裔和性少数群体。例如，经典小说《绿山墙的安妮》被 Netflix 翻拍时加入了小说中本没有的黑人和同性恋同学角色。[①] 不仅如此，那些本身就作为 LGBTQ 的创作者也受到公众关注。Kiah E. Bennett 研究了一名创作折射喜剧的女同性恋作者。同样的，Sarah E. S. Sinwell 则结合霸权主义的男性气概、女性气质、同性恋和异性恋的观点探讨了女导演乔伊·索洛威拍摄的关于性少数群体的电影和电视作品。两个研究都聚焦性少数群体创作者的作品如何体现她们的女性主义和酷儿情怀以及她们的实践与女性主义理论、酷儿理论的矛盾之处。[②] 除此之外，研究者还关注技术背景下流媒体平台的算法如何识别性少数群体的身份，传播关于性别和性取向的知识。Zoë Shacklock 认为流媒体平台 Netflix 的算法可以预测和分类观看者的性别身份和性取向。[③] 它决定了信息推荐系统在线传递和呈现给谁以及如何在线传递和呈现。Clara Bradbury-Rance 则更进一步发现算法通过协同过滤、算法路标等方式，隐蔽地干预和塑造观看者对酷儿身份的理解和酷儿作品的品味。[④]

（三）电视与男性气质

西方男性气质研究与女性主义的影响是密不可分的。目前的电视研究

① Will Stanford Abbiss, "Enraptured by this Glorious Media Landscape: Anne with an E and Cross-platform Coproduction," *Critical Studies in Television*, 2023 (18): 148-162.

② Sarah E. S. Sinwell, "Reading Joey Soloway: Popularizing Feminist and Queer Theory in Independent Film and Television," *New Review of Film and Television Studies*, 2023 (21): 187-210.

③ Zoë Shacklock, "The Category is: Streaming Queer Television," *New Review of Film and Television Studies*, 2023 (21): 316-337.

④ Clara Bradbury-Rance, "'Unique Joy': Netflix, Pleasure and the Shaping of Queer Taste," *New Review of Film and Television Studies*, 2023 (21): 133-157.

中，研究者主要还是分析影视作品中的男性气质和现实社会事件中的男性气质。例如，Aiden James Kosciesza 和 Fabienne Darling-Wolf 利用 1998 年版和 2012 年版两个不同时代但均由日本漫画《麻辣教师 GTO》所改编的真人电视剧文本分析日本白领男性的气质在日本社会文化语境中的变化，尤其是在亚洲金融危机和福岛核事故等事件发生后，日本白领男性的社会地位发生变化，男性气质也更加"柔软"。① Ethan Tussey 则从现实出发，研究了美国福克斯体育在联邦最高法院裁决将体育赌博合法化后将赌博行为塑造成一种合法公民的金融分析与交易行为，而男性赌徒的身份也被美化为体育赛事的粉丝。②

六 电视与平台算法技术

推荐系统是互联网平台用来识别和推荐用户可能感兴趣的内容、产品和服务的算法工具。算法本身可以定义为"为解决问题而设计的一组指令、规则和计算"。③ 流媒体平台的崛起离不开平台算法技术提供的优质服务。

（一）算法推荐系统追踪用户信息和偏好

目前，学者们已经充分证明算法推荐系统能够追踪用户信息和偏好，实现"深度个性化"的服务。④ 而流媒体的"问题"是如何吸引和多元化其受众，从而保留和强化其用户基础。Olivia Khoo 研究发现 Netflix 正在使用基于内容的过滤和协同过滤算法的组合来推荐内容，用户通过算法推荐来延长

① Aiden James Kosciesza and Fabienne Darling-Wolf, "What's So Great about GTO？：Evolving Discourses of Japanese Masculinity in Great Teacher Onizuka," *Television & New Media*，2023（24）：929-944.
② Ethan Tussey, "'Action on the Game'：Sports Gambling as Fan Identity and Transactional Participation," *Television & New Media*，2023（24）：363-379.
③ Olivia Khoo, "Picturing Diversity：Netflix's Inclusion Strategy and the Netflix Recommender Algorithm（NRA）," *Television & New Media*，2023（24）：281-297.
④ Gerald Sim, "The Idea of Genre in the Algorithmic Cinema," *Television & New Media*，2023（24）：510-523.

他们的观看习惯，强化现有的消费者口味。[1] 这种"品味的数字化"仅仅是在表面体现了更大的多样性，其中则隐藏着算法不透明和算法偏见。[2]

（二）算法推荐系统影响媒体从业者行为

利用算法或技术获得更多的广告和收入是媒体从业者的目标。自Instagram 被 Facebook 收购以后，Instagram 逐渐成为 Facebook 的受众和广告市场的核心。广告商和营销者不仅仅将 Instagram 平台作为一种广告服务，而是越来越多地作为一种端到端的广告、分析和零售基础设施。[3] 同样的，YouTube 等数字平台也通过指导方针、服务条款和算法策展鼓励创作者制作符合平台商业目标的内容。[4]

（三）算法推荐系统关乎平台审查工作

算法技术在影响电视或流媒体的内容推荐和品味塑造时还影响着平台的审查工作。技术在为人类解决问题的同时，也带来侵犯用户隐私、威胁言论自由等网络安全问题。正如 James N. Gilmore 团队的研究表明，在线治疗援助抑郁症平台（TAO）为过度拥挤和人员不足的护理设施提供了解决方案，但是存在过度提取、收集和使用用户数据的问题。同时，在线治疗援助抑郁症平台对于不同人的复杂性视而不见，对于用户而言这些数据并没有使其受益。[5] 同时，搜索引擎和其他算法如何重构公共领域的沟通形式和社会关系

① Olivia Khoo, "Picturing Diversity: Netflix's Inclusion Strategy and the Netflix Recommender Algorithm (NRA)," *Television & New Media*, 2023 (24): 281–297.

② Clara Bradbury-Rance, "'Unique Joy': Netflix, Pleasure and the Shaping of Queer Taste," *New Review of Film and Television Studies*, 2023 (21): 133–157.

③ Nicholas Carah, et al., "Optimizing Looking and Buying on Instagram: Tracing the Platformization of Advertising and Retail on Mobile Social Media," *Television & New Media*, 2023 (24): 380–396.

④ Jacob Ørmen and Andreas Gregersen, "Institutional Polymorphism: Diversification of Content and Monetization Strategies on YouTube," *Television & New Media*, 2023 (24): 432–451.

⑤ James N. Gilmore, et al., "Stuck in a Cul de Sac of Care: Therapy Assistance Online and the Platformization of Mental Health Services for College Students," *Television & New Media*, 2023 (24): 204–220.

等问题也一直受到研究者的关注。① 目前的研究并没有解决公众沟通的机制搭建问题。

（四）数据安全问题涉及人权和国家主权

随着数字技术日益嵌入日常生活，数据将在社会和经济组织中发挥更加核心的作用。而不合理的数据使用不仅有可能侵犯人权，甚至还有可能威胁国家主权。例如，对于 Grindr 这样的性少数群体社交平台上的用户个体来说，未经知情同意的数据使用在侵犯隐私的同时可能给用户带来社会声誉风险甚至是法律风险。而对于跨国平台来说，个人数据经历了从一个管制宽松的地点移动到另一个管制更强的地点的过程。因为不同国家之间的数据安全缺乏一致标准，这样的跨境数据流动可能会损害国家主权。②

虽然数据越来越被视为释放数字化世界的承诺的资源，但对于弱势的个人和社区而言，未能达到数字能力预期和未能达到规定的数据规范可能导致对弱势人群的排斥和歧视。③ 因此，一些研究者努力为数据歧视和边缘化的交叉分析提供平台，并促进学术和社会联盟，呼吁关注受数字鸿沟影响更深的底层群体。④

七　电视历史回溯

电视发展史也是电视研究的重点之一。目前，电视的历史回溯不仅包括对于传统台、电视台成立过程以及重大媒介事件的历史研究，还包括利用电视剧、电影等进行的媒介考古研究。

---

① Jennifer Petersen, "Search Engines and Free Speech: A Historical Analysis of Editorial Analogies and the Position of Media Companies and Users in US Free Speech Discourse," *Television & New Media*, 2023 (24): 735-750.

② Aynne Kokas, "Data Trafficking and the International Risks of Surveillance Capitalism: The Case of Grindr and China," *Television & New Media*, 2023 (24): 673-690.

③ Vassilis Charitsis and Tuukka Lehtiniemi, "Data Ableism: Ability Expectations and Marginalization in Automated Societies," *Television & New Media*, 2023 (24): 3-18.

④ Vassilis Charitsis and Tuukka Lehtiniemi, "Data Ableism: Ability Expectations and Marginalization in Automated Societies," *Television & New Media*, 2023 (24): 3-18.

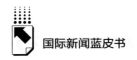
（一）电视台成立过程的历史研究

研究者所关注的西方电视台的成立过程一般都充满波折，这样的研究会从历史借鉴的角度为未来的电视发展提供经验。例如，Péter Rajcsányi 跟踪了匈牙利电视台执行委员会在 1956 年 10 月革命期间的活动，执行委员会将匈牙利电视台从一个初具规模的系统转变为一个完全运作的、大众化的公共服务。① 类似的还有 Lauren Herold 对于同性恋有线电视网络（GCN）20 年发展历史的研究②，表现了一个专注利基内容的公共渠道有线电视生产的意义和价值。

（二）电视媒介事件的历史研究

媒介事件理论在 20 世纪 90 年代被提出，是传播学研究中最广为人知、被引用最多的理论之一。媒介事件指的是大众媒体如电视等通过直播呈现具有重大历史意义的新闻事件，一般有竞赛、加冕、征服三种类型。其中，体育节目一直是媒体事件的稳定来源。尤其是体育节目逐渐通过新的媒介传播，吸引了更广泛的受众和新的受众参与观看。③ 因此，电视研究中更多的是把重点放在比较常见的体育竞赛活动中。James Fenwick 就针对 1991 年发生在英国谢菲尔德的第十六届世界大学生夏季运动会进行电视档案回顾，分析了英国天空电视台以及卫星电视对体育现场报道的影响，呈现了 20 世纪 90 年代初英国迅速变化的媒体景观。④

---

① Péter Rajcsányi, "The Endeavour for Political and Professional Freedom in Hungarian Television during the 1956 October Revolution," *Critical Studies in Television*, 2023 (18): 405-423.

② Lauren Herold, "Affective Production Value on Queer Community Television: A Case Study of the Gay Cable Network and Gay USA," *New Review of Film and Television Studies*, 2023 (21): 292-315.

③ Ilan Tamir and Sam Lehman-Wilzig, "The Routinization of Media Events: Televised Sports in the Era of Mega-TV," *Television & New Media*, 2023 (24): 106-120.

④ James Fenwick, "BSkyB and the 1991 World Student Games: The Transformation of Live Sports Television Acquisition and Coverage in the UK in the Early 1990s," *Television & New Media*, 2023 (24): 336-355.

（三）影视作品的媒介考古研究

媒介考古这一术语最早出现在 1996 年西格弗里德·齐林斯基的文章中，他的目的是通过历史的视角来接近我们对媒体的理解。同时，媒介考古也是一种方法，用于理解一种媒介如何以及为何能够"在文化情境中诞生、重拾和维持自身"。因此，媒体考古研究有两个关键的方面：一是媒体的话语或文化维度，即它们如何传达影响或共享的经验和意义；二是媒介的物质性或操作性方面，即它们是如何作用于传播的。Lauren Bliss 和 Bjørn Nansen 研究发现，从电影中的"艺术屋""恐怖片"到电视肥皂剧，再到动画 GIFS 和 YouTube 中的 reaction 视频，反映了这一类型视频的变迁和情感价值。[①] Mark Schmitt 则通过分析背景发生在南北战争和英国大革命时期的历史电视剧和电影，试图理解它们回归 17 世纪的历史素材的意义，以及从 20 世纪六七十年代开始的电影模式的风格[②]，探讨了电影影像参与国家和电影史的潜力。

八　电视与政治

在国际局势动荡的社会背景下，巴以冲突、俄乌冲突以及各国的政治革命和民粹运动的战斗空间早已从陆地、海洋、天空、太空拓展到网络空间。在政治事件中，电视、社交媒体等媒介逐渐成为斗争的武器。而在西方电视研究中，关于政治的议题主要有三条线索。

（一）公众的政治参与

第一条线索是公众的政治参与。具体又可以划分为公众如何利用电视新

① Lauren Bliss and Bjørn Nansen，"Reaction Media：Archeology of an Intermedium，" *Television & New Media*，2023（24）：751-769.
② Mark Schmitt，"The World Turned Upside Down，Again：Hauntings of the English Revolution and Archaeologies of Futures Past in Contemporary British Films，" *Journal of British Cinema and Television*，2023（20）：25-45.

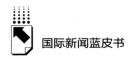
媒体参与政治活动和电视新媒体如何呈现政治事件与公众的政治参与形象。

1. 公众利用电视新媒体参与政治活动

关于公众如何利用电视新媒体参与政治活动的例子有 Frida V. Rodelo 针对墨西哥 YouTube 视频平台独立政治频道的研究。Frida V. Rodelo 研究发现，在墨西哥主流新闻机构的低信任度和意识形态两极化的社会环境下，墨西哥 YouTube 独立政治频道的创作者将娱乐因素和公共事务信息结合起来创作视频。创作者往往会公开自己支持的党派，同时视频内容的形式则模仿主流媒体的专业新闻。这样的视频表面上是对传统新闻文体的再创造，实际上是对主流媒体的讽刺。创作者通过平台的可供性来发布视频，实现他们的政治参与。[①] 另一个类似的案例是以色列的左翼民粹主义在 Facebook 上传播信息和动员公众，而且还利用平台的自动排序机制和界面设计来塑造用户对其政治环境以及对政治团体的群体性质和规模的感知，提高了反民粹主义声音的在线可见性。[②]

2. 电视新媒体呈现政治事件与公众的政治参与形象

而电视新媒体如何呈现政治事件与公众的政治参与形象的具体案例有 Ella Fegitz 对哥伦比亚公司的电视剧《好的战斗》的研究与 Paul Cornelius 和 Douglas Rhein 对纪录片《越南战争》的研究。《好的战斗》的故事背景发生在特朗普当选后的美国，其中女主是一名 60 多岁的老年女性，在经历了个人情感、经济、政治危机后，愤怒和脆弱感的增强促使她采取行动，于是她参与女性组织，争取让民进党女性当选总统，阻止特朗普的连任。该研究从女性政治参与形象的视角呈现了女性愤怒的方式如何作为关键因素介入政治变革和女性运动中。[③] 而 Paul Cornelius 和 Douglas Rhein 的研究认为，《越南战争》的导演在呈现严肃的政治历史事件时存在个人主观的问题，更多地

① Frida V. Rodelo, "Why Can't We Believe in That? Partisan Political Entertainment in the Mexican YouTube Sphere," *Television & New Media*, 2023 (24): 414-431.

② Yoav Halperin, "Reclaiming the People: Counter-Populist Algorithmic Activism on Israeli Facebook," *Television & New Media*, 2023 (24): 71-87.

③ Ella Fegitz, "The Politics of Female Anger in Older Age: The Good Fight, Older Femininity and Political Change," *Television & New Media*, 2023 (24): 397-413.

利用怀旧的声音、图像来进行艺术创作"纪念"政治历史事件，而不是"纪录"政治历史事件。① 因此，该研究提示电视新媒体在呈现政治事件与公众的政治参与形象时需注意保持客观性。

（二）政治影响电视媒介的演变

第二条线索是政治如何影响电视媒介的演变。不管是作为意识形态的国家政策，还是作为社会实践的政治变革，其在很大程度上都会深刻地改变媒体行业的发展。Chunmeizi Su 在研究中国短视频平台抖音时发现，视频作品的质量不仅取决于平台的权力，视频内容审查制度也在某种程度上改善了短视频平台上的内容形式与质量。② 因此，审查政策也是中国屏幕产业发展的一个重要的、必然的因素。而政治变革影响媒介的研究更多的是通过对档案历史的梳理，跟踪媒体演变的过程。Péter Rajcsányi 关注的是在 1956 年匈牙利十月革命中，匈牙利电视台执行委员会大部分雇员都被调离该机构，坚守的职员在直接的政治控制下制定新的电视节目政策和结构，以及首次转播体育赛事、歌剧和戏剧表演，更新新闻节目并引进娱乐和科学节目等。这些节目结构、技术方案和政策决定为匈牙利电视台未来的运营提供了坚实的基础。③ 同样关注类似政治变革对媒介影响的案例还有 David Butler 和 Stephen Baker。他们研究了 1924 年 BBC 在北爱尔兰的成立。在经历爱尔兰独立战争和分治之后，北爱尔兰被允许自治。因此，北爱尔兰地区的 BBC 与英国其他地区的模式发展不同步。文章分析了北爱尔兰的政治和文化冲突，揭示了BBC 如何在政治分裂和冲突中表现和处理这些内容。④ 总之，政治影响电视

---

① Paul Cornelius and Douglas Rhein, "Memory, Remembrance and Nostalgia in Ken Burns' The Vietnam War," *Critical Studies in Television*, 2023（18）：243-255.

② Chunmeizi Su, "Contingency, Precarity and Short-Video Creativity: Platformization Based Analysis of Chinese Online Screen Industry," *Television & New Media*, 2023（24）：173-189.

③ Péter Rajcsányi, "The Endeavour for Political and Professional Freedom in Hungarian Television during the 1956 October Revolution," *Critical Studies in Television*, 2023（18）：405-423.

④ David Butler and Stephen Baker, "Out of Time: BBC Northern Ireland and the Paradoxes of Partition," *Journal of British Cinema and Television*, 2023（20）：387-412.

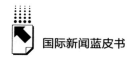

媒介的内容和质量，还影响电视媒介的运营政策和发展方向。

（三）电视媒介影响政治活动的走向与政府的公关政策

第三条线索是电视媒介如何影响政治活动的走向与政府的公关政策。如今，越来越多的媒体逻辑和公关逻辑介入政治活动中，因此 Emil Stjernholm 研究了电视作为"新媒体"在政府公共关系中的作用。该研究结果表明 20 世纪 90 年代初，瑞典遭遇经济危机，因此政府机构的预算减少。于是，瑞典公共信息项目 Anslagstavlan 在政府公关上做出三个改变：一是增加动画的使用；二是在叙事策略上采用幽默的文风和互文的修辞，并且采用名人广告；三是在公共信息中对公众使用个人化、非正式的称谓。① 这体现了政府机构根据媒体条件的变化不断更新其公共关系政策和信息。Reece Peck 则采用对比的视角，通过分析美国保守派的有线电视福克斯新闻和进步派在线视频 YouTube 上的 The Young Turks（TYT）不同的民粹主义媒体风格，最后得出结论：两个不同党派立场、不同平台的媒体都采用相似的、亲切的文风来吸引公众观看和参与互动，强调了媒体与政治运动结合以扩大影响力。②

九　电视与跨文化传播

随着互联网基础设施的发展和传媒产业的全球化拓展，电视作品在全球范围内的传播、分发成为衡量成功的文化产品的标准之一。而在媒介的传播过程中，不同国家之间的语言、文化、宗教、价值观会产生矛盾和冲突，这样的议题逐渐被跨文化研究纳入考察之中。其中，流媒体平台的跨文化传播、双语节目的内容表征、移民的跨文化活动是 2023 年西方电视研究中提及最多的。

---

① Emil Stjernholm，"Government Public Relations，Audiovisual Communication and the Informalisation of Sweden，" *Critical Studies in Television*，2023（18）：441-459.
② Reece Peck，"Comparing Populist Media：From Fox News to the Young Turks，From Cable to YouTube，From Right to Left，" *Television & New Media*，2023（24）：599-615.

（一）流媒体平台的跨文化传播

涉及跨国的电视节目大多伴随流媒体平台的全球化策略而发展。例如，Shelley-Jean Bradfield 提到流媒体平台 Netflix 特别注重服务于跨国家、跨地区的观众，旨在提供多元化的内容来满足大众和小众的口味。[①] 比如，在制作与南非文化相关的《索诺女王》时，Netflix 考虑到跨国制作影视剧的政策繁杂、成本增加以及文化差异可能引发的争议，选择采用"直接委托"的方式将《索诺女王》的内容制作委托给南非本土的制作公司 DiPrente。DiPrente 的制作团队成员都为南非本国人，同时具有制作优质影视作品的经验。并且，该制作团队与 Netflix 已经共同合作多部面向全球观众的电影、纪录片等影视作品。加上以跨国受众为目标的营销和宣传策略，Netflix 已经形成了一个向各国获取内容，将利益推广至其他国家的跨国平台，既关注内容制作商的本土文化又有利于满足不同国家订阅者的需求。但是，流媒体平台的跨文化传播中可能带有西方文化帝国主义的印记。例如，Will Stanford Abbiss 就认为加拿大的媒体 CBC 在与 Netflix 合作制作以加拿大蒙哥马利为背景的小说《绿山墙的安妮》时，加拿大方对于 Netflix 所体现的文化和媒体帝国主义存在恐惧和担忧。[②]

（二）双语节目的内容表征

未来，双语或多语的电视节目内容只会不断增加，从文本创作、视听效果、文化交流等更细节的内容制作角度切入的研究也会越来越多。例如，Nahuel Ribke 以以色列黄金时段的希伯来语—阿拉伯语双语节目《阿拉伯劳工》为例，分析该双语节目着重在语言和戏剧结构上，促进两种语言在系列片中的相遇和碰撞。Nahuel Ribke 认为《阿拉伯劳工》的作者本身具有双

① Shelley-Jean Bradfield，"Queen Sono: Netflix Original as postfeminist South African Spy Thriller," *Critical Studies in Television*，2023（18）：163－184.
② Will Stanford Abbiss，"Enraptured by this Glorious Media Landscape: Anne with an E and Cross-platform Coproduction," *Critical Studies in Television*，2023（18）：148－162.

语文化背景，在剧本创作、台词的时空结构等方面提供了帮助。同时，他采用量化的方式验证了三种存在于插曲中、戏剧冲突中和日常双语中的双语序列，使得双语在电视剧中变成文化理解的工具。《阿拉伯劳工》虽然为双语节目，但是以讽刺和批判以色列的阿拉伯公民而受到批判。这体现了语言之间的接触模式，反映了少数族裔和多数群体之间的权力不平等，完全平衡的双语模式极为罕见。① 但是剧集创作者和公司以及视听叙事技巧的创造性有助于缓解国家和少数族群的霸权国家的权力不平等。影片《小斧头》同样体现了这一点，Trisha Dunleavy 考察了展现战后英国加勒比移民历史的影片《小斧头》制作和文本的三个领域，突出了英国加勒比移民社群的经历和文化特殊性，他们的共同身份和目标使其能够通过集体行动挑战种族主义制度。②

（三）移民的跨文化活动

不仅是《小斧头》，越来越多的影视作品显示出移民也成为电视研究中值得关注的现象。移民是跨文化的亲历体验者，很多外国人因为学习、工作等搬到其他国家，国际婚姻家庭正变得越来越普遍。尤其是随着各国政治的发展，移民的存在也不再局限于过去处于社会边缘的隔离社区，在欧美、中国等国家和地区移民开始更广泛地融入大众媒体议程。如何通过他们展现跨文化的内容以及如何展现移民和日益明显的国际移民现象成为中国学者 Chun Gan 想要回答的问题。他通过观看《外国人在中国》（2013～2019 年）中移民的形象和经验如何被媒体刻画，描述了一个具有洞察力和娱乐型的当代移民生活图景。但是他也发现，政治和社会情境影响着国家媒体对于移民群体的表征，他认为《外国人在中国》承认移民在中国社会中的角色多元化，强调移民遵守中国规范，表现移民对中国发展的贡献的同时，将外国移

① Nahuel Ribke, "Bilingualism and the Televisual Architecture of Linguistic（Dis-）Encounters in the Israeli Television Show Arab Labor," *Television & New Media*, 2023（24）: 190-203.

② Trisha Dunleavy, "'Black Lives Have Always Mattered': Cultural Specificity and Transformative Representations in Small Axe," *Critical Studies in Television*, 2023（18）: 185-205.

民和中国人的身份区隔开来，这体现了政府虽然注意到移民声音的重要性，但也存在务实利益和包容利益框架下的政治话语矛盾。[1] 加拿大一直以来同样特别关注以种族、性别、阶级、语言等社会类别为特征的跨文化互动。Sherry S. Yu 的研究关注到以韩裔加拿大移民家庭生活为内容的加拿大电视剧，显示了加拿大政府崇尚的多元文化主义，也呼吁公众和电视研究关注少数族裔。[2]

十　电视与利基市场

"利基"一词是英文"Niche"的音译，意为"壁龛"。该词来源于法语。法国人信奉天主教，建造房屋时常常在外墙上凿出一个不大的神龛，以供奉圣母玛利亚。"壁龛"虽然小，但边界清晰。[3] 20 世纪 80 年代，美国学者开始将其引入市场营销领域。因此，"利基"被引申为在大市场中通常被忽略的某些细分市场，即大市场中的缝隙市场。随着互联网技术和经济的发展，利基市场也呈现长尾效应，即小型的、独特的产品和服务累积起来的总收益超过主流产品的收益。因此，不管是企业界还是学界，尤其是文化产业的相关人士越来越关注在新近技术影响整体的媒体传播过程中，传媒产业的利基市场如何适应传播技术的演进，如何为消费者提供个性化的服务，利基市场提供的内容有何效果等。在电视相关研究方面，利基市场的流媒体平台、专业的媒介生产者和分发者以及利基市场的受众等行为主体受到研究者的集中关注。

---

① Chun Gan, "Immigrants on Chinese Television and Limitations of China's Globalist Discourse," *Television & New Media*, 2023（24）：54-70.

② Sherry S. Yu, "Cultural Diversity in Canadian Television: The Case of CBC's Kim's Convenience," *Television & New Media*, 2023（24）：911-928.

③ 沈仰东：《基于利基市场的企业发展战略探究》，《广西民族大学学报》（哲学社会科学版）2008 年第 3 期。

国际新闻蓝皮书

（一）利基市场的流媒体平台

在利基市场的流媒体平台角度，2007 年 Netflix 开始向订阅者提供流媒体视频以来，视频订阅市场越来越多样化。小众平台的发展使得部分服务大幅扩张，流媒体服务开始以不同的价格追求不同的受众和内容库。主流的流媒体平台研究已经非常丰富，而利基流媒体平台如何获取利基内容也逐渐引起学界的注意。但在学术方面因其内容涉及相关行业的商业保密策略，所以在材料收集上存在一定的困难。为此，Michael L. Wayne 和 Matt Sienkiewicz 采用媒体行业研究法，通过研究 2020 年之后推出小众犹太/以色列视频点播（SVOD）服务的三家平台 ChaiFlicks、Izzy 和 Jewzy，根据对三家平台高管的定性访谈和公开材料，分析利基流媒体平台的内容获取实践。结果揭示了利基流媒体平台主要通过投资独立电影、电视剧和购买影片等形式获取利基内容，而获取特定类型利基内容的方式取决于高管利用业已存在的特定行业专业关系的能力，因为他们试图从有限的经济资源中创造最大化的价值，而这些内容的获取并不需要更好的资金平台。[①] 但同时研究者还提到，目前小众流媒体平台面临逐渐被主流流媒体平台收购的挑战。

（二）利基市场的媒介生产者和分发者

媒体专业人士是媒介内容的生产者和分发者，因此从制作者的角度考察电视行业的利基内容如何生产及其影响受到学界的关注。Catherine L. Benamou 采用扎根理论、田野调查、焦点小组的方法来研究美国的利基媒体——西班牙语电视（SLTV），作为地方媒体制作工具以及地方和国家信息来源时，如何通过媒体特许来帮助观众形成复原力、自我意识和社会政治表

---

① Michael L. Wayne and Matt Sienkiewicz, "'We Don't Aspire to be Netflix': Understanding Content Acquisition Practices among Niche Streaming Services," *Television & New Media*, 2023 (24): 298–351.

达。① 研究表明，西班牙语电视（SLTV）作为美国少数族裔的利基媒体，形成了一个"媒介空间"。它不仅是拉丁裔群体获取信息的渠道，还在促进跨地区文化交流、倡导拉丁裔政治参与等方面发挥着重要作用，能够让边境地区的移民获得归属感和认同感。

（三）利基市场的受众

而利基市场的消费者、听众这一行为主体与媒介产业发生怎样的互动也成为学界关心的问题。例如，Iveta Jansová 和 Charles Michael Elavsky 选择研究中东欧的共产主义小国捷克共和国，考察在西方主流媒体占据主导权的媒介环境下捷克媒体的受众在捷克媒体行业中被框定和概念化的微观社会过程，即捷克的媒体工作者如何理解和接触受众的过程。② 作者提出了两种建构捷克媒体受众的视角。一方面是将受众视为媒介内容创作的一部分，即产消者的概念。另一方面是将受众视为影响媒介内容创作的一部分。在此基础上，作者通过半结构采访媒体工作者发现：捷克媒体作为一个规模有限的利基媒体，与主流媒体相比更缺少创新，因此受众在消费内容时更加被动。③而且，捷克媒体在制作内容、经营组织时，受众也不被考虑在内。因此，研究者提供了一些指导捷克媒体行业的建议，特别是在调节地方动态、国际竞争和数字化演变的辩证关系方面。

参考文献

Vassilis Charitsis and Tuukka Lehtiniemi, "Data Ableism: Ability Expectations and

① Catherine L. Benamou, "Spanish-Language Television and Diaspora in Detroit and Los Angeles: Toward Latinx Media Enfranchisement," *Television & New Media*, 2023 (24): 316-335.
② Iveta Jansová and Charles Michael Elavsky, "The Place of Convergent Audiences in the Small Industry Market," *Television & New Media*, 2023 (24): 19-36.
③ Iveta Jansová and Charles Michael Elavsky, "The Place of Convergent Audiences in the Small Industry Market," *Television & New Media*, 2023 (24): 19-36.

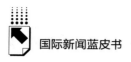

Marginalization in Automated Societies," *Television & New Media*, 2023 (24).

Iveta Jansová and Charles Michael Elavsky, "The Place of Convergent Audiences in the Small Industry Market," *Television & New Media*, 2023 (24).

Olivia Stowell, "There's Certainly a Lot of History Here, But We're Here to Roast Oysters: Afterlives of Trans-Atlantic Exchange in Top Chef: Charleston," *Television & New Media*, 2023 (24).

Chun Gan, "Immigrants on Chinese Television and Limitations of China's Globalist Discourse," *Television & New Media*, 2023 (24).

Yoav Halperin, "Reclaiming the People: Counter-Populist Algorithmic Activism on Israeli Facebook," *Television & New Media*, 2023 (24).

Rodrigo Gómez and Argelia Muñoz Larroa, "Netflix in Mexico: An Example of the Tech Giant's Transnational Business Strategies," *Television & New Media*, 2023 (24).

Ilan Tamir and Sam Lehman-Wilzig, "The Routinization of Media Events: Televised Sports in the Era of Mega-TV," *Television & New Media*, 2023 (24).

Aswin Punathambekar and Padma Chirumamilla, "Televisual Drag: Reimagining South Asian Film and Media Studies," *Television & New Media*, 2023 (24).

Kiah E. Bennett, "The Refractive Comic: Nanette and Comedy From Inside Identity," *Television & New Media*, 2023 (24).

Jessica Balanzategui and Andrew Lynch, " 'Shudder' and the Aesthetics and Platform Logics of Genre-Specific SVOD Services," *Television & New Media*, 2023 (24).

Chunmeizi Su, "Contingency, Precarity and Short-Video Creativity: Platformization Based Analysis of Chinese Online Screen Industry," *Television & New Media*, 2023 (24).

Nahuel Ribke, "Bilingualism and the Televisual Architecture of Linguistic (Dis -) Encounters in the Israeli Television Show Arab Labor," *Television & New Media*, 2023 (24).

James N. Gilmore, et al., "Stuck in a Cul de Sac of Care: Therapy Assistance Online and the Platformization of Mental Health Services for College Students," *Television & New Media*, 2023 (24).

M. J. Clarke, "First-Run Syndication and Unwired Networks in the 1980s: Viacom's Superboy and Buena Vista TV's DuckTales," *Television & New Media*, 2023 (24).

Benjamin Burroughs, et al., "The Masks We Wear: Watchmen, Infrastructural Racism, and Anonymity," *Television & New Media*, 2023 (24).

Felix Olajide Talabi, et al., "Television Production of Yesteryears, Today and in the Future: Impact of Reduced Collaboration in TV News Production on Job Satisfaction in Nigeria," *Television & New Media*, 2023 (24).

Olivia Khoo, "Picturing Diversity: Netflix's Inclusion Strategy and the Netflix Recommender Algorithm (NRA)," *Television & New Media*, 2023 (24).

Michael L. Wayne and Matt Sienkiewicz, " ' We Don't Aspire to be Netflix ' : Understanding Content Acquisition Practices among Niche Streaming Services," *Television & New Media*, 2023 (24).

Catherine L. Benamou, "Spanish-Language Television and Diaspora in Detroit and Los Angeles: Toward Latinx Media Enfranchisement," *Television & New Media*, 2023 (24).

James Fenwick, "BSkyB and the 1991 World Student Games: The Transformation of Live Sports Television Acquisition and Coverage in the UK in the Early 1990s," *Television & New Media*, 2023 (24).

Ethan Tussey, " 'Action on the Game' : Sports Gambling as Fan Identity and Transactional Participation," *Television & New Media*, 2023 (24).

Nicholas Carah, et al., "Optimizing Looking and Buying on Instagram: Tracing the Platformization of Advertising and Retail on Mobile Social Media," *Television & New Media*, 2023 (24).

Ella Fegitz, "The Politics of Female Anger in Older Age: The Good Fight, Older Femininity and Political Change," *Television & New Media*, 2023 (24).

Frida V. Rodelo, "Why Can't We Believe in That? Partisan Political Entertainment in the Mexican YouTube Sphere," *Television & New Media*, 2023 (24).

Jacob Ørmen and Andreas Gregersen, "Institutional Polymorphism: Diversification of Content and Monetization Strategies on YouTube," *Television & New Media*, 2023 (24).

Sheng Zou, "Curating a Scopic Contact Zone: Short Video, Rural Performativity, and the Mediatization of Socio-Spatial Order in China," *Television & New Media*, 2023 (24).

Andrea Braithwaite, "From Brand to Genre: The Hallmark Movie," *Television & New Media*, 2023 (24).

Caetlin Benson-Allott, "Temporal Dispersions of Disgust: Or, Reconceiving Genre Through Direct-to-Video Horror," *Television & New Media*, 2023 (24).

Gerald Sim, "The Idea of Genre in the Algorithmic Cinema," *Television & New Media*, 2023 (24).

Bethan Jones, "Neo-Cult and the Altered Audience: Reviving Cult TV for the Post-TV Age," *Television & New Media*, 2023 (24).

Kathleen McHugh, " 'Genre as Feminist Platform: Diagnosis, Anger, and Serial T.V.' ," *Television & New Media*, 2023 (24).

Hsin-Pey Peng, "Creative Genre Matters: Trendy Drama and the Rise of the East Asian Global Media Market," *Television & New Media*, 2023 (24).

Andrea Andiloro, "Understanding Genre as Atmospheric Assemblage: The Case of Videogames," *Television & New Media*, 2023 (24).

Laurel Westrup, "Music Video, Remediation, and Generic Recombination," *Television*

267

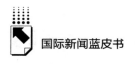

& New Media, 2023 (24).

Jaimie Baron, "The Ethical Cringe, or the Dated Film as Revelatory Genre," *Television & New Media*, 2023 (24).

Reece Peck, "Comparing Populist Media: From Fox News to the Young Turks, From Cable to YouTube, From Right to Left," *Television & New Media*, 2023 (24).

Casta Sligh and Crystal Abidin, "When Brands Become Stans: Netflix, Originals, and Enacting a Fannish Persona on Instagram," *Television & New Media*, 2023 (24).

Lachlan Ross and Lyn Craig, "On Digital Reproductive Labor and the 'Mother Commodity'," *Television & New Media*, 2023 (24).

Karin van Es, "Netflix & Big Data: The Strategic Ambivalence of an Entertainment Company," *Television & New Media*, 2023 (24).

Aynne Kokas, "Data Trafficking and the International Risks of Surveillance Capitalism: The Case of Grindr and China," *Television & New Media*, 2023 (24).

Matan Aharoni, "When Mainstream and Alternative Media Integrate: A Polysystem Approach to Media System Interactions," *Television & New Media*, 2023 (24).

Jake Pitre, "The Magical Work of Brand Futurity: The Mythmaking of Disney +," *Television & New Media*, 2023 (24).

Jennifer Petersen, "Search Engines and Free Speech: A Historical Analysis of Editorial Analogies and the Position of Media Companies and Users in US Free Speech Discourse," *Television & New Media*, 2023 (24).

Lauren Bliss and Bjørn Nansen, "Reaction Media: Archeology of an Intermedium," *Television & New Media*, 2023 (24).

Smith Mehta, "Where are the Women? Gendered Indian Digital Production Cultures Post # metoo," *Television & New Media*, 2023 (24).

Zizi Li, "Digital Domestic (Im) Material Labor: Managing Waste and Self While Producing Closet Decluttering Videos," *Television & New Media*, 2023 (24).

Corrina Laughlin, "The Millennial Medium: The Interpretive Community of Early Podcast Professionals," *Television & New Media*, 2023 (24).

Tamar Faber and Natalie Coulter, "'Let's Go Make Some Videos!': Post-feminist Digital Media on Tween-Coms," *Television & New Media*, 2023 (24).

Ergin Bulut, "The Fantasy of Do What You Love and Ludic Authoritarianism in the Videogame Industry," *Television & New Media*, 2023 (24).

Suryansu Guha, "Making a 'Hate-Watch': Netflix's Indian Matchmaking and the Stickiness of 'Cringe Binge TV'," *Television & New Media*, 2023 (24).

Lucy March, "'Wrap You up in My Blue Hair': Vocaloid, Hyperpop, and Identity in 'Ashnikko Feat. Hatsune Miku-Daisy 2.0'," *Television & New Media*, 2023 (24).

Sherry S. Yu, "Cultural Diversity in Canadian Television: The Case of CBC's Kim's Convenience," *Television & New Media*, 2023 (24).

Aiden James Kosciesza and Fabienne Darling-Wolf, "What's so Great about GTO?: Evolving Discourses of Japanese Masculinity in Great Teacher Onizuka," *Television & New Media*, 2023 (24).

Ren Vettoretto and Christopher Moore, "The Great Australian TV Delay: Disruption, Online Piracy and Netflix," *Television & New Media*, 2023 (24).

Alexa Scarlata, " 'What are People Watching in Your Area?': Interrogating the Role and Reliability of the Netflix Top 10 Feature," *Critical Studies in Television*, 2023 (18).

Axelle Asmar, et al., "Streaming Difference (s): Netflix and the Branding of Diversity," *Critical Studies in Television*, 2023 (18).

Kristina Pietaryte and Ana Cristina Suzina, "Female Representation in Netflix Global Original Programming: A Comparative Analysis of 2019 Drama Series," *Critical Studies in Television*, 2023 (18).

Noa Lavie, "The Constructed Quality of Israeli TV on Netflix: The Cases of Fauda and Shtisel," *Critical Studies in Television*, 2023 (18).

Michael L. Wayne and Ana C. Uribe Sandoval, "Netflix Original Series, Global Audiences and Discourses of Streaming Success," *Critical Studies in Television*, 2023 (18).

Gary Edgerton, "Netflix, Spanish Television, and La Casa de Papel: Growing Global and Local TV Together in the Multiplatform Era," *Critical Studies in Television*, 2023 (18).

Will Stanford Abbiss, "Enraptured by this Glorious Media Landscape: Anne with an E and Cross-platform Coproduction," *Critical Studies in Television*, 2023 (18).

Shelley-Jean Bradfield, "Queen Sono: Netflix Original as Postfeminist South African Spy Thriller," *Critical Studies in Television*, 2023 (18).

Trisha Dunleavy, " 'Black Lives Have Always Mattered': Cultural Specificity and Transformative Representations in Small Axe," *Critical Studies in Television*, 2023 (18).

Anders Grønlund, "Creating (in) the Arctic: Investigating Collaboration and Location through a Case Study of the Arctic Noir Serial Thin Ice," *Critical Studies in Television*, 2023 (18).

Paul Cornelius and Douglas Rhein, "Memory, Remembrance and Nostalgia in Ken Burns' The Vietnam War," *Critical Studies in Television*, 2023 (18).

Miguel Á. Casado, et al., "Adapt or Die? How Traditional Spanish TV Broadcasters Deal with the Youth Target in the New Audio-visual Ecosystem," *Critical Studies in Television*, 2023 (18).

Todd K. Platts, "Producing Zombie Television: AMC, The Walking Dead, and the Institutional Dynamics of Green-lighting Hard-edged Horror on Cable," *Critical Studies in*

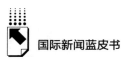

Television, 2023（18）．

Sezen Kayhan, "TV Drama Production Studios of Lstanbul: From Empty Sound Stages to Standing Sets," *Critical Studies in Television*, 2023（18）．

Josefine B. Siem, "Analysing the Melancholy of Nordic Noir as Stimmung: Affective World-Building in The Bridge," *Critical Studies in Television*, 2023（18）．

Melissa Beattie, "'That's Good': An Industrial, Ethics-Focused Analysis of the Televised Works of Anthony Bourdain," *Critical Studies in Television*, 2023（18）．

Melissa Zimdars, "Medicalized Reality Weight-Loss Television and the Negotiation of Neoliberalism on My 600 Pound Life," *Critical Studies in Television*, 2023（18）．

Iveta Jansová, et al., "Beyond Stealing: The Determinants/Motivations of Czech Audiences to Pay for Audiovisual Content," *Critical Studies in Television*, 2023（18）．

Péter Rajcsányi, "The Endeavour for Political and Professional Freedom in Hungarian Television During the 1956 October Revolution," *Critical Studies in Television*, 2023（18）．

Sanna Wicks and Pietari Kääpä, "Post-Nordic-Noir LandScapes: Competition through Localisation in Finnish Streaming Media," *Critical Studies in Television*, 2023（18）．

Emil Stjernholm, "Government Public Relations, Audiovisual Communication and the Informalisation of Sweden," *Critical Studies in Television*, 2023（18）．

Daniel Martin, "The Left Behind: Precarity, Place and Racial Identity in the Contemporary 'Serious Drama'," *Journal of British Cinema and Television*, 2023（20）．

Mark Schmitt, "The World Turned Upside Down, Again: Hauntings of the English Revolution and Archaeologies of Futures Past in Contemporary British Films," *Journal of British Cinema and Television*, 2023（20）．

Natsuda Satayaban, "London Spy as a Subversive Spy Thriller," *Journal of British Cinema and Television*, 2023（20）．

Laura Minor, "Alma's (Not) Normal: Normalising Working-Class Women in/on BBC TV Comedy," *Journal of British Cinema and Television*, 2023（20）．

Simon Featherstone, "Music Hall, Revue and Modernity in Victor Saville's Evergreen," *Journal of British Cinema and Television*, 2023（20）．

John Hill, "Television Drama and Northern Ireland: The First Plays 1959–67," *Journal of British Cinema and Television*, 2023（20）．

Charlotte Brunsdon, "The New Northern Ireland as a Crime Scene," *Journal of British Cinema and Television*, 2023（20）．

Brian McIlroy, "Confident Rogue and Anguished Conformist: The Career Paths of Northern Irish Actors Liam Neeson and James Nesbitt," *Journal of British Cinema and Television*, 2023（20）．

David Butler and Stephen Baker, "Out of Time: BBC Northern Ireland and the Paradoxes of Partition," *Journal of British Cinema and Television*, 2023（20）.

Andrew Higson and Miya Treadwell, "No Time to Die, the Bond Franchise and Global Hollywood: Film Release Patterns during Covid-19," *Journal of British Cinema and Television*, 2023（20）.

Lélia Tavakoli Farsooni, "Beyond the Pastoral Paradise: Orienting Black and Muslim People in British Rural Space," *Journal of British Cinema and Television*, 2023（20）.

Bonnie White, "'New War, Same Old Story': Gender and War-related Trauma in ITV's Home Fires," *Journal of British Cinema and Television*, 2023（20）.

Stephanie Clayton, "'They Know My Face': Surveillance Comedy in Scot Squad," *Journal of British Cinema and Television*, 2023（20）.

Clara Bradbury-Rance, "'Unique Joy': Netflix, Pleasure and the Shaping of Queer Taste," *New Review of Film and Television Studies*, 2023（21）.

Sarah E. S. Sinwell, "Reading Joey Soloway: Popularizing Feminist and Queer Theory in Independent Film and Television," *New Review of Film and Television Studies*, 2023（21）.

Lauren Herold, "Affective Production Value on Queer Community Television: A Case Study of the Gay Cable Network and Gay USA," *New Review of Film and Television Studies*, 2023（21）.

Zoë Shacklock, "The Category is: Streaming Queer Television," *New Review of Film and Television Studies*, 2023（21）.

Christopher Bartlett, "'This I Rebel Against': Television Advertising, Rod Serling's The Twilight Zone, and a Changing Industry," *New Review of Film and Television Studies*, 2023（21）.

Madeleine Collier, "Black Box Universe: The Mind-game Phenomenon, the Hacker Film, and the New Millennium," *New Review of Film and Television Studies*, 2023（21）.

Alyxandra Vesey, "'Have you Got any Soul?': Reinterpreting High Fidelity's Relationship to Black Cultural Production," *New Review of Film and Television Studies*, 2023（21）.

Ryan Engley, "The Limitation of the Bottle Episode: Hegel in Community," *New Review of Film and Television Studies*, 2023（21）.

Elizabeth Walters, "'Throwing Shows Against the Wall and Hoping for the Best': NBC, Quality, and the Emmy Race for Outstanding Drama Series in the 2010s," *New Review of Film and Television Studies*, 2023（21）.

B.17
中外电视媒体融合的政策
与演进路径研究报告[*]

陈曦　孟晖^{**}

摘　要：　　本报告较为系统地考察了中外电视媒体融合的政策与演进脉络、电视媒体融合的技术跃迁与嬗变、电视媒体融合"场域"中行动者的角逐竞争、电视媒体融合的中西路径比较和未来电视媒体融合的新方向等问题，复现电视媒体融合的历史轨迹，勾勒电视媒体融合的现实状况，剖析电视媒体融合中的一些问题及相关策略。结合中西电视媒体融合发展的经验来看，未来电视媒体融合应引导传统电视媒体积极适应市场规律和用户需求，激发广电行业从业者的积极性和创造性，调整电视节目的内容形态和话语形态，以适应互联网用户需求。

关键词：　　电视媒体融合　IPTV　广电政策　互动电视

近年来随着新媒体技术的发展，电视媒体融合不断推进。本报告对电视媒体融合的政策发展及演进路径进行系统研究，以时间线为纵轴，探析电视媒体融合的政策脉络及其重要节点，在此基础上比较分析中国与西方发达国家之间电视媒体融合状况的相似性与独特性。随后按照电视媒体融合的不同维度，呈现电视媒体融合各个面向的进展。同时，引入案例分析，总结电视媒体融合成功或失败的经验教训。

　＊　本文系国家社会科学基金一般项目"移动出版中的法律与伦理问题及其治理研究"（20BXW052），上海社会科学院招标课题"移动互联环境下数字出版业的瓶颈与改进路径研究"的阶段性成果。

＊＊　陈曦，复旦大学新闻学院博士研究生；孟晖，上海社会科学院新闻研究所副研究员。

一　电视媒体融合的政策演进脉络

中国电视媒体融合的进程由政策推动、导向并制约，且有着自上而下的典型特征。1998 年，原体改委体改所副所长王小强团队发布《中国电讯产业的发展战略》研究报告，引发了"三网融合"与"三网合一"的辩论。[①]1999 年"82 号文件"发布，在政策上建构了电信业务和广电业务的边界与互入壁垒，禁止广电业务和电信业务重叠与交叉经营。电视媒体融合的进程暂被搁置。

而美国，有着类似的政策战略选择，其目的主要是防止电信业对广电业的渗透而招致新领域的垄断。如美国在对 AT&T（美国电话电报公司）的反垄断斗争中，通过联邦通信委员会（FCC）对其进行反垄断调查、限制其业务范围、禁止其进入广电市场，这一系列措施为美国广电业的发展营造了有序的市场环境。[②]

2010 年 1 月国务院召开常务会议指出，要加快推进广播电视网、互联网和电信网的融合进程。[③] 自此，三网融合进程步入正轨。起初，三网融合的方向是尽可能用一根光缆实现电话、电视和互联网的功能，从而最大限度地节省信息基础设施的建设成本以实现资源共享。可见，在电视融合之初，政策的主要导向是在技术层面推动电信、广电和互联网基础设施的融合。而在内容层面和终端层面，政策在一定程度上维护既定主流视频媒体的权威，通过"牌照"建立电视行业的准入门槛。

例如，2009 年，在 3G 技术较大规模投入应用之初，优酷网便以敏锐的嗅觉捕捉到受众使用移动端观看电视的需求，并推出基于第三代通信技术的

---

① 刘珊、黄升民：《解读中国式媒体融合》，《现代传播（中国传媒大学学报）》2015 年第 7 期。

② David Hochfelder, *The Telegraph in America*, *1832-1920*. Baltimore: Johns Hopkins University Press, 2012.

③ 汪文斌：《中国网络电视台：构建立体化传播格局》，《新闻战线》2010 年第 12 期。

"手机电视"。在我国申请手机电视牌照门槛较高,这不仅取决于法人的视频业务生产能力或经营能力,也取决于法人性质。广电部门以特许经营权的方式将手机电视的运营权收归于国家级和省一级的电视台。① 内容层面,则是将电视台生产的影像内容以截取片段或粗剪的方式搬到手机电视的渠道载体上,不允许商业力量介入以自组织的方式生产视频内容。而在国外,则形成了区别于国内特许经营的手机电视融合模式,电视媒体融合的主导者主要由传统电视台、互联网提供商和传统电话公司构成。②

广电政策是促进电视媒体融合的助推器,但有时又给融合带来一定阻力。如 2009 年底,湖南卫视与青海卫视曾经达成深度合作协议,由湖南台与青海台共同出资成立第三方网络公司负责青海卫视的具体运营。③ 但三年之后,两大卫视因为"跨区域经营"的体制限制而被迫叫停了合作业务。2009~2015 年,电视媒体融合的任务主要是在技术基础设施层面,终端和平台的融合尚不是此阶段的重点。

2015 年,新媒体异军突起,对传统电视业产生极大冲击。百度、阿里和腾讯三大互联网巨头积极谋求在互联网新媒体领域的布局,超越视频内容层面绘制媒体使用平台扩张版图,这在一定程度上对电视媒体产生冲击。与此同时,新媒体主动寻求与传统媒体的深入融合,以自身为传播渠道和平台,以传统媒体为内容的提供者。百度、阿里和腾讯三家平台的业务建构已经由相互模仿逐渐转向资本并购。而传统媒体却只能选择以内容生产为出发点进行局部重点突破,试图通过平台与终端融合。④ 一些主流媒体积极顺应市场化趋势,培育新的竞争优势,如芒果传媒的设立,就是力图将电视媒体

---

① 齐文星:《试探索三网融合对电视行业的影响及其未来发展》,《中国电视》2012 年第 8 期。
② William Urrichio, "The Future of a Medium Once Known as Television", In The YouTube Reader, eds., *Patrick Vonderau and Pelle Snickars and P Vonderau*. Stockholm: National Library of Sweden, 2010: 24.
③ 刘珊、黄升民:《解读中国式媒体融合》,《现代传播(中国传媒大学学报)》2015 年第 7 期。
④ 谭天、夏厦、张子俊:《网台融合形成电视新生态——2015 年电视转型与融合创新综述》,《新闻与写作》2016 年第 2 期。

融合的活力从湖南广电的制度性约束中解放出来，以成立公司的形式激发参与主体的活力。

政策的出台往往是"限制"与"保护"并行的。一方面，政策对电视媒介的跨界融合和多元经营进行规范和约束；另一方面，政策也对捍卫主流电视媒体在激烈市场竞争中的权威提供了保护措施，这使得电视融合的效果无法用市场经济指标来衡量。在新媒体勃兴之际，2015 年 3 月，国家新闻出版广电总局副局长提出"智慧广电"的电视融合发展方向，即将数字智能技术融合于广播电视事业之中，推动电视网与互联网的融合互通、协同发展。[1] 在政策上，电视融合有了调整电视节目形式、拓宽电视节目传播渠道，向互联网平台进军的转向。

而根据国家新闻出版广电总局规定，无论是 IPTV 牌照还是互联网电视（OTT）牌照，都有着严格的准入限制。商业互联网公司只有对接传统主流电视媒体，才可能分享持有该牌照主流电视媒体的权利，这在一定程度上阻止了互联网产业对广电产业的渗透与融合。如 2016 年"盛大盒子"的夭折，其主要原因并非技术不成熟，而是没有 IPTV 牌照，即便用户安装了"盛大盒子"，也没办法利用盒子观看电视台节目，这使得该智能盒子的功能大打折扣，也在政策上杜绝了"盛大盒子"取代电视机顶盒的可能性。

在针对电视融合的政策部署中，可以看到政策目标呈现明显的三步走战略。第一步，建立统一标准的视听内容传输网[2]，以三网融合的形式从信息基础设施到视频内容终端进行统一部署与整合，最终实现三屏融合和三屏统一；第二步，组建国家级互联网公司，并使之成为三网运营的主体；第三步，打造大电视产业形态，推动发展数字交互电视、直播互动电视等未来电视产业形态。从电视融合的现状看，政策构想在第二步已然偏离了现实。而

---

[1] 王丰、施玉海、王斌：《基于广播电视有线无线卫星融合网打造"智慧广电"发展新模式》，载《中国新闻技术工作者联合会 2015 年度"新闻科技论文"优秀论文集》，2015，第 33~39 页。

[2] 蔡博奥：《NGB 下智能电视与其他智能终端的交互融合技术研究》，北京邮电大学硕士学位论文，2018。

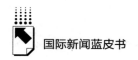

在互联网场域内，一些在激烈的竞争中不断进行技术革新和适应新媒体传播形态的互联网巨头，得到了受众的普遍认可。

在政策推动和市场促进下，仍有一些颇具特点的主流电视媒体形成了区别于商业互联网视听平台的特殊竞争优势，如由新华社主办的中国新华新闻电视网（China Xinhua News Network Corperation，CNC）。该网于 2009 年 12 月 31 日举行开播仪式，2010 年 1 月 1 日正式上星，向亚太地区和欧洲部分地区播出。不少传统媒体经营电视业务，其优势表现为对内部资源的整合和对新媒体传播业态的适应。然而，在经营过程中，考虑市场因素更多的是如何尽可能降低成本，缺乏对如何运用电视媒体实现赢利的考虑。有学者指出：在我国，虽然报刊出版机构的企业化改革相对彻底，但是却被限制进入广电类业务，广电类机构虽然急需资本运营去做大做强，却又囿于体制与官方的属性而难以与市场对接。[①]

在电视融合政策的庇佑之下，虽然传统电视媒体得以在市场经济中规避难以保存自身的风险，但体制束缚也使其在一定程度上缺乏观察市场变化的敏锐洞察力以及创新动力。如何平衡我国电视媒体的事业属性和产业属性，是电视媒体融合政策制定中应该重点考虑的问题。

二　电视媒体融合的技术跃迁与嬗变

电视的发展经历了传输技术的跃迁与嬗变，总体上呈现传输速率加快、传输画面保真度提高、电视频谱得到进一步开发、电视频道增多等特征。[②]回顾电视传输技术发展，其大体上可以分为传统电视网和电视宽带接入网两

---

① 刘珊、黄升民：《解读中国式媒体融合》，《现代传播（中国传媒大学学报）》2015 年第 7 期。

② William Urrichio，"The Future of a Medium Once Known as Television"，In The YouTube Reader，eds.，*Patrick Vonderau and Pelle Snickars and P Vonderau*. Stockholm：National Library of Sweden，2010：24.

个部分。①

在传统电视网时代，电视传输技术主要分为通信卫星传输、无线广播传输和光纤同轴混合网（HFC）传输三种方式。通信卫星传输是指利用数字图像压缩技术，经由卫星转发中继器传输电视节目的方式，具有传输电视节目数量多、质量高等特点。目前，直播卫星可应用于有线电视传输基础设施尚无法延及的偏远农村，也可被开发从而应用于车载电视信号的接收。

无线广播传输主要是利用无线电资源进行组网。在我国，广电利用无线电超高频段（U 段）开展地面模拟电视工作。有研究指出，目前 U 段资源主要掌握在广电手中，但由于 U 段信号传输抗噪声能力更强，信号传输更为稳定，电信运营商同样在为争取该段资源做相应准备，围绕该频段使用权的博弈与策略互动在将来会更为激烈。② 根据广电总局规划，无线地面模拟电视于 2019 年起相继关停③，取而代之的是地面数字电视（DTMB）和中国移动多媒体广播（CMMB）两种。DTMB 完成两次"数字信号转模拟信号""模拟信号转数字信号"的转换④，用户使用该网络无需连入机顶盒，这一定程度上降低了广电网制造电视机顶盒的成本。CMMB 利用 S 波段卫星信号实现网络覆盖⑤，CMMB 适应移动终端的需求，在其运营之初，一些手机带有该功能，并受到用户的欢迎，但随着移动互联网时代的到来，CMMB 的运营未能真正意义上开发终端市场的潜力。有研究将其归因为："广大用户对终端功能需求的认知滞后，导致 CMMB 手机终端功能发展缓慢。"⑥

在传统的广播电视网中，有线电视主要依靠光纤同轴混合网进行传输。有线电视传输速率高，一定程度上克服了无线电频谱稀缺的问题，为电视台

---

① 邹峰：《新一代广播电视网的发展——有线无线卫星融合覆盖网》，《电视技术》2014 年第 21 期。

② 刘锐：《有线无线卫星融合网建设研究》，《有线电视技术》2019 年第 12 期。

③ 袁晓斌：《DTMB 数字电视测试原理与实践》，《电子世界》2021 年第 22 期。

④ 李鹏飞、胡宁、李想：《DTMB 技术在集团用户业务上的实践与思考》，《中国有线电视》2021 年第 7 期。

⑤ 张福东：《CMMB 与 DTMB 信号监测技术在数字广播电视中的应用探析》，《新闻研究导刊》2018 年第 19 期。

⑥ 孙晨：《融合路上 CMMB 之探索》，《传媒论坛》2019 年第 8 期。

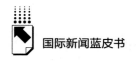

频道增多、专业性频道的开辟（如电子竞技、四海钓鱼）等奠定了物质基础，也使得有线电视入户付费成为有线电视台收入方式之一。①

新媒体的勃兴，让用户从传统的家庭收视场景，转移到利用平板电脑、手机端等新媒体设备观看电视节目或其他视频内容。为了适应移动场景，网络宽带无线化和无线带宽宽带化成为电视融合发展趋势②，无线宽带接入网也成为电视融合的一个新方向。3GPP 组织制定了"Universal Mobile Communication System"技术标准③，长期演进（LTE）以无线方式接入宽带的技术也来自该技术标准的演进。基于 LTE 的增强型多媒体广播多播业务（eMBMS），也在一定程度上弥补了现有广电网单播模式的不足。该业务的先进性在于它是一种移动数据传输的技术模型，可以利用无线信道向受众提供数据传输业务。根据其技术特性和传递方式分类，eMBMS 主要有（直播）流媒体类和下载类两大业务类型。韩国三星公司曾尝试利用该技术进行赛事直播，提供 LTE 多组播业务。④ 此外，超级 Wi-Fi 也是电视融合技术发展的新方向。超级 Wi-Fi 利用电视频道之间的空白频谱组网⑤，以无线的方式满足移动设备的接入，最先由英国剑桥大学研发，由于其在理论上较普通 Wi-Fi 覆盖距离更远，有研究建议将超级 Wi-Fi 应用于农村地区的宽带互联网基础设施建设⑥，但实际上，由于目前技术不足，超级 Wi-Fi 的覆盖范围仅数公里。

我国为了实行"三网融合"政策战略规划，提出建设"广播电视融合网"的战略目标。这个过程需要有线网与无线网之间资源统一调度与协同

① 方荣臻：《有线光纤同轴混合网络优化研究》，《传媒论坛》2018 年第 10 期。
② 林尊益：《LTE 在广播电视网络传输中的应用》，《中国有线电视》2017 年第 6 期。
③ 王宇雯：《700M LTE 无线接入技术在下一代广播电视网络中的应用探讨》，《中国信息化》2017 年第 7 期。
④ Samsung Electronics Co. Ltd. , "Methods and User Equipment for Enabling Reception of Multimedia Broadcast Multicast Services（Mbms），" In Patent Application Approval Process（USPTO 20200169849），*Electronics Newsweekly*, 2020.
⑤ Ferreira D. , Barros J. , Costa R. A. , "Real-time Network Coding for Live Streaming in Hyper Wifi Spaces," *IEEE Journal on Selected Areas in Communications*, 2014, 32（4）：773-781.
⑥ 范梁宝：《700MHz 超级 WiFi 农村宽带接入技术研究》，《通讯世界》2019 年第 9 期。

管理技术、有线网与无线网"协同融合"组网技术等，最终要以最具有效率的内容传递方式，将内容以尽可能低的成本传给受众。有学者指出，无线化、双向化是媒介融合的国家战略之下广电网的发展方向。① 在三网融合的趋势下，下一代电视网（NGB）的设计理念被提出。下一代电视网分为"NGB-C"和"NGB-W"，"NGB-W"是指下一代广播电视无线网，该网络能够通过增强对动态频谱的感知能力和人工智能学习无线电的自适应能力，在信号传输环境更为恶劣和复杂的情况下实现更稳定的传输。② 此外，下一代电视网还包括用户数据和使用偏好信息的回传技术。如华为便面向广电网络一体化的要求，研究有线网和无线网的融合互联技术，致力于研发具有双向交互能力的 NGB-W 信道技术，为实现电视网向数据网的转型提供技术支撑。③ 随着 5G 技术的发展，国家广播电视总局出台《关于促进智慧广电发展的指导意见》，指出要加快建立面向 5G 的移动交互广播电视技术体系，统筹无线广播电视数字化与下一代无线通信技术发展。《超高清视频产业发展行动计划（2019—2022 年）》明确指出按照"4K 先行、兼顾 8K"的总体技术路线，大力推进超高清视频产业发展和相关领域的应用。④

纵观电视融合技术的发展脉络，可以看出技术发展的逻辑有着从节省网络建设成本到加快电视内容传输速率与扩大覆盖面积再到优化终端展示的转换。广播电视服务正在进一步向手机、平板电脑等移动终端迁移，"移动化"成为广播电视发展的重要趋势。⑤ 在传输速率的加持下，电视融合更加注重追求电视内容的画质、清晰度以及增强直播场景的现场感。麦克卢汉指出："真正有意义的信息不是媒介内容，而是媒介本身。"媒介技术变革在

① 冯海亮：《基于 WiFi 框架的广播电视无线双向系统设计》，《广播与电视技术》2016 年第 4 期。
② 范智刚：《下一代无线广播电视（NGB-W）发展的思考》，《电视指南》2018 年第 3 期。
③ 严奎：《有线无线卫星广播电视融合网网络及业务规划——华数 NGB-W 探索实践》，《广播电视信息》2017 年第 10 期。
④ 《总局印发〈关于促进智慧广电发展的指导意见〉的通知》，http：//www.nrta.gov.cn/art/2018/11/16/art_3592_42308.html，2018 年 11 月 16 日。
⑤ 邹峰：《新一代广播电视网的发展——有线无线卫星融合覆盖网》，《电视技术》2014 年第 21 期。

一定程度上能够形塑媒介内容形态。如5G技术使得电视内容的呈现方式更符合新媒体传播语态，更适合人们生活场景的传播方式。如2020年新冠疫情期间，中央电视台上线"云监工"视频直播平台①，24小时不间断地直播展示"火神山"和"雷神山"医院的建造过程，给予观众实时的在场感和陪伴感，缓解公众在疫情初期的紧张焦虑情绪。从被麦克卢汉称为"冷媒介"的"雪花点"到高清4K的电视媒介，电视融合的每一次脱胎换骨都使得"虚拟"与"真实"的边界更为模糊。5G技术的发展使得电视媒介越来越多地介入空间结构划分的场景，也使得互动电视变得不再遥不可及。

实际上，电视媒介是一种以家庭为现实场景的客厅媒介，电影则是以社会空间为现实场景的媒介，为公众提供社交空间，而手机则是极大地突破了社会场景和家庭场景的个人媒介。在媒介技术变革的时代浪潮下，对电视的理解应当是广义的电视媒介形态和产业形态。在技术加持之下，真实与虚拟融合也应成为电视媒体融合的题中应有之义。

三 电视媒体融合的场域角逐竞争

"场域理论"把社会划分为多个半自治域，每个半自治域有其特有的"游戏规则"，而参与到场域中的主体被这种规则所支配。布尔迪厄（Bourdieu）指出在每一个领域，都有一场"试图突破进入壁垒的新来者与试图捍卫垄断、排斥竞争的主导者之间的斗争"。② 随着平台资本主义的崛起以及算法技术下个性化推荐机制的形成，越来越多的互联网平台有了视频内容生产、视频内容推荐以及共时直播的功能，成为电视媒体融合场域中新

① 胡倩倩、曹三省：《5G时代广播电视和视听新媒体融合发展创新格局与趋势初探》，载《全国互联网与音视频广播发展研讨会（NWC）暨中国数字广播电视与网络发展年会（CCNS）论文集（2020年特辑）》，2020，第186~190页。
② Bourdieu, Pierre, "Some Properties of Fields," In *Sociology in Question*. edited by Pierre Bourdieu, London: Sage Publications, 1993: 72~77.

进入者和行动者。

在互联网产业向视听媒介产业融合渗透的压力下，电视媒体以"媒体融合"为旗帜，进入了内容生产创新的"阵痛期"。如 2014 年，湖南广电顺应市场化竞争逻辑，直面门户网站竞争，以"独播"的形式打造"芒果TV"互联网视频网站①，芒果 TV 于 2018 年成为 A 股国有控股的视频平台。与此同时，以"爱奇艺"和"腾讯视频"为代表的互联网视频平台崛起，在风险投资的助推下进驻视频内容生产的腹地。"哔哩哔哩"网站以聚合视频内容和打造"在线虚拟社区"的形式，使得互动电视的构想从理念逐渐走向现实。聚合类视频平台尤其是短视频平台，使得电视媒体作为内容提供源退居其次，而基于平台技术运算能力和用户聚合力的网络视频平台则走上信息流量舞台中央。

"哔哩哔哩"网站的视频融合策略是向上融合主流媒体，向下融合青年观众。从向上融合主流媒体观之，B 站联合央视等主流电视媒体发布《后浪》视频献给五四青年节②，视频内容引起网上热议。从向下融合青年观众观之，如在 2020 年跨年晚会中，"B 站晚会"异军突起。这场被称为"最懂年轻人"的晚会，以丰富的流行元素开辟了青年人线上集体欢腾的广场。随着视频弹幕社区的实时、互动与娱乐性逐渐被认可，其观众也由最初的小众青年群体"御宅族"扩展到社会大众。以"哔哩哔哩"网站为代表的互联网视频媒体凝聚了青年群体的文化认同，使之在"刷屏"的浅层互动中获得了归属感，甚至改变了他们的交往方式。一方面视频内容为年轻人的讨论提供了主题，另一方面弹幕打破了物质地域的隔阂，改变了青年人的互动方式，开辟了年轻观众话语表达的公共空间。

相较于 B 站，"腾讯视频"和"爱奇艺"则致力于以"量化生产、批

① 叶思诗：《功能重申与平台再造：中国电视转型的坚守与突围》，《当代电视》2020 年第 11 期。
② 孙冬鑫、刘鸣筝：《大众文化视角下数字劳动的主体性解读——基于哔哩哔哩弹幕网 UP 主的劳动过程分析》，《劳动哲学研究》2021 年第 2 期。

量生产"明星的方式,打造资本支撑下以流量为主导的视频平台。如"腾讯视频"打造的"新文创"模式,实现网络文学、影视、综艺、游戏、动漫、流量明星等多领域业态协同联动发展,初步构建了一套文娱全产业链的商业模式。①

抖音、快手等短视频平台的兴起,分割了长视频传播平台的受众注意力资源。腾讯曾为了避免自身的社交平台被管道化,在由其所属的社交媒体上以禁止分享抖音链接的方式,阻止抖音短视频内容传播,并以扶植"微视"的方式与头条系短视频平台开展场域竞争,但效果甚微。在短视频领域,不仅有大众市场,还有一系列细分的利基市场,如果这些小规模市场集聚起来,将会产生比主流市场更庞大的市场规模,这也是短视频平台攻城略地的资本运转逻辑。在短视频平台迅速聚集观众,并培养了较强的用户黏性之后,主流电视媒体亦在这些平台注册,如开办"抖音号"等向观众提供符合互联网传播方式的电视内容。

在电视融合的场域竞争中,传统电视媒体的平台优势和渠道优势日渐式微,互联网平台作为内容的承载平台吸引了主要受众,电视融合的策略不再是传统电视网去整合互联网,也不再是创办国家级互联网公司去取代现有的互联网公司,而是借助互联网平台的受众聚合力,以自身为内容,以适合互联网的视频传播方式为依据,拓展与新媒体的融合广度与深度,从而扩大自身的影响力。

四 电视媒体融合发展的西方路径

在西方,电视媒体融合处于较为放松的电信政策之下。20世纪70~80年代,电视媒体发展经历了一场彻底的变革。在美国,有线电视和卫星传输系统成倍地增加频道的数量。而在欧洲,大量私人网络的创建和整合也让观

---

① 范建华、秦会朵:《"十四五"我国文化产业高质量发展的战略定位与路径选择》,《云南师范大学学报》(哲学社会科学版)2021年第5期。

众获得了新的、更丰富的屏幕体验。①

1993 年 9 月 15 日，由时任美国总统克林顿和副总统戈尔创建，主席为商务部部长罗恩·布朗的信息基础设施工作组（IITF）发布《国家信息基础设施：行动纲领》报告。同一天，总统设立国家信息基础设施咨询委员会，以促进私营部门的投入（第 12864 号行政命令）并扩大"普遍服务"。此外，克林顿政府时期推行了"信息高速公路"计划，旨在推动互联网产业的发展。克林顿指出：国家信息基础设施应该是负担得起的和普遍存在的，以最终用户为重点，由私营部门、政府和个人共同构建，以关键利益相关者为重点，并融入全球网络之中。② 电信网、广电网和互联网成为美国重点建设的项目。

美国电视媒体融合之路始于 1996 年《电信法》的颁布，该法案明确了普遍服务的原则，并允许不同行业的合并和竞争。此前的电信法案要求广电行业和通信行业分离，禁止在广播和电视市场上大量集中，以维持竞争传统。③ 1996 年，在时任副总统戈尔的支持下，克林顿政府出台新的《电信法》以支持美国的"信息高速公路"计划④，并允许电信公司进入广电市场。自此，美国电话电报公司开始进驻广电市场，分别收购了美国第二大、第四大有线电视公司 TCI 和 Media one 集团。依托电信优势，开展网络电视（IPTV）运营业务。随着美国宽带网络连接的不断扩大，IPTV 的重要性日益突出，成为广播电视传输的重要路径之一。美国电信产业支持的 IPTV 在返回频道的技术支撑下，已经有了时间转换、设备转换和位置转换等功能。

电信业的介入还推动较为成熟的电视商业付费模式。当用户使用基于订

---

① Scolari, C. A., "The Grammar of Hypertelevision: An Identikit of Convergence-Age Fiction Television (Or, How Television Simulates New Interactive Media)," *Journal of Visual Literacy*, 2009, 28 (1): 28-50.

② Griffith, J. B., & Smith, M. S., "The Information Superhighway and the National Information Infrastructure (NII)," *Journal of Academic Librarianship*, 1994, 20 (2): 93.

③ Greene, D., "Discovering the Divide Technology and Poverty in the New Economy," *International Journal of Communication*, 2016 (10): 1212-1231.

④ Brian Kahin, & Ernest J. Wilson III., *National Information Infrastructure Initiatives*. The MIT Press, 1997.

阅的收费方式时，可以按月或者按年订阅他们感兴趣的某个频道或频道套餐。这一方面使得观众不需要为他们每次观看电视内容考虑成本，另一方面固定价格的订阅模式保护用户电视消费的资金上限。[①] 付费电视（Pay-per-view，PPV）是付费媒体内容的另一种商业模式，用户通过付费电视运营商，获得单一电视节目的观看资格，例如演唱会或拳击比赛等。PPV 是为短时间的现场活动而设计的，许多用户都在观看同一活动。[②] 此外，还有VoD 付费模式，这是 IPTV 的另一种商业模式，用户可以在各个预先录制的电影中进行选择，并且可以按个人时间随时暂停和播放。

到 2001 年，美国新媒体与电视产业融合进入新的历史阶段，美国联邦通信委员会（FCC）批准了"时代华纳"与"美国在线"合并，这是美国传统电视媒体与互联网新媒体通过资产合并的方式打破媒介壁垒的一次尝试。时代华纳曾寄希望于发挥美国在线的网络平台优势，长驱直入新媒体竞争场域；美国在线也希望依托时代华纳的社会影响力和有线电视网络开拓资源。虽然，最终时代华纳和美国在线因为体制、理念和管理方式的不合而分道扬镳，但依然是美国电视产业融合道路上的一个典型例子。

2003 年，FCC 通过新法案，放松对地方电视台的管制政策，从而增加电视台数量。2006 年，FCC 继续出台新的法规，力图降低有线电视进入互联网宽带业务的政策性壁垒。[③] 美国电视产业对私人资本相对宽容，如 2007 年由戈尔创办的"Current TV"，曾经允许观众提交自制视频在电视台播放。此外，2007 年，Netflix 也正式转型为网络视频业务平台。2009 年，Current TV 用"火人节"（Burning Man Festival）隐喻描述用户参与视频内容制作。标榜这是一个明确的群众参与性活动，是许多在数字创意产业工作的人创造

---

① A. Martinez-Balleste, J. Domingo-Ferrer, F. Sebe, "Minpay: A Multi-device Internet Pay-as-you-watch System," International Conference on Information Technology: Coding and Computing Computers and Communications, 2003: 258-262.

② Arul, T., and A. Shoufan, "Subscription-free Pay-TV over IPTV," *Journal of Systems Architecture*, 2016 (64): 37-49.

③ David Hochfelder, *The Telegraph in America*, *1832–1920*. Baltimore: Johns Hopkins University Press, 2012.

出合作的乌托邦，在该活动中，要求参与者用视觉表达呈现人性。Current TV 试图从人群中汲取知识，将观众转变为活跃的制作人。① 2010 年，曾在美国有线电视新闻网、第一频道、数字娱乐网络和迪士尼担任主管节目制作职位的大卫·纽曼参加了 21 世纪初的火人节。他指出："就像火人节一样，我们为什么不让每个想参加的人都参加电视生产呢？"当然，在学术界，也不乏反对的声音，如有学者提出，用户生成的视频新闻内容，由一家公司聚合与推广，是否构成对主流媒体的替代或抵制？②

美国电视公司在电视融合中期，便考虑到终端融合。如 2009 年，康卡斯特（Comcast）和时代华纳有线电视公司便提出"电视在任何地方"战略。③ 2011 年，便有美国学者指出：移动电视是一个关键的新兴移动应用，它正在改变人们观看电视内容的方式。通过传统平台收看电视节目的比例正在下降。相比之下，随着创新的移动设备成为强大的计算平台，以及各种无线网络的普及，在线接入新技术的应用正在稳步扩大。移动平台上的移动电视服务和观看体验与传统的电视观看方式有很多不同之处，最明显的就是观看屏幕的大小。④ 此外，受众不断增长的个性化需求，要求运营商开发情境化和个性化的电视观看模式。⑤ 2012 年，Netflix 进入内容创作领域，拍摄了第一部原创电视剧《莉莉海默》。2013 年，Netflix 依托以受众为核心的营销思路，在移动电视的理念倡导下，出品《纸牌屋》（*House of Cards*）并大获成功，这是第一次以大数据为基础进行的影视创作。2017 年，Netflix、亚马

① Turner, F., "Burning Man at Google: A Cultural Infrastructure for New Media Production," *New Media & Society*, 2009, 11 (1-2): 145-166.
② Kperogi, F. A., "Cooperation with the Corporation? CNN and the Hegemonic Cooptation of Citizen Journalism through iReport. com. ," *New Media & Society*, 2011 (13): 314-329.
③ Waterman, D., Sherman, R., & Wook Ji, S., "The Economics of Online Television: Industry Development, Aggregation, and 'TV Everywhere'," *Telecommunications Policy*, 2013, 37 (9): 725-736.
④ Ferguson, D. A., & Greer, C. F., "Predicting the Adoption of Mobile DTV by Local Television Stations in the United States," *The International Journal on Media Management*, 2013, 15 (3): 139-160.
⑤ Hino, H., & Amichai-Hamburger, Y. A., "The Influence of the New Media Environment on TV Viewing of Israeli Consumers," Jerusalem: The 2nd Authority for TV and Radio, 2013.

逊等互联网内容生产巨头也开始积极布局短视频业务。① 2020 年，有学者为了检验 Netflix 在全球扩张的战略，并基于电视流量跨国化的讨论，发现该平台通过授权和委托生产本地内容，以及与国家制作公司建立合作伙伴关系的方法向外扩张，这是电视跨国界融合的产物。②

综上所述，相较于中国，西方电视媒体融合更多的是在政府实行宽松的电信政策下由商业力量主导的。在竞争初期，各种能够激发创新的商业主体性力量得以进入，从而促进技术上和产品上的创新，使得电视融合的产业形态、内容形态更适合用户需求。相反，中国的电视媒体融合更多致力于保护传统电视媒体的权威，并以建构门槛的方式防止其他行动者对传统电视媒体的冲击，这在一定程度上削弱了传统电视媒体的市场竞争力。

五 未来电视媒体融合展望

结合中西电视媒体融合发展的经验来看，未来电视媒体融合应引导传统电视媒体积极适应市场规律和用户需求，激发广电行业从业者的积极性和创造性，调整电视节目的内容形态和话语形态，以适应互联网用户需求。在电视媒体融合的进程中，技术是推动力，应积极接纳新技术，不断提升电视内容的传播速率和画质清晰程度。要在技术加持下，让电视媒介变得更加场景化，更好地介入人们的生活中。最后，要重新理解"电视"这一概念。在移动互联、融合开放的时代，传统电视台应当积极谋求转型，更宏观地把握"大电视产业形态"，以互联网思维重新调整媒体融合的路径，积极寻求跨界经营，在互联网思维的指导下，延续传统电视媒体的公信力和引导力。

---

① "Social Media Marketing Working the Platform," *Publishers Weekly*, 2018, 265 (11): 20-24.

② Meimaridis, M., Mazur, D., & Rios, D., "From São Paulo to Seoul: Netflix's Strategies in Peripheral Markets," *Comunicación y Sociedad* (0188-252X), 2021 (18): 1-25.

B.18
非洲气候科学传播二十年研究报告

王　理*

摘　要：　气候变化问题越来越广泛地受到国际社会关注。本报告从媒体报道和公众感知两个角度分析非洲的气候科学传播状况，力图发现问题并提出促进非洲气候科学传播的思路。研究发现，近20年来，非洲媒体对气候变化议题的关注程度逐步提升但各国差异较大，且整体处于较低水平；非洲民众对气候变化的核心概念认识不统一，且普遍缺乏气候变化意识、风险感知差异较大。报告分析了出现这些问题的可能诱因，并据此就中国对非传播如何更具针对性展开进一步思考。

关键词：　非洲　气候传播　媒体报道　风险感知

一　研究背景

全球气候变化是近年来国际关注的焦点之一。一方面，气候变化是当今环境科学、地理科学等领域着重研究的自然科学问题；另一方面，由于涉及减少温室气体排放、发展清洁能源、碳交易等争论，该话题已成为关乎各国政治、社会、经济和外交等国家利益的典型全球性议题，也是一个高度政治化的媒体议题。尽管目前怀疑论者仍广泛存在，但气候变化的客观事实不可忽视。2023年3月20日，联合国政府间气候变化专门委员会（IPCC）发布第六次气候变化评估报告的综合报告《气候变化2023》（AR6 Synthesis

---

* 王理，管理学博士，上海社会科学院新闻研究所副研究员，主要研究方向为新媒体与社会治理，环境、健康与科学风险传播。

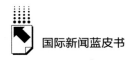

Report：Climate Change 2023），报告以近 8000 页的篇幅详细阐述了温室气体排放量不断上升造成的全球变暖所导致的毁灭性后果。

　　长期以来，以欧盟、美国为主导的发达经济体和以中国、印度等为代表的发展中大国均积极推进全球气候治理，其中发展中国家角色的重要性越来越凸显。尽管非洲的温室气体排放量相对而言非常有限，但非洲却是世界上遭受气候变化威胁最为严重的地区之一。尤其在粮食安全、公共卫生、消除贫困和教育以及国家和全球安全等方面，气候变化对非洲、亚洲、拉丁美洲和太平洋地区的发展中国家的影响尤为严重。[1][2] 由于经济发展水平相对较低，非洲各国在适应气候变化方面存在明显的能力缺失，亟须提升适应气候变化的能力。与此同时，非洲在适应气候变化过程中的能力脆弱问题长期遭到国际社会忽视[3]，非洲各国在气候谈判中的话语权也与其正在遭受或即将面临的气候变化后果不相匹配。

　　应对气候变化必须提高人们对气候变化的认识并积极参与公众合作，而媒体如何报道气候变化将影响公众对该问题的看法并对社会产生深远的影响。[4] 在此背景下，非洲民众亟须借由媒体报道来科学认识气候变化以减缓和适应环境变化，同时，非洲各国政府也需要通过舆论提升该议题在非洲大陆及国际社会的关注度，并争取气候协作的话语权。

　　近年来，中国作为气候变化国际谈判中的引领者[5]，正大力推进南南合作，为帮助发展中国家应对气候变化提供力所能及的支持[6]。加深对非洲气候科学传播的认识和了解、帮助非洲有效实施气候科学传播，有利于中国更

① Cameron, D., "Climate Change is One of the Most Serious Threats Facing Our World," Business Green, September 23, 2014, http：//www. businessgreen. com/bg/opinion/2371770/david - cameron-climate-change-is-one-of-the-most-serious-threats-facing-our-world.

② Toulmin, C., *Climate Change in Africa*. Bloomsbury Publishing, 2009.

③ 康晓、刘欢：《适应气候变化视角下的中国对非洲气候援助》，《中国非洲学刊》2021 年第 3 期。

④ Boykoff, M. T., & Yulsman, T., "Political Economy, Media, and Climate Change：Sinews of Modern Life," *Wiley Interdisciplinary Reviews：Climate Change*, 2013（4）：359-371.

⑤ 张海滨、黄晓璞、陈婧嫣：《中国参与国际气候变化谈判 30 年：历史进程及角色变迁》，《阅江学刊》2021 年第 6 期。

⑥ 刘振民：《全球气候治理中的中国贡献》，《求是》2016 年第 7 期。

好地实施南南合作框架下的非洲气候援助活动，也有助于强化中国对非传播的针对性。然而，中国学者对非洲新闻与传播的研究数量较少，研究主题较为零散，仍处于零星概况式介绍的起步阶段①，针对特定领域议题的传播研究更为缺乏。因此，本报告试图从媒体报道和公众感知两个角度全面呈现非洲气候科学传播现状与可能存在的困境，试图回答：气候科学传播研究的非洲视角为我们提供了怎样的现实图景？对中国在气候合作领域的对非传播有何启示？对中国的对非传播研究有何启示？

二 非洲媒体对气候变化议题的报道

（一）关注程度：逐步提升但各国差异较大，且整体处于较低水平

1. 报道数量呈上升趋势，各国关注度差异较大

美国科罗拉多大学博尔德分校的 Max Boykoff 教授团队领衔的媒体和气候变化观测站项目（Media and Climate Change Observatory，MeCCO），联合丹麦奥胡斯大学、日本国立环境研究所、澳大利亚迪肯大学等多国研究机构监测了全球 7 个不同地区②59 个国家的 131 家媒体来源（包括报纸、广播和电视），按月统计这些媒体的气候议题报道情况。这些媒体的筛选基于地理多样性、发行量和数据获取的可靠性和稳定性等因素，数据自 2004 年起收集至今，具有较强的代表性。该数据库显示（见图 1），从时间趋势上看，纳入统计的 15 家非洲报纸③关于气候变化的报道在 2000 年初期数量极低，

---

① 李加方、王海璐：《非洲媒体研究：理论框架与主要特点》，《中国非洲学刊》2021 年第 2 期。

② 这 7 个地区包括北美洲（20 家媒体）、欧洲（36 家媒体）、亚洲（29 家媒体）、中东（7 家媒体）、拉丁美洲（15 家媒体）、非洲（16 家媒体）和大洋洲（8 家媒体）。

③ 这 15 家非洲报纸分别为 El Watan（阿尔及利亚/法语）、Al Masry Al-Youm（埃及）、Al Gomhuria（埃及）、Business Day（南非）、The Herald（津巴布韦）、Daily Trust（尼日利亚）、Vanguard（尼日利亚）、The New Times（卢旺达）、Daily Nation（肯尼亚）、The Times of Zambia（赞比亚）、New Era Namibia（纳米比亚）、The Citizen（坦桑尼亚）、L'Observateur Paalga（布基纳法索）、La Nouvelle（摩洛哥）、Sud Quotidien（塞内加尔）。

自 2007 年起明显增多，此后虽有波动，但总体呈上升趋势。2022 年气候变化报道数量达到了历史最高水平。

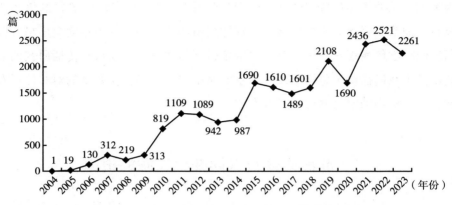

图 1 2004～2023 年非洲报纸气候变化报道数量趋势

资料来源：Boykoff, M., Bruns, C., Chandler, P., Daly, M., Fernández-Reyes, R., Jiménez Gómez, I., Nacu-Schmidt, A., Oonk, D., and Osborne-Gowey, J., "African Newspaper Coverage of Climate Change or Global Warming, 2004–2024," In *Media and Climate Change Observatory Data Sets*. Cooperative Institute for Research in Environmental Sciences, University of Colorado, 2024. 作者整理。

2007 年，IPCC 发表了第四次评估报告，气候变化议题的科学共识逐渐在全球范围内确立起来。基于该共识，全球召开了一系列与气候变化议题相关的重要国际会议，引来了世界媒体的关注。同年底，巴厘岛联合国气候变化大会召开，媒体再度聚焦气候变化。2008 年，联合国气候变化新一轮谈判在加纳举行，时任加纳总统库福尔（John Agyekum Kufuor）在开幕式上致辞，该轮谈判也为 2009 年的哥本哈根会议打下了重要基础。自此，气候变化议题由科学争议性话题转变"成为全球共通的政治话语体系的一部分"。[①]
2015 年巴黎气候大会达成了历史性的减排协议《巴黎气候协定》，非洲环境问题部长级会议也同期在巴黎召开。时任联合国秘书长潘基文提道：巴黎大

---

① 纪莉、陈沛然：《论国际气候变化报道研究的发展与问题》，《全球传媒学刊》2016 年第 4 期。

会成功与否与非洲休戚相关。① 从媒体报道数量也可以看出，对环境问题的关注成为当时非洲的重要议题。可以说，非洲大陆的此趋势是与全球一致的，自 2008 年起国际气候变化媒介报道及其相关研究进入快速发展的阶段②，各国的相关报道数量均有所增长。

然而，各国的关注程度存在较大差异。有研究分析了 World Access News 数据库③中非洲各国媒体关于气候变化的报道数量发现，1997~2016 年的 20 年间，源自南非媒体的报道数量最多，高达 3000 余篇，位居第二、第三的埃及和尼日利亚报道数量仅为其 1/10，只有 300 余篇。肯尼亚、乌干达、卢旺达、埃塞俄比亚、塞内加尔、赞比亚、坦桑尼亚和加纳等国有百余篇，而索马里、斯威士兰、南苏丹、喀麦隆、厄立特里亚、莫桑比克和摩洛哥等国的报道仅为个位数。④ 在报道数量前几位的国家中，南非、埃及、尼日利亚和肯尼亚是在非洲具有区域性影响力的电视强国，尤其是南非，作为非洲地区经济相对发达的国家，其媒体行业迅速适应了传媒技术的高速发展，并逐渐加强国际交流合作，形成自身的规模和特点，是"整个非洲新闻事业最发达的国家"。⑤

2. 整体关注度仍较低

尽管报道数量呈上升趋势，但非洲仍是全世界气候变化媒体关注度最低的地区，其报道数量与非洲大陆面临的气候变化威胁程度远不成比例。⑥

Andreas Schmidt 等学者对 27 个国家气候变化的媒体关注度进行了分析，

① 《潘基文：巴黎气候变化会议成功与否与非洲休戚相关》，http：//www. un. org/sustainable development/zh/2015/12，2015 年 12 月。

② 《潘基文：巴黎气候变化会议成功与否与非洲休戚相关》，http：//www. un. org/sustainable development/zh/2015/12，2015 年 12 月。

③ World Access News 数据库是一个综合性的新闻资源库，汇集了世界各地的新闻出版物，包括主要的国家性报纸、国际报纸、地方和区域媒体，以及新闻专线、博客、网络内容、视频、杂志、文字稿件等。

④ Wang, L., "Climate Science Communication in Africa," *Proceedings of 2017 International Conference on Public Administration* (12th)，2017，2（2）.

⑤ 王丹娜：《南非国际传播的发展与特点》，《中国记者》2012 年第 3 期。

⑥ Shanahan, Mike. "Time to Adapt? Media Coverage of Climate Change in Nonindustrialised Countries," *Climate Change and the Media*，2009（5）：145-157.

其中包括阿尔及利亚、南非和也门三个非洲国家，研究发现前两者关注度均低于全球平均水平。[①] 有研究在对南非《星报》（*Star*）和《邮政卫报》（*Mail& Guardian*）进行统计后发现，6 个月时间内仅有 0.88%的议题与气候变化相关。[②] 尼日利亚学者 Meribe 通过对该国新闻专业人员进行深度访谈后发现，由于气候变化涉及利益相关者较多，一部分记者可能会为避免伤害利益集团而违背新闻伦理，对气候变化新闻不予报道；有的记者则需要创造性地将气候变化议题转换为经济议题等，才能过编辑这一关确保新闻发表。[③] 津巴布韦学者 Evans 也曾在一项关于津巴布韦气候变化传播的研究中询问当地报纸《周日新闻》（*The Sunday News*）的高级编辑怎样把握气候变化议题的报道频率，得到的回答是：当它们有用时（as and when they become available）。[④] 某种程度上来看，这也是非洲国家气候变化报道的普遍写照：只有在面临重大环境灾难或事故时，气候变化问题才会被媒体提起。整体而言，非洲地区对气候变化问题的媒体关注度仍有待提升。

（二）报道水平：媒体原创能力不足，报道质量不高

1. 报道内容多源自欧美，缺乏地域特征

一直以来，非洲在外交事务和当地新闻报道中对西方媒体和新闻机构都较为依赖[⑤]，非洲媒体在日常报道中也常直接照搬欧美新闻内容[⑥]。2007

---

① Schmidt, Andreas, Ana Ivanova, and Mike S. Schäfer, "Media Attention for Climate Change around the World: A Comparative Analysis of Newspaper Coverage in 27 Countries," *Global Environmental Change*, 2013, 23 (5): 1233-1248.

② Tagbo, Evelyn, "Media Coverage of Climate Change in Africa: A Case Study of Nigeria and South Africa," Reuters Institute Fellowship Paper, University of Oxford, UK, 2010.

③ Meribe, nnaEmeka Chidiebere, "The Political Economy of Climate Change Reporting in Nigeria," *African Journalism Studies*, 2017, 38 (1): 40-65.

④ Evans, Henri-Count, "Factors that Stand in the Way of Green Communication in Zimbabwe," National University of Science and Technology, Zimbabwe, 2010.

⑤ Emenyeonu, Nnamdi B., "Africa's Image in the Local Press: an Analysis of African News in some Nigerian Newspapers," *Africa Media Review*, 1995 (9): 82-104.

⑥ 吴传华：《中国在非洲的舆论环境及非洲媒体对中非关系发展的影响——以尼日利亚为例》，《亚非纵横》2012 年第 4 期。

年，时任南非总统 Thabo Mbeki 承认了该现象，并对南非广播公司新开设的国际新闻频道寄予厚望，他在成立仪式上的致辞中提道："一通从加纳拨往尼日利亚的电话可能需要先通过欧洲转接才能到达近在咫尺的目的地，我们的新闻和报道也正是如此。……即便是出自我们非洲本地的报道，很多也会经过那些总部设在亚特兰大、纽约、伦敦和其他发达国家大城市的国外媒体机构再处理。"① 有研究曾对加纳《每日写真报》（*Graphic*）和《加纳时报》（*Ghanaian Times*）一个月内的 543 篇报道进行分析发现，多达 64% 的报道源自 BBC，仅有 13% 来源于加纳新闻机构，余下 23% 的报道则出自其他通讯社。②

气候议题的报道更是如此，非洲媒体对气候变化的报道信源主要来自国外新闻机构或外国政要。③ 以南非、津巴布韦和纳米比亚等非洲南部国家 8 家媒体 2013～2014 年气候变化报道的稿源国内外分布为例（见图 2），这些国外稿源大多来自路透社（Reuters）和法新社（Agency France Press, AFP），并且大多只是在讲述全球普遍现象，与当地实际的气候问题毫无关联。一些来自当地媒体如 SABC、ZBC 和 The Herald 等的报道，则仅仅关注环境部门管理者或国家领导发言，批判性报道不足。

2009 年和 2010 年第一季度，南非《邮政卫报》分别刊发了 2 篇、19 篇气候变化报道，其中 70% 来自国际新闻机构且与南非毫无关联，文中甚至连非洲都未提及；而涉及埃及尼罗河三角洲气候事宜的地方性新闻报道仅占 6%。同样，尼日利亚《卫报》（*The Guardian*）关于气候变化的报道中，有 65% 以国际动态为主，涉及尼日利亚自身的内容微乎其微。

---

① "Address by President Thabo Mbeki at the Launch of SABC News International," http://www.anc.org.za/content/address-president-thabo-mbeki-launch-sabc-news-international, July 20, 2007.

② "Ghana to Host Media Summit for a New African Image," http://ghananewsagency.org/social/ghana-to-host-media-summit-for-a-new-african-image-226, August 3, 2006.

③ Nassanga, Goretti, "Translating the Global Climate Change Challenge into Action as Reflected in Uganda's Media," *Journal of African Media Studies*, 2020, 12 (3): 267-281.

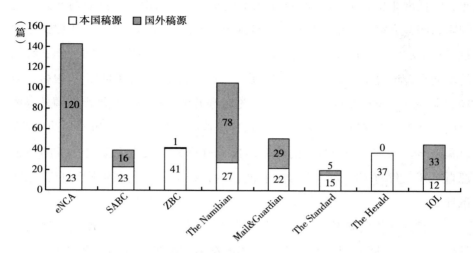

图 2　部分非洲媒体气候变化报道稿源分布

注：横轴媒体依次为 eNews Channel Africa（南非）, South African Broadcasting Corporation（南非）, Zimbabwe Broadcasting Corporation（津巴布韦）, The Namibian（纳米比亚）, Mail&Guardian（南非）, The Standard（津巴布韦）, The Herald（津巴布韦）, Independent OnLin（南非）。

资料来源：Evans, Henri-Count, and Rosemary Kudzayi Musvipwa, "News Media Coverage of Climate Change," Sustainability, Climate Change and the Green Economy, 2017：199-213. 作者整理。

　　气候变化固然是全球现象也是国际化议题，但具体到实际的影响和解决方案则具有强烈的地方性，必须基于当地语境。由于长期以来西方媒体的强势及非洲本土媒体"没有形成自己的运作模式与媒体理念"①，加之非洲记者对气候变化本身理解不到位、媒体对政治经济等其他议题的兴趣远大于环境问题等，各种因素造成非洲媒体对气候变化的报道原创水平不高，且缺乏贴近性。

2. 受记者能力等影响，报道质量不高

　　学者 Gadzekpo 利用内容分析辅以访谈，研究《每日图文》《每日指南》

_____

① 周海金、郭冬冬：《当前非洲媒体发展的困境及出路探析——兼论央视非洲分台对非洲媒体的启示》，《浙江师范大学学报》（社会科学版）2015 年第 5 期。

《商业与金融时报》三份加纳主要报纸的气候变化报道情况后认为，这三份报纸对气候变化的报道深度严重不足，且未能反映普通加纳人对气候变化的真正关切。① 部分学者也意识到类似问题，如 Brian Semujju 对乌干达两份报纸进行内容分析后发现，媒体对气候变化问题的报道缺乏客观性，研究认为这需要加强记者在该领域关键技术问题上的专业培训，培养记者的科学精神。② 也有学者发现，记者分析和协调能力不足、语言障碍、阅读文化不足、专业培训不足和信息搜索能力不足等造成他们在报道气候变化问题时难以准确获取和运用相关信息③，这样的挑战很可能会影响气候变化报道的数量和质量④。

三 非洲公众对气候变化风险议题的认知

（一）概念认识（Knowledge of Concept）：对"气候变化"的核心概念缺乏一致认识

非洲媒体对气候变化风险的建构和呈现，直接影响非洲公众对该问题的认知。在报道气候变化议题时，很多媒体本应传递更多的科学信息，然而这些信息通常都遗失了，取而代之的是一些"科学冲突或恐怖场景"（scientific conflicts or horror scenarios）⑤，以吸引更多读者注意。同时，媒体

---

① Gadzekpo, A., "Climate Change Discourses in Ghanaian Newspapers: Sloganeering or Real Commitment," In *Escaping Climate Change: Climate Change in the Media: North and South Perspectives*. edited by P. Coulter and A. Midttun, Report No. 1, Creative Responses to Sustainability, Ceres21, 2009: 11-25.

② Semujju, Brian, "Climate Change in Ugandan Media: A 'Global Warming' of Journalism Ethics," *Journal of African Media Studies*, 2013, 5 (3): 337-352.

③ Elia, Emmanuel Frank, "Media Coverage of Climate Change Information in Tanzania," *Global Knowledge, Memory and Communication*, 2019, 68 (4/5): 258-274.

④ Siyao, Peter Onauphoo, and Alfred Said Sife, "Sources of Climate Change Information Used by Newspaper Journalists in Tanzania," *IFLA Journal*, 2021, 47 (1): 5-19.

⑤ Cook, Peter J., "Public Science, Society, and the Greenhouse Gas Debate," In *Public Science in Liberal Democracy*. Toronto, Canada: University of Toronto Press, 2007: 84-110.

在报道气候变化时通常聚焦围绕气候变化的政治论争以及科学家之间的论战，这事实上牺牲了气候变化的科学本质，从而导致公众对气候变化变得更加困惑甚至冷漠。[①] 加纳大学 Joseph Yaro 也认为"气候变化"这一概念在非洲语境中缺乏统一的定义。[②] 首先，由于气候变化对各地民众生活造成不同影响，因此关于该词的定义也存在差异，如农民认为气候变化就是降雨量的变化，渔夫则理解为干扰他们捕捞活动的那些越来越多的暴风雨天气和汹涌海浪。其次，非洲地区语言的复杂性也是造成概念不统一的主要原因，以尼日利亚为例，该国三种主要语言伊博语（Igbo）、豪萨语（Hausa）和约鲁巴语（Yoruba）之间就"气候变化"相关术语并无标准对译词，因此公众很难对其产生一致认识。[③]

（二）知晓程度（Awareness）：对气候变化认识严重不足

有多项研究表明，对气候变化的知晓率存在较大的国别差异，但总体而言发达国家高于发展中国家。2015 年发表在《自然·气候变化》的一篇论文以盖洛普 2007～2008 年调查数据为基础分析得出：非洲、中东和亚洲的部分国家有超过 65% 的民众从未听说过气候变化。[④] 该研究分析了全球 119 个国家，其中对"气候变化"知晓率最低的 10 个国家均为非洲国家（见表1）。如大多数尼日利亚居民完全不了解气候变化科学。

[①] McIlwaine, Steve, "Journalism, Climate Science and the Public: Towards better Practices," *International Journal of Media & Cultural Politics*, 2013, 9 (1): 47-58.

[②] Atle Midttun, "Stakeholders on Climate Change: North & South Perspectives," http://www.ceres21.org/media/UserMedia/Ceres21% 20Stakeholders% 20on% 20Climate% 20Change% 2014%20des.pdf, 2009.

[③] British Broadcasting Corporation World Service Trust, "Nigeria Talk Climate," *The Public Understanding of Climate Change*, 2008.

[④] Lee, Tien Ming, Ezra M. Markowitz, Peter D. Howe, Chia-Ying Ko, and Anthony A. Leiserowitz, "Predictors of Public Climate Change Awareness and Risk Perception around the World," *Nature Climate Change*, 2015, 5 (11): 1014-1020.

表1 119个国家中具有气候变化意识的公众比例：排名前十位和排名后十位

单位：%

Rank(of 119)	Country	Awareness	Rank(of 119)	Country	Awareness
1	Japan	98.9	110	Morocco	30.1
2	United States	97.7	111	Togo	29.6
3	Finland	97.6	112	Nigeria	27.8
4	Norway	97.5	113	Zambia	26.5
5	United Kingdom	97.4	114	Ghana	26.4
6	Australia	97.3	115	Afghanistan	25.4
7	Sweden	96.1	116	Egypt	25.0
8	Germany	96.0	117	Burundi	21.7
9	Netherlands	95.6	118	Benin	20.7
10	Canada	95.4	119	Liberia	20.6

（三）风险感知（Concern）：对气候变化造成的危害认知差异较大

世界上越来越多国家的居民感受到近年来当地局部温度的异常变化[1]，包括马达加斯加、莫桑比克、卢旺达等非洲国家，温度异常成为非洲民众预测气候变化危害程度最主要的因素。然而，不同收入水平国家民众对气候变化问题的危害性认识存在较大差异。[2] 如南非居民对气候变化尤为担心[3]，但尼日利亚居民却没有意识到气候变化问题是超越尼日利亚存在的普遍性的全球问题。一项大型调查也显示，在接受调查的33个非洲国家中，虽然有约58%的居民听说过气候变化，但其中只有约28%的人可以被视作具备气

① Howe, Peter D., Ezra M. Markowitz, Tien Ming Lee, Chia-Ying Ko, and Anthony Leiserowitz, "Global Perceptions of Local Temperature Change," *Nature Climate Change*, 2013, 3（4）:352-356.
② 洪大用、范叶超：《公众对气候变化认知和行为表现的国际比较》，《社会学评论》2013年第4期。
③ "A Hopeful Continent," *The Economist*, March 2, 2013.

候变化知识素养，了解气候变化带来的负面影响。[①] 此外，由于非洲媒体在气候变化问题报道中缺乏本土视角，割裂了全球与当地的关联，当地民众对"气候变化"这一现象形成不恰当的认知，尤其是产生一种于己无关的错误观念，这也导致部分非洲居民对其重视程度不够，减缓了非洲居民应对气候变化的行动。

四 结论

从前文分析可知，在气候科学的传播中，虽然非洲媒体对气候变化议题的报道数量整体上升，但各国差异较大，且目前的报道量与非洲地区面临的气候风险远不成比例。在具体的报道质量上，非洲媒体缺乏足够的原创内容，也缺乏对非洲的本土关照。媒体是重要的信息渠道，高质量的气候变化报道可以使公众更好地了解环境形势，也能帮助决策者有效制定相关政策。"改善气候变化新闻报道的策略性行动本身就是应对气候变化的一种形式，因为准确、及时和相关信息的提供是构建气候复原力的重要因素。"[②] 非洲的气候科学传播现状导致非洲民众在对气候变化风险议题的认知中，出现核心概念认识不统一、普遍缺乏气候变化意识、风险感知差异较大等问题。

不可否认，非洲气候科学传播中存在的问题，在目前其他大陆的多数国家也普遍存在。新闻业在促进公众认识气候变化的真实存在方面功不可没，但是这种意识提升并没有带来更深层次的认识，即让公众知晓气候变化到底是什么，以及气候变化将会怎样。[③] 具体到非洲媒体来看，各国媒体应当在节目引进或稿源选择时，更多采纳关注当地气候问题的内容。联合国教科文组织也曾就如何进行非洲气候变化报道提出建议，如用更少的灾难叙述和更

---

① Selormey, Edem, Mavis Zupork Dome, Lionel Osse, and Carolyn Logan, "Change Ahead: Experience and Awareness of Climate Change in Africa," August 30, 2019.

② Shanahan, Mike, "Why the Media Matters in a Warming World: A Guide for Policymakers in the Global South," June 2011: 1-4.

③ Corbett, Julia B., and Jessica L. Durfee, "Testing Public (un) Certainty of Science: Media Representations of Global Warming," *Science Communication*, 2004, 26 (2): 129-151.

多的成功故事凸显人们如何调整发展解决方案和使用新技术，以遏制气候变化；更多地介绍非洲在联合国气候变化公约中的作用和责任，以及政府在国际谈判中的声音和所作所为；更多地报道"国家适应行动方案"和"国家适应计划"的状况；用更多的故事展示气候变化如何以不同的方式影响男女老少；用更多的故事解释气候变化的原因，包括干旱和洪水等事件；用更多的报道解释气候变化对人类的影响，如同报道环境问题一样，注意展现这是一个"发展"和"人"之间的问题；报道更多有关气候变化所面临的商业和发展机遇的故事等。

结合当下的信息通信环境来看，传统的主流媒体报道在气候传播中效果有限，但如津巴布韦等国，少量民众已经开始运用新媒体来提升公众的气候变化意识并促成更广泛的交流。① 2011 年北非剧变中，社交媒体在非洲扮演的角色早已引起各界的广泛关注与讨论。②③ 在非洲网络覆盖率逐渐提高、网民使用社交媒体数量激增的背景下，充分利用社交媒体的影响力开展气候科学传播活动不失为更好的路径。

五　思考与展望

气候变化问题在今后很长一段时间都值得被媒体与学界所关注。2021年底，中非合作论坛第八届部长级会议通过《中非应对气候变化合作宣言》，声明将建立新时代中非应对气候变化战略合作伙伴关系，共同应对气候变化挑战。然而，如前文所述，目前非洲媒体的气候变化报道仍有提升空

① Evans, Henri-Count, "Climate-change Awareness and Online Media in Zimbabwe: Opportunities Lost," In *Knowledge for a Sustainable World: a Southern African-Nordic Contribution*. Illustrated, Reprint edn. African Minds, 2015: 163-179.

② Lotan, Gilad, Erhardt Graeff, Mike Ananny, Devin Gaffney, and Ian Pearce, "The Arab Spring ǀ the Revolutions were Tweeted: Information Flows during the 2011 Tunisian and Egyptian Revolutions," *International Journal of Communication*, 2011 (5): 31.

③ Eltantawy, Nahed, and Julie B. Wiest, "The Arab Spring ǀ Social Media in the Egyptian Revolution: Reconsidering Resource Mobilization Theory," *International Journal of Communication*, 2011 (5): 18.

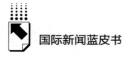

间，各国民众对气候变化的认知仍存在不足，势必影响中非气候合作项目的深度开展。中国对非精准传播尚有诸多方面值得注意，如内容上，需要从非洲的立场和视角出发，加强议程设置、精选传播内容，持续、有针对性地就中非合作领域关键问题进行引导；渠道上，积极布局新媒体阵地，建立起和非洲民众的直接互动。同时，中国对非传播研究，也应以促进合作、解决问题为目标导向，鼓励与非洲本土媒体和学者交流合作，加强对中非合作中特定领域、特定对象的精准传播研究。

大战略视域下的战略传播与战略叙事

舒一轩*

摘　要： 随着全球政治环境的日趋复杂，国家和组织在面对多样化的外交、军事和经济挑战时，越来越重视通过战略传播来实现其政策目标。战略传播作为一种综合性的信息管理和沟通工具，涵盖政治传播、公共关系和社会营销等多个学科领域，其核心在于目的性，即如何通过有组织的传播活动来实现预定的战略目标。而近年来，战略传播似乎并没有满足无论是学界还是业界赋予其的期待，本文试图从战略研究文献中寻找战略传播之战略的替代性理解。大战略理论最初起源于军事领域，随着社会发展，逐渐拓展到政治、经济、文化等非军事领域，成为国家在全球化时代应对复杂国际局势的重要指导思想。大战略作为国家最高层次的战略设计，不仅关注如何综合运用政治、经济、军事等硬实力工具实现国家利益，也越来越依赖软实力，尤其是信息传播的运用。战略传播和战略叙事因此成为实现大战略目标的重要工具。在此背景下，本文从大战略的视角出发，梳理了战略传播的内涵与应用，并进一步讨论了战略叙事在战略传播中的核心作用及其与大战略的关系。

关键词： 大战略　战略传播　战略叙事

一　引言

在当今国际环境中，国家行为已经不再局限于传统的军事和经济手段，

* 舒一轩，上海社会科学院舆情信息研究中心助理研究员、新闻研究所硕士研究生。

信息与传播扮演着越来越重要的角色。习近平总书记提出，要加快构建中国话语和中国叙事体系，加强国际传播能力建设，形成同我国综合国力和国际地位相匹配的国际话语权。这一论述深刻揭示了战略传播在实现国家战略中的重要性，强调通过打造符合中国国家利益的叙事框架，推动国际社会对中国的理解与认同，从而塑造有利的国际环境。在这一框架下，战略传播与战略叙事不仅是国家对外塑造形象、争取国际话语权的重要工具，更是服务于国家战略的核心要素。大战略作为国家最高层次的战略规划，旨在通过综合运用各类硬实力与软实力手段，实现国家长期利益和全球影响力的最大化。而战略传播与战略叙事则为大战略提供了传播与认知层面的支持，确保国家的意图、身份与行动被全球广泛理解与接受。

来自学界和政府部门对战略传播感兴趣的人士对其赋予极高的期待，但是目前看来，这种期望并没有得到满足。其原因主要有两点：首先，随着媒介技术的发展，媒体生态已经发生极大的变化，而新媒体环境下战略传播的战略假设"失灵"了。在战略传播的框架中，对战略的理解与管理学的现代主义方法密切相关，这种方法基于自上而下的单向传播方式。[1] 这导致战略传播往往难以应对实践中的具体情况，换句话说，战略传播往往缺乏"战略"。其次，在战略研究中，传播或沟通一直被理解为战略的一个重要方面，但在传统上通常认为传播是战略中从属的、外围的手段，或者仅仅作为事后的反应工具。战略中的传播在一定程度上被忽视了，这限制了战略传播对于促成战略目标的可能性。对于战略传播的政治面向来说，现有的关于战略的假设导致其在很多时候并不能应对现实中面对的问题。

本文希望从大战略的视角出发，回答两个问题：第一，大战略的思想资源对于我们重新思考战略传播之战略有何启发？第二，在大战略的视角之下，战略传播是如何发挥作用的？

总的来说，大战略是一个传统的、高度成熟的战略框架，涵盖国家如何

---

① Hallahan K., Holtzhausen D., Van Ruler B., et al., "Defining Strategic Communication," *International Journal of Strategic Communication*, 2007, 1（1）：11.

在军事、政治、经济、外交等多维度实现其长期目标。它具有深厚的思想资源和理论积淀，通过多层次的力量协调和资源整合，构建起国家战略的全景视角。在这个背景下，战略传播的"战略"部分可以从大战略中获得理论借鉴。当前战略传播大多集中于信息传播和舆论引导，但如果借鉴大战略的思想，战略传播的"战略"部分可以获得更深刻的理解，不再局限于短期的传播效果，而是着眼于长期的目标协调、资源整合和整体规划。在现代复杂的国际环境中，信息传播的速度不断加快和广度不断扩大，这使得国家在全球范围内塑造认知变得更加困难和复杂。通过从大战略中汲取思想资源，战略传播可以更全面地考虑其在全球竞争中的角色，不再仅限于信息领域的胜负，而是放眼整个国家力量的协调和最大化运用。这有助于避免传播行动的局部性、短视性和割裂性。

近年来，学者和政策制定者越发关注"叙事"在国际关系中的重要作用，通过讲述故事和构建叙事框架来塑造国际政治、影响国家行为和公众认知。这种新现象被称为国际关系的"叙事转向"，强调语言、话语和叙事在国际政治中的作用。要理解在现今的信息环境下战略传播如何服务于大战略离不开对叙事的关注。阿基拉（John Arquilla）和大卫（Ronfeldt David）在《谁的故事胜利：信息圈的崛起、信息政治和信息时代的国策》报告中指出，国家之间的竞争已经从传统的物理域转移到认知域。谁的叙事能够成功传播并影响全球认知，谁就能在国际事务中占据上风。国家间不仅要通过武力威慑来赢得战争，还必须通过信息、叙事、价值观和信仰的争夺来获得战略优势。[1] 阿里斯特·米斯基蒙（Alister Miskimmon）等人提出的战略叙事成为我们理解战略传播发挥作用的重要概念，在大战略的框架下，战略叙事是国家用来解释、定位其全球目标和行动的核心话语框架，为国家的外交政策、军事行动和国际行为提供正当性。而战略传播则负责有效地通过多种渠道和方式向全球目标受众传播这个故事，达成大战略赋予其的目的。

---

① Ronfeldt D., Arquilla J., "Whose Story Wins: Rise of the Noosphere, Noopolitik, and Information-age Statecraft," *SSRN Electronic Journal*, 2020.

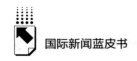

本文主要由四个部分组成：首先，对构建了当今主流大战略理论体系的英国学派代表人物的主要思想进行梳理；其次，梳理战略传播的内涵，并思考大战略对战略传播之战略有哪些启发；再次，对于战略叙事理论及其发展进行梳理；最后，总结大战略、战略传播与战略叙事之间的关系。

二　大战略的主要思想

西方对战略思想的求索可以追溯至古希腊时期，存在两条源流：以希罗多德《历史》、修昔底德《伯罗奔尼撒战争史》等为代表的历史源流和以亚里士多德和柏拉图为代表的哲学源流。① 在中国，古人将战略称为"兵法""谋略"，先秦时期是战略思想百花齐放的"黄金时代"②，但在秦汉以后，中国的战略思想日渐式微，并没有取得更大的突破。反观西方，在文艺复兴以后，战略思想迅速发展，逐渐形成了一个独立的研究领域。在克劳塞维茨（Carl Philipp Gottfried von Clausewitz）的《战争论》（Vom Kriege）之后，大战略开始成为战略研究的重要概念之一。现代大战略思想从军事领域延伸至非军事领域，其理论内涵得到了极大的丰富，新的定义不断涌现。在诸多关于大战略的理论建构之中，以李德·哈特（Liddell Hart）、保罗·肯尼迪（Paul Kennedy）为代表的英国大战略学派构建了目前流行最为广泛，同时也是接受程度最高的大战略理论体系。

（一）克劳塞维茨《战争论》中的战略思想

克劳塞维茨是战略史中无法绕开的一位人物，他对战略的理解构成了现代战略的基础。克劳塞维茨所著的《战争论》以战争为研究对象，集克氏战略思想之大成。本文对《战争论》的两点着重进行讨论：首先是克劳塞维茨对战略和战术的区分；其次是《战争论》中对于战争和政治关系的讨论。

---

① 纽先钟：《西方战略思想史》，广西师范大学出版社，2003，第11页。
② 纽先钟：《西方战略思想史》，广西师范大学出版社，2003，第9页。

　　克劳塞维茨通过区分战略和战术确定了现代战略的概念。他认为战术（tactic）是战斗（engagement）中的部署和实施，而战略则是出于战争（war）的目的对战斗的运用，简而言之，战略是为了战争目的运用战斗的学问。他指出，"战略必须为整个军事行动规定一个适应战争目的的目标……并且必须把达到这一目标的一系列行动同这个目标联系起来"。在具体的情境中，战略须"在现地处理各种问题，并且不断对总的计划做必要的修改"。①　不难看出，克劳塞维茨认为的战略须从三个维度延展：总体性、协调性和韧性。战略的总体性要求对战争性质、战争目的和可采取的手段进行确认；第二个维度则是要求以对战争的总体性认识为指导，协调战争中的军事（或非军事）行动，追求不同行动共同达成的整体效果；第三个维度则可以理解为战略在战场中付诸实践时要依据现实情况进行适时调整，但这也对总体性维度提出了要求，战略的总体性维度不宜太过绝对以至于没有回旋调整的空间。

　　在《战争论》第八篇"战争计划"中，克劳塞维茨探讨了政治与战争之间的关系，他明确指出"战争只不过是政治交往（political intercourse，德语原文 politischen Verkehrs）的一部分，而不是什么独立的东西"。Verkehr一词内涵丰富，可指交通运输、商业往来，也有精神层面的信息交际含义。马克思和恩格斯的著作中亦多数出现该词，有学者将之作为了解马克思传播观的关键词。②　"战争必不可避免地具有政治的特性，它必须用政治的尺度来加以衡量。因此，战争就其主要方面来说就是政治本身，政治在这里以剑代笔，但并不因此就不再按照自己的规律进行思考了。"克劳塞维茨关于战争和政治之间关系的论述主要有两个方面的启示：首先，战争是政治的一部分，是政治的一种手段，同时也是政治逻辑的体现，换句话说，战争是特定政治制度结构和逻辑的表达，其目的是达成政治实体特定的目标；其次，若

---

① 〔德〕卡尔·克劳塞维：《战争论》（第一卷），中国人民解放军军事科学院译，解放军出版社，2004，第 166~167 页。

② 陈力丹、闫艳：《〈资本论〉及其手稿的基本概念"Kommunikation""Verkehr"的翻译与马克思的传播观》，《国际新闻界》2024 年第 4 期。

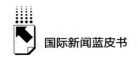

将大战略作为目的和手段之间的关系来理解，克氏此处的论述已将大战略呼之欲出。

（二）李德·哈特和厄尔的大战略

李德·哈特和爱德华·米德·厄尔（Edward Mead Earle）被认为是定义了现代大战略概念的两位关键学者。该领域学者将厄尔和李德·哈特视为现代大战略的两位先驱，两位学者的大战略思想都基于一个共同的基础，即大战略应该超越19世纪军事中心主义的战略思想。这种大战略思想与战略进行了区分，开辟了大战略研究的新领域。在其《战略论》中，李德·哈特对克劳塞维茨在《战争论》中对战略的定义进行了批评，认为克氏的定义主要有两个弊病：其一，战略的定义侵入了政策（policy）的范畴，超过军事领袖的职能范围；其二，定义太过狭隘，只考虑到军事手段在达到战略性目的时发挥的作用，忽视了非军事手段的运用。在此基础上，李德·哈特建构了他关于大战略的理论。首先，他认为克氏的战略定义已经超出了军事领域，不应再称之为战略，此类关于政策的战略应称为大战略。他指出"大战略和指导如何进行战争的政策，实际上完全一样，但是和专门决定战争目的的基本政策，却又自有不同之处。大战略……的任务，就是协调一个国家（或是一群国家）的一切力量，使其达到战争的政治目的"[①]。这段话也反映了他对克氏之战略思想的第二点反思，即关于大战略可以采取的工具和手段。一切力量意味着超越军事手段的单一利用，一国乃至同盟的经济、外交、文化等力量都应该在大战略的谋划和应用范围之内，他明确指出"精神资源和具体形式的力量一样重要"[②]。最后，李德·哈特指出大战略的目的是关于"战后的和平"，他认为大战略是关于和平而非胜利的战略。在这个意义上，李德·哈特对大战略的定义暗示了大战略不只是存在于战争期间，在和平时期也要考虑大战略。厄尔对大战略的定义和李德·哈特异曲同

---

① 〔英〕李德·哈特：《战略论：间接路线》，纽先钟译，上海人民出版社，2010。
② 〔英〕李德·哈特：《战略论：间接路线》，纽先钟译，上海人民出版社，2010。

工，但是他指出了大战略的另一个面向："最高类型的战略——有时被称为大战略——是将国家的政策和军备整合起来，以至于诉诸战争要么是不必要的，要么是有最大的胜利机会的。"① 厄尔反对以军事为中心的战略定义，他认为无论是战争还是和平情景并不关涉大战略的核心，大战略需要保持一种连续性以实现预期的目标，从而成为"治国之术"（statecraft）一个重要的组成部分。李德·哈特和厄尔将大战略从 19 世纪以军事主义为核心的战略思想中抽离出来，开始对包括战争在内的更为宏观的战略进行思考。

（三）肯尼迪的大战略

保罗·肯尼迪延续了李德·哈特和厄尔的大战略研究脉络，提出了针对大战略最流行的现代解释之一。肯尼迪认为大战略应该是面向长期的战略，他指出"大战略的症结在于政策，即在于国家领导人为了维持和增进国家长期的（即战时与平时的）最佳利益而将军事和非军事的所有要素集合在一起的能力。"主张在李德·哈特的大战略思想基础上还应关注三组要素：①国家资源的管理，尤其是稀缺资源，这一要素是大战略的经济组成部分；②战时与和平时期的外交，增加友好国，减少敌对国同时维持与中立国家的关系；③国民士气和政治文化，这决定了公众承担国家安全成本和负担的意愿。② 肯尼迪式的大战略要求控制政策而不是被政策控制，通过精心设计来维持其长期的有效性。"长期性"是肯尼迪大战略思想最大的理论贡献。《现代大战略思想的演变》一书作者卢卡斯·米列夫斯基就曾指出肯尼迪大战略思想之所以备受推崇，成为现今接受程度最高的大战略思想，就在于他明确指出大战略是一个长期的现象。③

---

① Edward M. Earle, "Introduction," In Edward M. Earle, ed., *Makers of Modern Strategy*：*Military Thought from Machiavelli to Hitler*. New York：Atheneum, 1966：viii.

② 〔美〕保罗·肯尼迪：《战争与和平的大战略》，时殷弘、李庆四译，世界知识出版社，2005，第4~5页。

③ Milevski L., *The Evolution of Modern Grand Strategic Thought*. Oxford University Press, 2016.

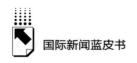
三　战略传播

哈拉汗等人提出了现今应用最为广泛的战略传播定义：组织有目的地使用传播来完成其使命。战略传播涉及至少六个学科领域，包括管理、市场营销、公共关系、技术传播、政治传播和信息或社会营销活动。[①] 在国外的战略传播研究中，strategic communication 和 strategic communications 的命名方式均存在，但无论是单数还是复数形式，其研究对象都是相同的。在国内学界，存在战略传播和战略沟通两种译法，战略传播指 strategic communication，战略沟通指 strategic communications。这两种用法在实际中均得到广泛应用，如习近平总书记在 2021 年曾提出要构建具有鲜明中国特色的战略传播体系，近年来成为中美之间重要对话渠道的中美战略沟通机制就使用了"战略沟通"。事实上，2012 年白宫发布的《国家战略传播框架》中曾指出战略传播（strategic communication）和战略沟通（strategic communications）并无区别，统一命名为"战略传播"，为避免概念混淆，本文不再讨论战略传播与战略沟通之间的区别，统一以"战略传播"命名。

（一）战略传播的政治面向

有关战略传播的研究中，与政治传播相关的被称为"国家传播""政治战略传播"等，以与其他领域的战略传播区分。政治战略传播主要指以政府为代表的政治主体进行的战略传播活动，包含国内和国际两种向度。美国是最早从政府层面对国际政治战略传播进行设计和筹划的国家，"9·11"事件之后，美国开始着手构建其国家战略传播体系。从小布什政府到拜登政府，包括美国国家安全委员会、国防部和白宫在内的政治机构出台了一系列与战略传播相关的文件。这些文件对政治战略传播的定义、目的和主体机构

---

① Hallahan K., Holtzhausen D., Van Ruler B., et al., "Defining Strategic Communication," *International Journal of Strategic Communication*, 2007, 1 (1): 3.

等做出界定，成为学界研究国际政治战略传播的重要材料。

战略传播的关键在于其目的性，进行战略传播的主体要根据目的组织跨部门的传播活动。对于政治战略传播来说，存在一个目标体系。这个体系有一个清晰的国家总体目标，其中包含许多相互嵌套的从属目标，覆盖从操作到策略的维度。① 以美国为例，2007 年美国政策协调委员会（Policy Coordinating Committe）发布的《国家公共外交和战略传播战略》指出，美国公共外交和战略传播有三个目标：①提供根植于美国价值观的关于希望和机会的积极愿景；②与美国的伙伴一道孤立和边缘化暴力极端主义分子；③积极培育美国和世界各国人民共同的利益和价值观。关于目标②该文件则强调了几点具体要求，如（在全世界）推动民主化和善政（good governance）；积极参与穆斯林社区，扩大主流穆斯林的声音；证明西方对所有宗教都是开放的，不与任何信仰冲突等。②

（二）大战略对思考战略传播之战略的启发

战略传播学者，尤其是关注政治战略传播的学者在寻找战略的替代性解释方面已经付出了许多努力，诺斯哈夫特（Howard Nothhaft）和舒尔茨（Hagen Schölzel）回归到战略最初的起点，从 19 世纪的重要战略思想家克劳塞维茨的《战争论》中寻找战略传播的启示。③ 莫（Ben D. Mor）从大战略的视角出发研究了新媒体环境下公共外交对大战略成功发挥的作用，将大战略的视角引入公共外交研究中。④ 博坦（Carl Botan）更进一步，将"大

---

① Paul C. , *Strategic Communication*：*Origins*，*Concepts*，*and Current Debates.* Bloomsbury Publishing USA，2011：174.

② Policy Coordinating Committee，*U. S. National Strategy for Public Diplomacy and Strategic Communication.* 2007：3.

③ Nothhaft H. , Schölzel H. ，"（Re-）Reading Clausewitz：The Strategy Discourse and its Implications for Strategic Communication"，In *The Routledge Handbook of Strategic Communication.* Routledge，2014：18-33.

④ Mor B. D. ，"Public Diplomacy in Grand Strategy," *Foreign Policy Analysis*，2006，2（2）：157-176.

战略—战略—战术"这一战略理论框架作为概念工具用于公共关系的研究中。① 国内学者陈先红等使用博坦的理论框架对中外企业进行实证分析，总结了不同企业战略传播的世界观。② 这些研究为战略传播引入了战略的理论工具，但是并没有从战略传播的基本假设出发思考转变。

那么战略传播应如何思考战略？梳理大战略概念史上几位里程碑式人物的主要思想之后我们可以得到几点启发。首先，战略传播并不应是战略的附属，但应适用于大战略的原则，换句话说，战略传播之战略可为大战略。在实践中，战略传播不应局限于半独立的辅助作用，仅机械且孤立地告知、传达某项政策或战略，而应被视为政府战略的推动者。大战略提供一个目标体系，由总体目标及从属目标组成，这些目标中有些目标要靠战略传播实现，另一些则需要战略传播提供支持。此外，国家战略传播除了须体现由政府政策和行政信息等组成的战略之外，还必须反映一种被国内社会甚至国际社会所知晓、理解和认可的国家叙事。其次，战略传播需重视发展中的传播环境。信息技术革命促成了政府、公众、新闻媒体和社交媒体之间多元互动的传播格局。③ 数字化政治参与、多主体跨平台的信息流动等成为政治发展过程中出现的新现象，对战略传播有着深远的影响，因此，战略沟通不应再被理解为单向过程的一部分。在新的媒体环境之下，战略传播必须反应迅速且具有全局思维，有效地采取各种可使用的手段方法及时针对具体事件对目标受众做出反应。最后，应形成一种战略传播意识，并将之融入政治生态的每个层面。其中所有的政治实体在了解总体战略目标的前提下对具体战略目标中的传播行为进行协调，具体的传播行为不应相互消解，或是在违背总体战略目标的情况下执行。

大战略将可使用的手段与预期效果或既定目标联系起来，赋予战略传播

① Botan C. , "Grand Strategy, Strategy, and Tactics in Public Relations," In *Public Relations Theory II*. Lowrence Erlbaum AssoGates: New York, 2006: 223-247.
② 陈先红、陈霓、刘丹丹：《战略传播的世界观：一个多案例的实证研究》，《新闻大学》2016 年第 1 期。
③ 张开平：《数字时代的政治传播：理论重构、议题革新与范式转向》，《政治学研究》2023 年第 5 期。

目的。战略传播将多元主体、多种渠道的传播活动整合在一起，对具体战略的设计和执行做出决定性的贡献。因此，基于大战略的思想基础，战略传播不应仅仅被理解为一种信息传递活动，而应被理解为战略工作的核心。

四　战略叙事

战略叙事这一概念最早见于劳伦斯·弗里德曼（Lawrence Freedman）于 2006 年出版的《战略事务的转变》一书中，他将叙事描述为"能够令人信服地解释事件并从中得出推论的引人入胜的故事"。而战略叙事之所以是"战略的"（strategic），首先在于战略叙事关乎十分重要的问题，其次战略叙事通过精心设计来促成他人对发展中事件的反应。[①] 战略传播是执行大战略的关键手段之一，其核心的传播内容就是战略叙事（strategic narrative）。当代主流的大战略思想都强调非军事手段（如心理战、外交、舆论）的重要性，这与阿里斯特·米斯基蒙（Alister Miskimmon）等人提出的战略叙事理念不谋而合。通过战略叙事，国家能够有效地将其大战略意图传递给国内外受众，并影响其认知和行为，从而为实现大战略目标奠定基础。

米斯基蒙等人于 2013 年出版的著作《战略叙事：传播力于新世界秩序》提出了最为完整的战略叙事理论框架，他们对战略叙事下的定义是"政治行为体构建国际政治的过去、现在和未来的共同意义，从而塑造国内和国际行为体之行为的一种手段。战略叙事是政治行为者扩大影响力、管理预期和改变他们所处的话语环境的工具"。[②] 在另一篇论文中其指出，战略叙事就是 21 世纪的软实力，达成了软实力曾经承诺但并没有完成的任务。对于软实力有两种理解，一种是影响他人的能力，另一种是达成共识的能

---

① Freedman L. , *The Transformation of Strategic Affairs*. London：International Institute for Strategic Studies，2006.

② Miskimmon A. , O'loughlin B. , Roselle L. , *Strategic Narratives：Communication Power and the New World Order*. London：Routledge，2013.

力。而战略叙事则同时满足了这两种要求。① 战略叙事的核心要素包括行为体、事件、情节、时间、背景、空间等；在层次上战略叙事分为国际体系叙事、国家叙事和议题叙事；此外，战略叙事主要由三个过程组成，形成（formation）、投射（projection）和接收（reception）。② 阿瑟诺等学者研究了阿拉伯之春中的战略叙事，对米斯基蒙等的战略叙事理论框架进行了扩充。首先，他们进一步明确了战略叙事"是为了确保叙事主体预言或希望的故事顺利发生，而如果（该故事）没发生，所有相关的行为体将面临严重的后果"。其次，在原有框架之上，他们强调还需要重视战略叙事与制度化的推广（systems of promotion）和合法化（legitimation）之间的关系。他们认为有五种要素使叙事得以战略化：支持者（sponsoring agents）、叙事结构（narrative structures）、推广策略（strategies of promotion）、合法化者（legitimizing agents）以及期望的叙事结果（suggested narrative outcomes）。③ 战略叙事理论通过识别并解读特定的叙事来理解国际社会中的权力转移，近年来逐渐成为国际关系和传播学领域的重要研究方向。

从战略传播的视角来看，战略叙事在大战略中具有以下几个方面的独特地位和作用：首先，战略叙事是表达大战略目标与意图的核心手段。战略叙事为大战略提供了"故事"层面的包装和表达。战略叙事阐述了国家为何采取某种行动、所处的国际环境及其在国际社会中的角色，使大战略的抽象目标变得具体、易于理解和传播。例如，美国在冷战期间的大战略目标是遏制苏联，战略叙事则以"自由世界对抗专制"为核心叙事框架，强调美国在全球秩序中的领导角色。其次，战略叙事塑造国际秩序与国内共识。大战略的一个关键任务是通过包括外交和军事手段在内的多种手段塑造有利于国家利益的国际环境，而战略叙事则通过讲述国家意图、未来愿景和核心价值

---

① Roselle L., Miskimmon A., O'loughlin B., "Strategic Narrative: A New Means to Understand Soft Power," *Media*, *War & Conflict*, 2014, 7 (1): 70-84.

② Miskimmon A., O'loughlin B., Roselle L., *Strategic Narratives: Communication Power and the New World Order*. Routledge, 2014.

③ Arsenault A., Hong S. H., Price M., "Strategic Narratives of the Arab Spring and After," *Forging the World: Strategic Narratives and International Relations*, 2017: 190-217.

观来影响国际和国内的受众，使其接受或认同国家的战略目标。有效的战略叙事能够使国内民众支持国家的大战略行动，同时为盟友提供一致的目标和价值观，从而增强战略联盟的凝聚力。最后，战略叙事是整合各类传播手段的"元叙事"。战略叙事在战略传播的框架中扮演"元叙事"的角色，即为所有传播行为（如外交声明、新闻报道、领导人演讲等）提供了一个一致的"故事框架"。这种框架为所有战略传播活动提供了一个明确的主题和方向，确保信息传递的一致性与连贯性，从而避免传播活动的碎片化或混乱。

五　大战略、战略传播和战略叙事之间的关系

大战略、战略传播和战略叙事三者之间有着紧密的关系。战略传播作为大战略的一部分，其核心作用之一在于通过传播和塑造叙事来影响国内外受众的认知。而米斯基蒙等人的战略叙事正是这种认知影响的一个具体形式，通过叙事的方式塑造各方的认知，达成影响和引导的效果。具体而言，大战略、战略传播和战略叙事分别在战略的不同层次发挥作用，并共同为长期目标服务。

（一）"目标—工具—内容"的链条

1. 大战略：顶层设计与总体目标

大战略是顶层设计。大战略是国家战略的最高层次，通过协调和整合各类资源，使用全方位的手段来实现国家的长期目标。它决定了国家在全球体系中的总体定位与行动方针，并规划如何有效地运用各种手段来应对外部环境的挑战。在大战略的视角下，战略传播和战略叙事被视为两种实现大战略目标的工具和机制。战略传播为大战略提供了信息管理和认知影响的手段，而战略叙事则是信息传播中最核心亦是最关键的内容工具。

2. 战略传播：工具与机制

战略传播是大战略的传播与实施工具。战略传播在大战略的框架下

充当连接政策与（国内外）目标受众之间的桥梁。它不仅是一种信息传播的形式，更是一种整合国家所有传播资源的系统性手段，旨在影响目标受众的认知和态度，从而促进和支持大战略目标的实现。战略传播不仅要服务于大战略的目标，还要协调各种行动，使其向同一个方向努力。

3. 战略叙事：内容与表达

战略叙事是战略传播的核心内容与表达形式。战略叙事是战略传播中的具体内容和形式，它为国家意图、目标和行为提供了故事化的表达框架。战略叙事不仅仅是对国家目标和行动的描述，更是对目标受众进行意义建构和价值定位的关键工具。通过讲述一个连贯、有说服力的故事，战略叙事可以使国家战略具有影响力、吸引力和解释力。因此，战略叙事扮演着"话语引导者"的角色，它决定了国家战略传播的基调和方向，是国家与外界沟通其大战略意图时的主线内容。

（二）三者具体关系的表现形式

首先，大战略的执行依赖有效的战略传播。大战略的成功往往不仅依赖军事和政治力量，更依赖其在信息领域的传播效果。战略传播能够为大战略的执行铺平道路，为国家行动营造有利的国内外舆论环境。尤其在现代信息化战争和全球化社会中，战略传播的重要性更加突出。其次，战略传播的有效性依赖战略叙事的清晰度与一致性。如果没有明确的战略叙事，战略传播往往显得杂乱无章，难以实现对观众的有效影响。因此，战略叙事在战略传播中扮演了"故事引导者"的角色，为所有传播活动提供了一致的内容框架。战略叙事决定了战略传播引导观众对国家行为的期望和理解。最后，战略叙事为大战略提供合法性与可传播性。大战略设定了国家的总体目标，但这些目标需要通过战略叙事来向国内外受众进行解释和传播。一个好的战略叙事能够将大战略目标转化为有吸引力、易于传播的故事，从而提升国家战略目标的传播效果与认同度。

六　结语

    战略传播和战略叙事是现代国家在复杂国际环境中实现战略目标的重要工具。战略传播通过协调各类资源与传播渠道，将抽象的大战略目标转化为具体的行动指南，而战略叙事则为传播活动提供了一个连贯的叙事框架。有效的战略叙事能够通过"讲故事"的方式，向国内外受众传递国家的核心利益和价值观，从而影响其认知与态度。本文通过对大战略与战略传播、战略叙事之间关系的系统性梳理，明确了战略传播在大战略体系中所扮演的"桥梁"角色，并指出了战略叙事作为传播内容与表达形式的重要地位。未来，随着新媒体环境的进一步发展，国家在制定和实施战略传播策略时，需更加关注传播环境的变化，强化战略传播的灵活性与互动性，以在复杂多变的国际局势中有效实现其战略目标。

Abstract

At present, the breakthrough application of emerging technologies such as mobile Internet, big data and artificial intelligence has profoundly changed the form, channel and audience behavior of news dissemination, and put forward new requirements for theoretical innovation and research methods of disciplines. In response to the complex domestic demand, China Journalism and Communication has also actively sought its position in the international academic community, and devoted itself to building a discipline system, an academic system and a discourse system with China characteristics to respond to the national strategic demand and major theoretical and practical issues. At the same time, the development of journalism and communication in China has not excluded the absorption and reference of western research results. Combining with international experience, it is still an important direction for academic circles to creatively apply pluralistic theories and methods to explore research paths with China characteristics and participate in global academic discussions. Annual Report on International Journalism and Communication (2023 ~ 2024) was compiled by the Institute of Journalism, Shanghai Academy of Social Sciences. This year, with the theme of "Journalism and Communication and Emerging Interdisciplinary Research", it systematically combed the important progress, trends and challenges in the research field of global journalism and communication in the past two years. The report covers key research topics such as the application of artificial intelligence technology in the field of news communication, critical communication and technical political economy, media theory and systematic analysis, disconnection and subjectivity in digital society, international cyberspace governance, social media and new media environment construction, strategic communication and cross-cultural communication.

The report holds that the application of emerging science and technology and interdisciplinary integration have gradually become an important driving force to promote the development of journalism and communication. With the rapid iteration of technology and the expansion of research boundaries, the innovation of theory and methods has become the core topic of current journalism and communication research.

Keywords: Journalism and Communication; Global Research; Interdisciplinary; Emerging Technologies

Contents

I General Report

Abstract: With the rapid development of generative artificial intelligence
technology, large-scale language models such as ChatGPT have demonstrated
unprecedented capabilities in simulating human cognition and processing
multimodal data. This article explores how large model technology promotes the
methodological transformation of journalism and communication studies and
emerging interdisciplinary fields. The article first analyzes the empowering
mechanisms of large model technology in social science research, emphasizing its
role in innovating both inductive and deductive methodological paths.
Subsequently, the article discusses the methodological innovations of large models
in descriptive inference and causal inference, as well as their potential applications
in journalism and communication research. Studies indicate that large model
technology can not only generate representative behavioral samples but also
understand and process multimodal news texts, providing new research perspectives
for content production and information diffusion. In addition, the article discusses

four typical applications of large models in journalism and communication research, including high-precision text analysis, social media analysis, content production and information diffusion research, and research on the biases and fairness of large models themselves. Finally, the article points out that the introduction of large model technology will promote innovation and development in research methods of journalism and communication studies, promote the integration of interdisciplinary research, and provide a new technical foundation for social science research.

Keywords: Large Language Models; Journalism and Communication; Emerging Interdisciplinary Fields; Methodological Rransformation

II   Theoretical Reports

B.2   Self-Realization and Virtual Work from the Perspective of
Immaterial Labor   *Wang Yi*, *Li Jing* / 015

Abstract: The concept of "immaterial labor" extends and develops Marxist labor theory. Since its introduction in the 1970s, it has been continuously refined in response to evolving technological environments and the nature of capitalist labor. This paper explores the characteristics of immaterial labor and its interplay with individual emotional experiences and capital platforms through a review of recent literature. Intangible labor not only creates economic value, but also shapes subjectivity, which reflects the deep penetration of capitalist production into life. The frontier research on intangible labor is mainly in the fields of cultural industry, service industry and network digital platform. These researches focus on how the digital platform blurs the boundary between labor and rest, and discuss the type mechanism, gender and subjectivity of intangible labor.

Keywords: Immaterial Labor; Digital Labor; Platform; Individuals

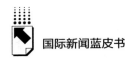
B.3　Research Report on Communication Symbols in Media Theory

Zhang Xinlu / 030

Abstract: As the successor of McLuhan's media studies, Kittler proposed that the discourse network is a positive mode of existence of language shaped by the education system, technical means of reproduction, storage and transmission, and available interpretation strategies by examining the changes in the materiality of literature from 1800 to 1900. Flusser, starting from the crisis caused by the media, believes that communication studies foreshadow the mutation of human relations. Humans are in the consciousness transformation brought about by the media crisis, on the verge of leaving one consciousness and entering another. Our consciousness is programmed by the previous media era, but the patterns related to the new media have erupted in the world we live in, bringing social crises and internal conflicts. The logic of self-devouring has contributed to the change of media.

Keywords: Discourse Network; Materiality; Code; Media Phenomenology

B.4　The Acceptance of Systems Theory in Western Journalism

Research　　　　　　　　　　　　　　　　　*Dong Qian* / 044

Abstract: This article explores the application and impact of Niklas Luhmann's theory of social systems in journalism research. It begins by outlining the basic contours of Luhmann's systems theory, particularly its analysis of the mass media system, emphasizing how media achieves self-production and reproduction of communication through technological means. The article then discusses the acceptance of Luhmann's theory in German journalism research in the 1990s, noting that systems theory offers a new perspective for understanding the uniqueness of the news system and its social functions. In the 2010s, the application of systems theory expanded to more countries, becoming an important tool for understanding changes in the news industry in the digital age. Although Luhmann's theory is popular in the field of journalism studies, there are also misunderstandings and limitations in its application. The article concludes that there is still room for further exploration and application of Luhmann's theory in the epistemological discussion of journalism research. Overall, systems theory has strengthened the in-depth understanding of the mechanisms of the news industry and its social role, contributing significant theoretical support to the evolution of journalism research.

Keywords: Systems Theory; Journalism; Mass Media; Luhmann

B.5 Theoretical Reflection on the Study of Western
Digital Disconnection　　　　　　　　*Wang Yue, Li Jiawei* / 057

Abstract: People are increasingly dependent on the media with the deep socialisation of media, while people also feel exhausted by its use. In recent years, there have been a steady stream of users contemplating the effects of excessive digital connectivity on emotions and subjectivity, actively disconnecting from communication devices or platforms, and using digital disconnection to try to preserve their subjectivity. This study focuses on the general trend of Western digital disconnection research in 2023, the influencing factors of digital disconnection, the practical paths of digital disconnection, and theoretical reflections on digital disconnection. Digital disconnection is divided into preventive and ameliorative behaviours according to the disconnection goals. There are three main practice paths of digital disconnection: time-managed, environmental isolation, and behavioural alternatives. Digital disconnection is not a dichotomy with connection, digital connection does not mean subjectivity involvement, caring for subjectivity does not mean digital disconnection, choosing to connect digitally when you need it for your work and life, and disconnect when you don't need it, which is the embodiment of subjectivity.

Keywords: Digital Disconnection; Media Use; Subjectivity

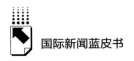

B.6   Exploring the "Quantified-Self": A Report on Digital
Self-tracking from the Perspective of Communication

Zhang Zaozao / 073

Abstract: As digitalization accelerates, digital self-tracking technology has penetrated various aspects of human life, enhancing individuals' ability to collect, analyze, and apply behavioral data for knowledge production. This paper employs a bibliometric analysis to systematically examine the overseas communication research trends of digital self-tracking technology. Current research primarily focuses on four core areas: technology interaction and adaptability, intelligent materiality and self-monitoring, digital autonomy and the political economy of technology, and reflections on data capital and technological ethics. Initial studies concentrated on technology acceptance and user efficacy. As digital self-tracking technology is increasingly applied in various scenarios such as health monitoring, activity tracking, emotional logging, and work diaries, research focus has gradually shifted towards the political analysis of digital autonomy and data sharing, the study of technology integration into the 'lived' daily life, and transformations in individuals' data self-awareness and behavior. This has sparked controversial discussions on data sovereignty, technological determinism, and social equity. Future research will focus on cross-cultural comparisons, data sovereignty and digital capitalism, the political economy of technology, and the design of policies and regulations, with a particular emphasis on how quantified-self technologies globally reshape the distribution of information, power, and resources.

Keywords: Digital Self-tracking; Bibliometrics; Data Sovereignty; Technological Ethics; Digital Capitalism

Ⅲ　Industry Development

B.7　Research Report on International Governance of
　　　Cyberspace（2023－2024）
Dai Lina, Liu Yinan, Li Hanrui and Li Jiawei / 092

Abstract：Looking back at the period from 2023 to 2024, the process of global cyberspace governance significantly accelerated, with the United Nations engaging in intensive consultations around pivotal issues such as AI governance, the Global Digital Compact, cybercrime, and cross-border data flows. Additionally, major international organizations, including the G7, the G20, and the OECD, played active roles in cyberspace governance, facilitating the implementation of several key governance outcomes. The cyberspace rivalry among major powers intensified, with the United States striving to maintain its cyberspace hegemony, while the European Union continued to expand the "Digital Brussels Effect" and enhance its digital sovereignty capabilities. This report analyzes the development and achievements of international cyberspace governance from 2023 to 2024, focusing on the significant progress at the United Nations level, the important governance actions of major international organizations, and the cyberspace rivalry dynamics among leading powers. The aim is to promote the establishment of a more equitable and rational international governance system for cyberspace.

Keywords：Cyberspace Governance; Digital Sovereignty; Artificial Intelligence Governance

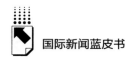

B.8 Research Report on the Panoramic Genealogy of
Global Artificial Intelligence Ethical Governance

Fang Shishi, *Ye Ziming* / 106

Abstract: The domain of global artificial intelligence ethical governance has witnessed the emergence of a significant policy wave. In response to the essential requisites and complex circumstances inherent in the ethical governance context, diverse countries and regions are endeavoring to strike a balance between development and governance in congruence with their distinct role orientations. Leveraging international organizations typified by the United Nations as platforms, they are actively involved in international cooperation and the formulation of relevant standards. Through innovative governance modalities, an ethical governance framework is being constructed, with self-regulation assuming the principal role and external regulation serving as a complementary adjunct. As artificial intelligence technologies progress incessantly, nascent ethical governance endeavors will be confronted with more elaborate and arduous challenges.

Keywords: Artificial Intelligence; Ethical Governance; Governance Rules

B.9 Global Artificial Intelligence Governance Progress
Report (2023－2024) *Tang Qiaoying* / 124

Abstract: Since the concept of artificial intelligence was first proposed at the Dartmouth Conference in 1956, AI has made important breakthroughs in theory, technology and application. Especially with the rapid development of generative AI such as ChatGPT, AI is becoming an important driving force of the new round of scientific and technological revolution and industrial change. At the same time, this technology has brought various kinds of risk challenges such as algorithms, data, content, and ethics, triggering the international community to accelerate the governance process. At the level of major countries and regions, the United States encourages innovation and development in order to maintain the leading position of artificial intelligence; China coordinates development and safety and constantly improves the artificial intelligence governance system; The EU introduced unified legislation on artificial intelligence to seize the dominance of global governance rules; Britain has carried out soft supervision and tried to play a new role in artificial intelligence governance. At the multilateral/multi-platform level, the United Nations promotes the establishment of artificial intelligence governance institutions and mechanisms, the Organization for Economic Cooperation and Development provides guiding principles for artificial intelligence governance, the G20 deepens the "G20 artificial intelligence principles", the G7 initiates and promotes the "Hiroshima artificial intelligence process", and important conferences/forums promote the global consensus on artificial intelligence governance to reach norms. At the level of technical community and technology enterprises, the technical community has accelerated the formulation of international standards and ethical norms for artificial intelligence, and technology enterprises have promoted the principle of artificial intelligence governance.

Keywords: Artificial Intelligence; Security Risk; Global Governance; Governance Mechanism

B.10 Frontier Report on AIGC Research from the Perspective of
Journalism and Communication *Xie Tian* / 142

Abstract: 2024 is a year of rapid development of Artificial Intelligence Generated Content. There is a mix of supporters, critics, and opponents when it comes to this new technology. The rapid development of AIGC has brought new opportunities and challenges to the field of journalism and communication research, and has prompted scholars to re-examine and reconstruct the theoretical and practical framework of modern journalism and communication. Scholars have conducted research from multiple perspectives such as system models, applications, and risks and challenges. Based on the research results of generative artificial

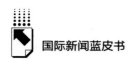
intelligence in the field of journalism and communication from 2020 to 2024, this research report analyzes the research focus and development context of generative artificial intelligence research. Four major themes of AIGC research have been identified: AIGC's transformation of news production; audiences' acceptance and use of technology; risks and challenges brought by AIGC; and AIGC governance.

Keywords: Artificial Intelligence Generated Content; News Production; AIGC Governance

B.11　Research Report on Foreign Social Media Influencer

　　Marketing Regulation　　　　　　　　　　*Tong Xin* / 156

Abstract: The global rise of influencer marketing has brought about significant regulatory challenges while also driving the continued growth of this interdisciplinary field. Over the past five years, foreign research has not only delved into classic issues such as "transparency" and authenticity regulation but also compared and analyzed the evolution of different countries' and regions' regulatory frameworks. Furthermore, an increasing amount of research points out that the current narrow regulatory model focused on commercial attributes cannot overcome the regulatory difficulties posed by cross-domain influencers like political influencers. Closed regional regulatory systems limited to national boundaries are unable to regulate cross-border activities effectively, and punitive measures relying on reporting mechanisms struggle to generate substantial deterrent effects. Therefore, future attention should be given to the political, social, and cultural effects brought about by influencer marketing, international cooperation agendas for influencer regulation, as well as data-driven approaches in regulatory tools.

Keywords: Influencer Regulation; Internet Celebrity (Wanghong); Social Media Marketing

Ⅳ International New Media

Abstract: In 2023, the rise of generative artificial intelligence (AI) and its widespread entry into the U. S. news industry have posed practical risks and pushed for the shaping of ethical norms regarding the use of related technologies. In the face of the technological gap in the development of local media, multiple stakeholders are working together to bridge it. Against the backdrop of the gradual drift between traditional social media platforms and the news media, short-video platforms have gained more attention, but the media effect has yet to be improved. Some new forms of distribution have also been actively tried by some news outlets, and the diversified transformation of news distribution has once again been promoted; news media are under pressure overall, and the business situation is still not optimistic, but the digital subscription model of leading news outlets has made new breakthroughs. Meanwhile, content copyright has become the focus of attention under the development of technology, and some landmark progress has been made in the reconstruction of the local journalism; the online information environment has continued to deteriorate in the post-pandemic era, and the U. S. public's acceptance of the news and trust in the media are still at a low ebb. In response, some media outlets have innovated their content presentation to cope with the polarized environment, but they are also facing a new type of trust problem triggered by generative AI.

Keywords: Media Transformation; Generative AI; Social Media; U. S.

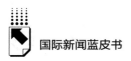

B. 13　A Review of Overseas Research on YouTube from the
　　　　Perspective of Communication Studies: Research
　　　　Themes and Trends Outlook　　　*Lu Yao, Hu Dongrui* / 188

Abstract: As the world's largest video-sharing platform, YouTube has rapidly grown into one of the core platforms for global social media and digital content consumption since its establishment. With increasing academic attention and ongoing in-depth studies, the diversity and complexity of the related literature make it crucial to systematically review and assess these research findings. To clarify the fragmented overseas research, this study uses bibliometric methods to examine the one thousand most influential YouTube-related papers in the field of communication studies from the past five years. The study visually presents the characteristics and trends of overseas YouTube research. The findings indicate that popular topics in recent overseas YouTube research focus on health communication, platform studies, and effects research. The research trajectory shows a dual trend: on the one hand, it focuses on social and behavioral studies of social media platforms, especially the significant role YouTube played in information dissemination and health communication during the pandemic; on the other hand, it centers on technical aspects, particularly video processing and content analysis techniques. Overseas YouTube research is developing in an interdisciplinary direction, with a mainstream trend combining social-cultural influence and technological innovation. Future research is expected to make further breakthroughs in the interaction between machine learning, deep learning, and social media.

Keywords: YouTube; Communication Studies; Social Media

B.14　Research on Consumer Behavior and Advertising Inclusivity
　　　in Social Media　　　　　　　　　　　　　　*Zhang Zhuo* / 207

Abstract: With the rapid development of social media and internet technology, consumer behavior patterns and advertising communication methods are undergoing unprecedented changes. This research explores the influencing factors and theoretical mechanisms behind these phenomena through a review of consumer behavior and motivations in social media, "consumptive philanthropy," and cutting-edge research on advertising inclusivity. We hope to provide a new research foundation and a knowledge system for reference in the field of communication and advertising theory in the digital age. Consumer interaction is driven by information value, entertainment value and social value, and six market segments deserve attention; The obvious virtue signal in social media reveals the complex psychological and social behavior of consumers in shaping their personal image; Advertising inclusiveness is not only related to moral responsibility, but also directly affects consumers' brand awareness and loyalty. Understanding consumers' different reactions to inclusive advertising and its influencing factors is very important for brands to formulate effective advertising strategies.

Keywords: Consumer Interaction; Brand Relationship; Virtual Environment; Typology; Inclusive Advertising

B.15　Research Report on Social Media News Environment and
　　　News Consumption under Entertainment Intervention
　　　　　　　　　　　　　　　　　　　　　　Wan Xuanao / 222

Abstract: In the era of social media, the complex entanglement between entertainment and news has become increasingly intricate. On one hand, they are moving towards a deep integration, while on the other hand, exhibiting irreconcilable competition and opposition. By re-examining the relationship and

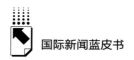

knowledge effect between entertainment and news in the social media environment, this article discovers that some key changes in their traditional adversarial relationship are worth noting: the expansion of entertainment has not engulfed the social media news market. Behind the powerful entertainment curation, the equally powerful news curation is often overlooked and underestimated. The competition between entertainment and news amplifies the negative impact of "relative entertainment preference", which is being diluted by the high-choice and incidental exposure environment. The news consumption pattern under the participation of entertainment is not only popular, but also demonstrates its effectiveness in promoting the synchronous development of entertainment and news functions. Our study highlights the need for a more open-minded understanding, with a focus on tolerance and vigilance towards the modern news field constructed by entertainment intervention.

Keywords: Social Media; Curated Flows Framework; Incidental News Exposure; Relative Entertainment Preference

V Special Subject

B.16 The Annual Report on Western Television Studies in 2023

Jiang Zhengying, Lyu Peng / 240

Abstract: This report is based on the analysis of 98 papers published in four English Television studies journals in 2023, and sorts out the hot topics and studies trends of western Television studies this year. Specifically, this report selected the 2023 western TV related studies of the top ten areas: TV program analysis, the rise of streaming media platform and branding, TV production, television and local culture, television and gender, television and platform algorithm technology, television history, television and politics, television and cross-cultural communication, television and niche market. By combing these research areas, this report further finds that recent Western TV research focuses more on specific TV content analysis, the rise and branding of streaming platforms, and gender studies in TV. On this basis, this report also provides reference directions for Chinese TV research from the perspectives of research topics and social concerns.

Keywords: Western Television Research; Journal Analysis; TV Program Content; Streaming Platform

B.17 Research Report on the Policies and Evolution Paths of the
Television Media Convergence in China and
Foreign Countries   *Chex Xi, Meng Hui* / 272

Abstract: This paper explores the policies and evolution paths of the convergence of Chinese and foreign television media, the technological evolution of television convergence, the comparison of Chinese and Western paths in television convergence, and the new directions of future television convergence. It outlines the current situation of television convergence, analyzes some problems and related strategies in television convergence, and predicts and prospects the development of television convergence in the future. Based on the experience of the integration of Chinese and western TV media, the future TV integration should guide the traditional TV media to actively adapt to the market rules and user needs, stimulate the enthusiasm and creativity of the practitioners in the radio and television industry, and adjust the content form and discourse form of TV programs to meet the needs of Internet users.

Keywords: Television Convergence; IPTV; Radio and Television Policies; Interactive TV

B.18 Report on Two Decades of Climate Science
Communication in Africa   *Wang Li* / 287

Abstract: Issues related to climate change have gained more and more global

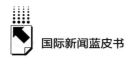

attention. This report discusses the status quo of the climate science communication and possible problems in Africa from two perspectives: media coverage and public risk perception. In recent two decades, the concern about climate change in African media has been gradually growing, but it varies considerably across countries. The overall concern level is still low. The public in Africa does not have consistent cognition about the core concepts around climate change. Also, they generally lack the awareness of the climate change, and have heterogeneous risk perception. Accordingly, the article provides further thoughts on how China's communication to Africa can be more targeted.

Keywords: Africa; Climate Change; Media Coverage; Risk Perception

B.19 Review on Strategic Communication and Strategic Narratives from the Perspective of Grand Strategy   *Shu Yixuan* / 301

Abstract: As the global political environment becomes increasingly complex, nations and organizations are placing greater emphasis on utilizing strategic communication to achieve their policy goals when facing diverse diplomatic, military, and economic challenges. Strategic communication, as an integrated information management and communication tool, spans multiple disciplines such as political communication, public relations, and social marketing. Its core lies in purposefulness—how to achieve predetermined strategic goals through organized communication activities. However, in recent years, strategic communication seems to have fallen short of the expectations set by both academia and industry. This paper seeks to explore an alternative understanding of the strategy behind strategic communication through a review of strategic studies literature. Grand strategy, initially rooted in the military domain, has gradually expanded into non-military fields such as politics, economics, and culture as society evolved. It has become a crucial guiding principle for states in navigating the complexities of international relations in the era of globalization. As the highest level of strategic design, grand strategy not only focuses on how to comprehensively utilize hard power tools such as political, economic, and military resources to secure national interests, but it also increasingly depends on soft power, particularly the use of information dissemination. Therefore, strategic communication and strategic narratives have become key tools for achieving grand strategic objectives. Against this backdrop, this paper explores the meaning and application of strategic communication from the perspective of grand strategy, and further discusses the central role of strategic narratives within strategic communication and their relationship with grand strategy.

Keywords: Grand Strategy; Strategic Communication; Strategic Narratives

社会科学文献出版社

皮 书

智库成果出版与传播平台

❖ 皮书定义 ❖

皮书是对中国与世界发展状况和热点问题进行年度监测，以专业的角度、专家的视野和实证研究方法，针对某一领域或区域现状与发展态势展开分析和预测，具备前沿性、原创性、实证性、连续性、时效性等特点的公开出版物，由一系列权威研究报告组成。

❖ 皮书作者 ❖

皮书系列报告作者以国内外一流研究机构、知名高校等重点智库的研究人员为主，多为相关领域一流专家学者，他们的观点代表了当下学界对中国与世界的现实和未来最高水平的解读与分析。

❖ 皮书荣誉 ❖

皮书作为中国社会科学院基础理论研究与应用对策研究融合发展的代表性成果，不仅是哲学社会科学工作者服务中国特色社会主义现代化建设的重要成果，更是助力中国特色新型智库建设、构建中国特色哲学社会科学"三大体系"的重要平台。皮书系列先后被列入"十二五""十三五""十四五"时期国家重点出版物出版专项规划项目；自2013年起，重点皮书被列入中国社会科学院国家哲学社会科学创新工程项目。

权威报告·连续出版·独家资源

皮书数据库
ANNUAL REPORT(YEARBOOK)
DATABASE

分析解读当下中国发展变迁的高端智库平台

所获荣誉

- 2022年，入选技术赋能"新闻+"推荐案例
- 2020年，入选全国新闻出版深度融合发展创新案例
- 2019年，入选国家新闻出版署数字出版精品遴选推荐计划
- 2016年，入选"十三五"国家重点电子出版物出版规划骨干工程
- 2013年，荣获"中国出版政府奖·网络出版物奖"提名奖

皮书数据库

"社科数托邦"
微信公众号

成为用户

登录网址www.pishu.com.cn访问皮书数据库网站或下载皮书数据库APP，通过手机号码验证或邮箱验证即可成为皮书数据库用户。

用户福利

- 已注册用户购书后可免费获赠100元皮书数据库充值卡。刮开充值卡涂层获取充值密码，登录并进入"会员中心"—"在线充值"—"充值卡充值"，充值成功即可购买和查看数据库内容。
- 用户福利最终解释权归社会科学文献出版社所有。

数据库服务热线：010-59367265
数据库服务QQ：2475522410
数据库服务邮箱：database@ssap.cn
图书销售热线：010-59367070/7028
图书服务QQ：1265056568
图书服务邮箱：duzhe@ssap.cn

社会科学文献出版社 皮书系列
SOCIAL SCIENCES ACADEMIC PRESS (CHINA)

卡号：546478639485
密码：

中国社会发展数据库（下设 12 个专题子库）

紧扣人口、政治、外交、法律、教育、医疗卫生、资源环境等 12 个社会发展领域的前沿和热点，全面整合专业著作、智库报告、学术资讯、调研数据等类型资源，帮助用户追踪中国社会发展动态、研究社会发展战略与政策、了解社会热点问题、分析社会发展趋势。

中国经济发展数据库（下设 12 专题子库）

内容涵盖宏观经济、产业经济、工业经济、农业经济、财政金融、房地产经济、城市经济、商业贸易等 12 个重点经济领域，为把握经济运行态势、洞察经济发展规律、研判经济发展趋势、进行经济调控决策提供参考和依据。

中国行业发展数据库（下设 17 个专题子库）

以中国国民经济行业分类为依据，覆盖金融业、旅游业、交通运输业、能源矿产业、制造业等 100 多个行业，跟踪分析国民经济相关行业市场运行状况和政策导向，汇集行业发展前沿资讯，为投资、从业及各种经济决策提供理论支撑和实践指导。

中国区域发展数据库（下设 4 个专题子库）

对中国特定区域内的经济、社会、文化等领域现状与发展情况进行深度分析和预测，涉及省级行政区、城市群、城市、农村等不同维度，研究层级至县及县以下行政区，为学者研究地方经济社会宏观态势、经验模式、发展案例提供支撑，为地方政府决策提供参考。

中国文化传媒数据库（下设 18 个专题子库）

内容覆盖文化产业、新闻传播、电影娱乐、文学艺术、群众文化、图书情报等 18 个重点研究领域，聚焦文化传媒领域发展前沿、热点话题、行业实践，服务用户的教学科研、文化投资、企业规划等需要。

世界经济与国际关系数据库（下设 6 个专题子库）

整合世界经济、国际政治、世界文化与科技、全球性问题、国际组织与国际法、区域研究 6 大领域研究成果，对世界经济形势、国际形势进行连续性深度分析，对年度热点问题进行专题解读，为研判全球发展趋势提供事实和数据支持。

法律声明

"皮书系列"（含蓝皮书、绿皮书、黄皮书）之品牌由社会科学文献出版社最早使用并持续至今，现已被中国图书行业所熟知。"皮书系列"的相关商标已在国家商标管理部门商标局注册，包括但不限于LOGO（🖐）、皮书、Pishu、经济蓝皮书、社会蓝皮书等。"皮书系列"图书的注册商标专用权及封面设计、版式设计的著作权均为社会科学文献出版社所有。未经社会科学文献出版社书面授权许可，任何使用与"皮书系列"图书注册商标、封面设计、版式设计相同或者近似的文字、图形或其组合的行为均系侵权行为。

经作者授权，本书的专有出版权及信息网络传播权等为社会科学文献出版社享有。未经社会科学文献出版社书面授权许可，任何就本书内容的复制、发行或以数字形式进行网络传播的行为均系侵权行为。

社会科学文献出版社将通过法律途径追究上述侵权行为的法律责任，维护自身合法权益。

欢迎社会各界人士对侵犯社会科学文献出版社上述权利的侵权行为进行举报。电话：010-59367121，电子邮箱：fawubu@ssap.cn。

社会科学文献出版社